PARTINDO O PÃO

CB045770

bell hooks e Cornel West

PARTINDO O PÃO

TRADUÇÃO
floresta

vida intelectual
negra insurgente

Esta obra foi publicada originalmente em inglês com o título BREAKING BREAD.
Tradução autorizada a partir da edição em língua inglesa publicada pela Routledge,
membro do grupo Taylor & Francis Group LLC.
© 2017, Gloria Watkins e Cornel West
© 2025, Editora WMF Martins Fontes Ltda., São Paulo, para presente edição

Todos os direitos reservados. Este livro não pode ser reproduzido, no todo ou
em parte, armazenado em sistemas eletrônicos recuperáveis nem transmitido
por nenhuma forma ou meio eletrônico, mecânico ou outros, sem a prévia
autorização por escrito do editor.

1ª EDIÇÃO 2025

TRADUÇÃO floresta
ACOMPANHAMENTO EDITORIAL Fernanda Alvares
PREPARAÇÃO DE TEXTO Cássia Land
REVISÕES Renato Ritto e Ana Caperuto
PRODUÇÃO GRÁFICA Geraldo Alves
PAGINAÇÃO Renato Carbone
CAPA E PROJETO GRÁFICO Tereza Bettinardi e Lucas D'Ascenção (assistente de arte)
IMAGEM DA CAPA Mulambö, série *G.R.E.S.*, 2020

Dados Internacionais de Catalogação na Publicação (CIP)
(Câmara Brasileira do Livro, SP, Brasil)

hooks, bell
  Partindo o pão / bell hooks e Cornel West ; tradução floresta.
– 1. ed. – São Paulo : Editora WMF Martins Fontes, 2025. –
(Coleção bell hooks)

  Título original: Breaking bread : insurgent black
                  intellectual life
  ISBN 978-85-469-0712-0

  1. Afro-americanos – Vida intelectual 2. Intelectuais negros –
Estados Unidos – Entrevistas I. West, Cornel. II. Titulo. III. Série.

25-247651   CDD-305.896073

Índice para catálogo sistemático:

1. Afro-americanos : Estados Unidos : Sociologia : Vida
intelectual 305.896073

Cibele Maria Dias – Bibliotecária – CRB-8/9427

Todos os direitos desta edição reservados à
Editora WMF Martins Fontes Ltda.
Rua Prof. Laerte Ramos de Carvalho, 133 01325-030 São Paulo SP Brasil
Tel. (11) 3293-8150 e-mail: info@wmfmartinsfontes.com.br
http://www.wmfmartinsfontes.com.br

PREFÁCIO À EDIÇÃO BRASILEIRA	**VII**
EM SOLIDARIEDADE: UMA CONVERSA ENTRE BELL HOOKS E CORNEL WEST	**1**
INTRODUÇÃO	**49**
1 Mulheres negras e homens negros: parceria nos anos 1990	**59**
2 Apresentando Cornel West	**81**
3 Cornel West entrevistado por bell hooks	**93**
4 Apresentando bell hooks	**149**
5 bell hooks entrevistada por Cornel West	**157**
6 Diálogo entre bell hooks e Cornel West	**203**
7 Diálogo entre bell hooks e Cornel West	**233**
8 O dilema da intelectualidade negra, por Cornel West	**265**
9 Intelectuais negras, por bell hooks	**291**
Bibliografia selecionada	**321**

PREFÁCIO À EDIÇÃO BRASILEIRA

É uma enorme honra apresentar ao público brasileiro o livro *Partindo o pão: vida intelectual negra insurgente*, uma bela obra construída a partir dos diálogos entre a teórica feminista bell hooks (1952-2021) e o filósofo e teólogo Cornel West (1953-). Sua tradução para o português chega num momento crucial do debate sobre intelectualidade negra no Brasil e os desafios do enfrentamento ao racismo no debate público.

Os diálogos foram construídos com muita delicadeza, respeito mútuo e boas provocações. Temos ainda a apresentação de Cornel West feita por bell hooks e a de bell hooks feita por Cornel West. O livro finaliza com textos clássicos dos autores: "O dilema da intelectualidade negra", de Cornel West, e "Intelectuais negras", de bell hooks. A obra inclui ainda o diálogo entre os autores, realizado em 2016, no qual eles fazem uma atualização das questões abordadas no livro, publicado em 1991, trazendo críticas importantes às políticas públicas e seus impactos na questão racial.

bell hooks e Cornel West tratam das condições sociais, políticas e culturais que moldam a vida intelectual negra nos Estados Unidos, e chamam a atenção para a importância de uma intervenção crítica e engajada. Havia um intenso debate acerca do papel dos intelectuais negros e de como estes poderiam se posicionar diante das desigualdades raciais e das tensões socioculturais que afetam a população negra estadunidense. Cornel West destaca que o aumento da presença de intelectuais negros nas principais universidades do país foi um dos fatores que levaram à reflexão sobre o papel desses intelectuais. Um dos pontos tratados nos diálogos é a construção da ponte entre a teoria e a prática, oferecendo uma discussão acessível tanto para acadêmicos quanto para militantes e outros leitores interessados em questões de raça, gênero e classe.

Patricia Hill Collins, numa resenha instigante sobre este livro, afirma que ele funde poder intelectual com preocupação moral e engajamento político, uma combinação rara e importante para o fortalecimento do papel dos intelectuais negros na sociedade. Hill Collins destaca também o cuidadoso equilíbrio no protagonismo dos autores assim como uma ênfase na horizontalidade e na troca de ideias. "Não se trata de bell hooks e Cornel West falando em uma só voz. Ambas as vozes estão presentes, nenhuma delas subordinada à outra, normalmente concordam, mas ocasionalmente não."*

Além da importância de aproximar o pensamento teórico das comunidades negras e de seus desafios cotidianos

---

* Patricia Hill Collins, "*Breaking Bread: Insurgent Black Intellectual Life. bell hooks, Cornel West. Segregated Sisterhood: Racism and the Politics of American Feminism. Nancie Caraway*". Signs Journal of Women in Culture and Society, v. 20, n. 1, 1994.

como tema central, destaco três aspectos que me parecem muito profundos e importantes para construirmos uma reflexão mais densa sobre o papel dos intelectuais negros na sociedade brasileira.

Em primeiro lugar, este livro demonstra que as intersecções entre raça, classe e gênero são cruciais na formação do pensamento intelectual negro. É tocante a forma como os autores destacam a importância do fortalecimento mútuo de intelectuais negras e negros se afastando completamente da ideia de uma disputa ou rivalidade entre os dois grupos, um debate que precisa ser enfrentado no Brasil. bell hooks afirma que "a guerra contra a masculinidade negra é uma questão feminista. Desafiar o patriarcado pode salvar a vida dos homens negros" (p. 24). Precisamos olhar para essas agendas pensando, por exemplo, no quanto a letalidade e o encarceramento dos jovens negros afetam a vida de suas mães, filhas, e geram sobrecarga financeira às mulheres. O adoecimento tem o potencial de contribuir para o crescimento do encarceramento e da morte de meninas negras, dado já comprovado. hooks, reconhecida por sua contribuição ao feminismo negro, traz repetidamente à tona a opressão combinada de raça, gênero e classe, argumentando que a libertação negra não pode estar desvinculada da luta contra o sexismo e contra a exploração de classe. West, por sua vez, reforça o aspecto econômico e político das questões raciais, enfatizando que a classe social é um fator determinante no modo como as experiências de racismo são vivenciadas.

O segundo aspecto é o que considero mais desafiador ao público brasileiro. Trata da relevância da espiritualidade e da teologia negra na luta por justiça social, marca do pensamento de Cornel West e que também foi essencial no pensamento de bell hooks, conforme ela relata neste livro.

Ambos entendem que a fé cristã (especialmente sob o prisma da teologia negra) foi – e continua sendo – um componente crucial dos movimentos de emancipação afro-americanos, desde o período escravista até a era dos Direitos Civis. Em diversas passagens, eles defendem que a prática religiosa pode servir de força motriz para a resistência e para a formação de laços comunitários sólidos. Esse aspecto é especialmente enfatizado por West, que construiu parte de sua carreira discutindo a ligação entre cristianismo, ética e justiça social. Diz respeito a um tema que precisa ser enfrentado com urgência e coragem no debate público brasileiro: raça, religião e política. Cornel West traz uma boa provocação ao dizer que a radicalização política na tradição estadunidense sempre partiu da vida espiritual. Como se dá essa questão no Brasil?

O terceiro ponto a destacar diz respeito à necessidade de os intelectuais negros cultivarem o que bell hooks chama de "autocrítica radical". Para hooks e West, não basta denunciar o racismo estruturante das instituições: é preciso refletir constantemente sobre os próprios privilégios e limitações. O livro oferece "um estímulo à participação ativa" dos pensadores negros nas lutas sociais, propondo a superação de barreiras entre a academia e as comunidades marginalizadas. O fato de os autores terem reconhecimento público, de terem lecionado em instituições de prestígio e de serem financeiramente estáveis, a provocação da autocrítica radical também se relaciona a isso. Como conciliar sucesso com comprometimento político? Esse é um ponto muito sensível no debate sobre intelectuais negros, inclusive no Brasil, que Cornel aborda neste livro. A saída, segundo ele, é não permitir que o êxito e o reconhecimento material comecem a pautar e a restringir o que dizemos. É importante continuarmos falando da profundeza de nossas almas. Considero esse ponto muito central se levarmos em conta todas as mudanças que o debate sobre ações afirmativas, políticas de diversidade, reparação, entre outros temas, tem impactado a mídia, o mercado editorial e as políticas públicas. Como manter projeção individual com projetos coletivos? Esta obra instiga por nos desafiar a pensar o compromisso político dos intelectuais negros de forma articulada com as urgências sociais.

hooks e West propiciam importantes discussões para o debate atual sobre os estudos decoloniais, sobre interseccionalidade, e para as críticas ao pensamento hegemônico. Os questionamentos acerca do lugar do intelectual negro – se deve ou não permanecer estritamente na academia – reverberam até hoje, especialmente quando se discute a relação entre academia, ativismo, mídias e movimentos sociais.

Trata-se de uma referência fundamental para quem deseja compreender as tensões, os desafios e as potencialidades do pensamento crítico negro nos Estados Unidos, e também de instrumento analítico interessante para refletir o caso brasileiro. O livro não apenas examina a condição do intelectual negro no início dos anos 1990, mas também oferece reflexões que se mantêm urgentes, como a necessidade de um engajamento político consistente, o uso de uma linguagem acessível que dialogue com as comunidades periféricas e a intersecção entre teorias de raça, classe, gênero e espiritualidade. Partilhar o pão é unir esforços para construir práticas e pensamentos efetivamente insurgentes. *Partindo o pão* é texto teórico de alto nível e um chamado ao engajamento, à autocrítica e à colaboração entre academia e movimentos sociais.

Tive a oportunidade de conhecer pessoalmente Cornel West durante minha estadia na Universidade de Harvard, e uma das coisas que mais me impressionaram nas vezes em que conversamos era o seu interesse e atenção ao que eu dizia. Neste livro, ele e bell hooks escutam um ao outro, algo que tem se tornado cada vez mais raro na academia, na vida pública, na construção coletiva. *Partindo o pão* é um livro que contribui para o real sentido do diálogo demonstrando seu poder de transformação.

Ainda que a trajetória do debate sobre raça no Brasil tenha suas próprias questões e desafios, não deixamos de partilhar com os demais países da diáspora africana a importância do reconhecimento e valorização do pensamento produzido por intelectuais e ativistas negros. E este livro é uma contribuição essencial para refletirmos sobre tais questões na sociedade brasileira considerando nossa própria história e consequentemente nossos desafios.

A produção intelectual negra no Brasil enfrentou uma enorme invisibilidade devido ao não reconhecimento desses autores como produtores de conhecimento, e sim como simples fontes de pesquisa. Embora fossem figuras quase ausentes nos espaços acadêmicos, eles produziram muito conhecimento e reflexão sobre o tema. Várias vezes essa produção não foi reconhecida ou legitimada porque muitos intelectuais negros não estavam nas regiões do país onde havia maior destaque para o que se produzia ou não estavam presentes em espaços de maior legitimidade acadêmica. Lélia Gonzalez, quando diz que o "lixo vai falar e numa boa", faz uma crítica contundente ao lugar destinado às e aos intelectuais negras e negros na academia brasileira.

Nos últimos vinte anos, tem ocorrido uma virada importante no debate sobre inclusão social. A entrada de uma nova geração de pesquisadores na academia – boa parte via políticas de ações afirmativas – ampliou a visibilidade e o interesse pela agenda de estudos e ação política na área. Além disso, as políticas de ações afirmativas ampliaram o sistema de ensino superior no Norte e no Nordeste, assim como nas cidades médias. Houve uma ampliação dos centros de formação e produção de conhecimento. E, vale lembrar, essas políticas de inclusão alteraram o perfil discente e docente (ainda que de forma mais tímida) em todas as áreas de conhecimento. Estão em todos os cursos, demandando novos temas, demandando interesses distintos e trazendo muitas experiências para serem partilhadas, desafiando esses espaços. Esses fatos ampliaram os espaços que possibilitam a emergência dos intelectuais negros brasileiros. Segundo o sociólogo Matheus Gato, hoje há formas múltiplas de expressão intelectual dando maior diversidade ao perfil dos intelectuais negros ao mesmo tempo que cria o impasse entre trabalho intelectual e projeto coletivo, tornando este o principal dilema do debate sobre intelectualidade negra hoje*.

Estou certa de que as reflexões encontradas neste livro serão de grande valia a esse instigante debate.

Márcia Lima
Secretária de Políticas de Ações Afirmativas, Combate e Superação do Racismo do Ministério da Igualdade Racial e professora do Departamento de Sociologia da USP

---

* Matheus Gato, "Intelectuais negros", em Flávia M. Rios, Marcio André dos Santos e Alex Ratts (org.). *Dicionário das relações étnico--raciais contemporâneas*. São Paulo: Perspectiva, 2023. p. 187-93.

Dedico este livro a todas as pessoas que partilham uma visão do amor redentor e transformador entre homens negros e mulheres negras. Esse amor se expressou no trabalho que Cornel e eu compartilhamos... Esperamos que nosso comprometimento coletivo com o amor como ação e prática inspire e/ou apoie trabalhos intelectuais apaixonados e progressistas sobre a experiência negra.

— bh

Para as minhas amadas avós,
Lovie O'Gwynn e Rose Bias

— cw

EM SOLIDARIEDADE: UMA CONVERSA

BELL HOOKS E CORNEL WEST

"Ao reinvocar a noção de partir o pão, nós abordamos as várias tradições de compartilhamento que têm lugar na vida doméstica, secular e sagrada, onde nos reunimos para nos doar completamente uns aos outros, nutrir a vida, manter nossas esperanças e fazer da luta política revolucionária uma prática contínua."

Partindo o pão: vida intelectual negra insurgente

Esta conversa marca o fim da visita de Cornel West ao bell hooks Institute for Contemplation, Critical Thinking and Dreaming [Instituto bell hooks para a Contemplação, Pensamento Crítico e Sonho], em Berea, Kentucky. O objetivo do instituto é encorajar o diálogo entre um corpo diverso de aprendizes que celebram e promovem o pensamento crítico para além do ambiente acadêmico, reunindo estudiosas e estudiosos de diversas origens, da academia ou de fora dela, além de pessoas comuns, de forma que possamos vivenciar um aprendizado comprometido e transformador, no qual a educação como prática de liberdade acontece.

Apoiando esse esforço sem compensação (como Gloria Steinem*, nossa primeira pensadora visitante), Cornel West foi até Berea para oferecer à nossa comunidade a graça de sua presença como professor, líder espiritual, colega e amigo. O dr. West se juntou à nossa comunidade de Berea e falou abertamente conosco sobre política e sobre o significado de justiça social. Foram vários os assuntos debatidos,

---

* Gloria Steinem (Ohio, Estados Unidos, 1934), jornalista e escritora feminista. [N. do T.]

desde sexismo e racismo até a administração de Obama* e cultura popular.

Cornel West e eu começamos nosso diálogo há mais de vinte anos na Universidade Yale – onde nós dois lecionávamos. Nossas conversas se transformaram no livro *Partindo o pão: vida intelectual negra insurgente*. Na página de agradecimentos, eu escrevi: "Dedico este livro a todas as pessoas que partilham uma visão do amor redentor e transformador entre homens negros e mulheres negras. Esse amor se expressou no trabalho que Cornel e eu compartilhamos... Esperamos que nosso comprometimento coletivo com o amor como ação e prática inspire e/ou apoie trabalhos intelectuais apaixonados e progressistas sobre a experiência negra".

Mais de duas décadas já se passaram desde a publicação de *Partindo o pão*, e nós dois vivenciamos muitas mudanças na vida. Felizmente, como Cornel escreveu no prefácio de *Keeping Faith* [Mantendo a fé], nós conservamos a solidariedade enraizada nos princípios de uma ética do amor. É essa ética do amor que alimenta o que Cornel chama de "crítica profética", explicando que essa crítica seria "sobretudo uma investigação intelectual constitutiva da democracia existencial – uma empreitada autocrítica e autocorretiva do entendimento humano em prol da preservação e da expansão da empatia e da compaixão humanas". Um pouco depois, em seu ensaio "Cultural Politics of Difference" [Políticas culturais da diferença], Cornel compartilha que a "crítica profética" assume que a desmistificação é o modo mais iluminador de investigação teórica. Ele declara: "enquanto se inicia por uma análise social estrutural, a crítica

---

* Barack Hussein Obama II (Havaí, Estados Unidos, 1961), advogado e político, 44º presidente dos Estados Unidos (2009-2017). [N. do T.]

profética também explicita seus objetivos morais e políticos. É partidária, positiva, comprometida e centrada na crise". Em meu trabalho e em minha vida, eu sempre fui e permaneço preocupada com a união entre a teoria e a prática. Eu sempre quis viver com integridade – com uma congruência entre o que penso, digo e faço. E para manter minha integridade, não confiei apenas na minha própria ética individual, mas contei com a solidariedade e com as opiniões críticas de companheiras e companheiros alinhados ao meu pensamento, que também acreditam que a integridade é uma fundação moral e ética essencial para todas as lutas pelo fim da dominação.

– *bell hooks*

CORNEL WEST: Suas críticas ao capitalismo, ao patriarcado, suas críticas à supremacia branca e ao sexismo vêm sendo consistentes desde o início dos anos 1980. Eu te admiro, bell. Você nunca se vendeu. Uma coisa é ser posto no mercado, ser comprado e vendido. Outra coisa é permitir que esse processo determine o que dizemos e se continuaremos a falar das profundezas de nossa alma.

bell hooks: Para manter a minha integridade, Cornel, eu tive que me deslocar, como você fez nessa altura da sua vida, deixando Harvard e Princeton e indo para o Seminário da União.

WEST: Verdade.

hooks: Espiritualmente, somos ensinados que, quando recebemos nossa salvação, não podemos mais sair com as mesmas pessoas com quem costumávamos sair. A solidariedade política funciona de forma similar.

WEST: Sim, sim.

hooks: Você não pode sair com qualquer pessoa, porque vão tentar seduzi-lo de volta ao pecado. Eu enfrentei muitas tentações naqueles anos impetuosos quando passei a ser considerada uma intelectual pública em Nova York. E alguns dos piores ataques à minha pessoa aconteceram nessa época. Eu tinha um amigo branco e bem-sucedido. Pessoas maldosas não se contentaram em me caluniar sugerindo que éramos amantes quando não éramos. Eu fui difamada em um site chamado *Sick Puppy*, dizendo que eu tinha um novo livro intitulado *A felicidade é um pinto duro*.

WEST: Eu nunca soube disso. Como assim?

hooks: E então disseram que meus carros e minhas casas tinham sido comprados por esse homem branco reacionário.

WEST: Nossa, eu nunca soube disso.

hooks: Houve muitos ataques maldosos que degradavam a sexualidade feminina. E isso também acontece muito quando mulheres nos difamam. A sexualidade é uma estratégia usada contra mulheres dissidentes. Eu sentia que não estava preparada para lidar com elas. E eu também senti que não tinha solidariedade da parte das mulheres negras. Honestamente, por muitas vezes senti a ira das mulheres negras. Foram escritoras negras e acadêmicas que disseram: "bell hooks não sabe escrever. Ela só reescreve o mesmo livro sem parar", e é aí que entramos naquilo que você chamou de uma espécie de mesquinhez.

WEST: Com certeza.

hooks: No mundo acadêmico.

WEST: O carreirismo, a inveja, o ressentimento, a insegurança. Bom, em parte, nós encontramos isso em qualquer contexto, profissional ou não. Mas tudo é intensificado no *éthos* profissional e diretivo da academia em nossa sociedade capitalista contemporânea, onde todos estão postos à venda. É uma questão de competição tentar conseguir alguma atenção, algum *status* de celebridade. E isso minimiza qualquer preocupação séria com o que vem sendo dito, ou se há alguma integridade nisso, que dirá uma memória, conectada com o melhor daquilo que nos produziu, eu e você.

hooks: Ainda que tenhamos um público leitor, quando começamos, nós não temos celebridade. A celebridade vem com a insistência da parte de outras pessoas de que nós somos figuras públicas intelectuais. Se os leitores voltassem para o seu livro *Prophesy, Deliverance!* [Profecia, libertação!], eles encontrariam você falando sobre intelectuais orgânicos. Nós não éramos realmente figuras públicas intelectuais no sentido fundamental. Éramos mais intelectuais orgânicos. Eu não falava de fato com um público, na verdade eu estava muito sozinha formulando aquelas teorias e escrevendo aqueles livros. O público leitor e o reconhecimento vieram depois.

WEST: Tudo isso é verdade. As Irmãs do Inhame, por exemplo – o grupo que você criou para alunas jovens em Yale.

hooks: Para alunas negras.

WEST: Aquele grupo pode ter começado na academia, mas o impacto na consciência de... não apenas na consciência das irmãs negras, mas das irmãs brancas, indígenas, amarelas e marrons... foi muito além da universidade. E então a cultura televisiva pegou, a mídia corporativa pegou, e nós dois fomos projetados lá fora. E isso nos trouxe um público maior. Nesse ponto, houve o reconhecimento de uma mercantilização, por um lado. A mercantilização é algo inescapável na sociedade capitalista, mas o ponto é a forma como usamos esse público maior para servir à causa da justiça.

hooks: Exatamente.

WEST: Quando alguém diz que alguma coisa é transformada em produto, é o mesmo que dizer que um mais um é dois e dois mais dois é quatro. O que me interessa saber é se o processo de mercantilização resulta em um truncamento da verdade. Quando olhamos para muitos de nossos pares – quando olhamos para o irmão Dyson, para a irmã Melissa, Sharpton* e outros, a meu ver, fica muito claro que eles se venderam por fama, atenção, dinheiro. Isso não é um trabalho crítico. Eles bajulam as celebridades. Apoiam Obama de forma acrítica.

hooks: Para além de Obama, ou de qualquer outro indivíduo que possamos debater e criticar, todos nós somos tentados pela riqueza e pela fama.

---

* Michael Eric Dyson (Detroit, Estados Unidos, 1958), acadêmico, autor, ministro batista e locutor; Melissa Harris-Perry (Seattle, Estados Unidos, 1973), escritora, professora, apresentadora de televisão e comentarista política, com foco na política afro-americana; Alfred Charles Sharpton Jr. (Nova York, Estados Unidos, 1954), ministro batista, ativista dos direitos civis e radialista. [N. do T.]

WEST: Sim, é verdade.

hooks: Vai além de Obama. Quer dizer, Obama poderia sumir amanhã e muitas pessoas que reivindicam o papel de figura pública intelectual ou de crítico erudito ficariam onde estão.

WEST: Bom, eu sinto que a intelectualidade negra pós--Obama será devastada. Tantos integrantes da intelectualidade negra têm ficado vergonhosamente calados e ignorantes de uma forma sem precedentes diante da administração de Obama que a fama e o *status* podem desaparecer quando ele não estiver mais no poder.

hooks: Não sei muito sobre indivíduos proeminentes para julgar tanto. Eu fiquei tão chocada com o comercial de Melissa Harris-Perry dizendo que o racismo não era mais um problema. Tenho sido mais positiva em relação à Melissa do que você.

WEST: Bom, eu conheço a história dela, conheço muito bem a história dela.

hooks: Quando ela fez aquele comercial tentando agir como se a vitória de Obama representasse alguma mudança em relação à raça e ao racismo, eu fiquei muito surpresa.

WEST: Ah, eu nem vi esse comercial.

hooks: E eu pensei que ela estivesse criando um mito – uma espécie de sociedade pós-racial fantasiosa.

WEST: Uau! Uau! Esse comercial passou na MSNBC...

hooks: Sim. Quando eles colocam uma pessoa para fazer aqueles vídeos curtos.

WEST: Sim, como quando colocaram Sharpton para falar da classe média.

hooks: Tantos posicionamentos diferentes nos dividem. Nossas carreiras mudaram com a administração de Clinton. Cornel... Clinton quis falar – embora de uma forma limitada – sobre raça mesmo enquanto planejava ataques raciais gravíssimos (seu projeto de lei de bem-estar social, o corte do Medicaid*, seu apoio inequívoco ao dinheiro corporativo).

WEST: Sim, sim.

hooks: E as pessoas queriam cada vez menos falar de feminismo.

WEST: Verdade.

hooks: Lembra do ódio que Hillary despertou – o desejo do público de silenciar Hillary. O ódio contra as políticas feministas fundamentou os ataques contra Hillary.

WEST: Verdade. Verdade.

hooks: Foi tão intenso. Eu fui muito mais crítica a Michelle Obama** do que qualquer pessoa que conheço. Ela basi-

---

*   Programa social de saúde dos Estados Unidos voltado para pessoas de baixa renda, criado em 1965. [N. do T.]
** Michelle LaVaughn Robinson Obama (Chicago, Estados Unidos, 1964), advogada, 46º primeira-dama dos Estados Unidos. [N. do T.]

camente se tornou uma porta-voz disfarçada do antifeminismo. Sua insistência constante de que a principal preocupação dela é ser mãe agrada o pensamento sexista sobre o papel das mulheres.

WEST: Hmmm. Hmmm. Hmmm.

hooks: É possível dizer: "Eu sou uma advogada fantástica e sou uma boa mãe". Você não precisa escolher uma coisa ou outra. Infelizmente, Michelle teve que garantir ao público desinformado – brancos, negros etc. – que ela não seria uma voz política de fato na Casa Branca. Penso que isso foi uma perda para todas as mulheres. Ter a mulher negra mais poderosa e mais visível do nosso país – mundialmente – usando seu poder para se concentrar em alimentação, dietas e exercícios minou definitivamente as políticas feministas; e não que essas questões não sejam importantes, mas focar nelas não deveria diminuir a ênfase no fim do imperialismo, do racismo, do sexismo e do elitismo.

WEST: Com certeza, com certeza. Recebi uma ligação direta da Casa Branca quando saiu a entrevista na *Playboy* em que eu dizia acreditar que, bem lá no fundo, havia um elemento de Ella Baker* em Michelle Obama. Funcionários da administração de Obama me ligaram para dizer que Michelle não tinha nenhuma relação com Ella Baker e que ela não queria ouvir esse tipo de coisa. Ela não queria que eu a conectasse a essa tradição e tudo o mais.

---

* Ella Josephine Baker (Virgínia, Estados Unidos, 1903 – Nova York, Estados Unidos, 1986), ativista pelos direitos civis. [N. do T.]

hooks: Não é interessante? Nós temos um casal disposto a se conectar a uma tradição terrível, hedonista e materialista de músicos abastados sem talento, mas que evita a linhagem musical de Ella Baker.

WEST: Não é tão interessante assim. Nem tão intrigante. Eu não pensei assim nesse assunto.

hooks: A negação dessas conexões prejudica nosso espírito coletivo enquanto povo africano-estadunidense*.

WEST: Com certeza, com certeza.

hooks: Ninguém quis de fato falar sobre até que ponto os Obama, na condição de presidente e primeira-dama, foram forçados pelo Estado corporativo branco-supremacista a projetar uma imagem deles mesmos como pessoas apenas moderadamente aliadas ao povo africano-estadunidense, aliadas em um sentido cultural, e não político.

WEST: Sim, você tem razão. Você tem razão.

hooks: Quando eu chamo a atenção para o fato de que, em seu discurso de posse, Obama não mencionou o nome do dr. King...**

---

* No original, *african-american*, termo utilizado entre a comunidade negra estadunidense como forma de refletir uma integridade cultural, de reivindicar um parentesco com base histórica. [N. do T.]

** Martin Luther King Jr. (Geórgia, Estados Unidos, 1929 – Tennessee, Estados Unidos, 1968), uma das principais lideranças negras contra a segregação social, pela igualdade social e pelos direitos civis da população negra nos Estados Unidos. [N. do T.]

west: Sim, sim. Foi o jovem pregador de Atlanta. O jovem pregador da Geórgia.

hooks: Exatamente. Mas, Cornel, é aí que nós entramos. Como apenas você, eu e alguns outros fomos os únicos a notar essa omissão? Quando eu tentava falar com as pessoas sobre isso, elas agiam... você sabe: "Do que é que você está falando?".

west: Por que você está implicando? Por que você está implicando? Isso só faz parte do seu ódio contra Obama. Ninguém mais captou isso. Eu disse, eles sabiam, é claro, que foi o irmão branco que escreveu o discurso.

hooks: Exatamente.

west: É estratégico. Tático. Fazer alusões a lideranças negras importantes sem reivindicar uma verdadeira aliança com elas.

hooks: Eu fiquei... nossa! Obama pode usar a bíblia de King – um detalhe à parte –, mas não pode dizer nem louvar o nome dele. Falar o nome do dr. King afirmaria sua solidariedade com um líder radical e visionário. O que podemos tirar disso? Obama afirmou uma imagem simbólica de Martin Luther King e ao mesmo tempo negou uma conexão com a realidade vital radical e militante de Martin Luther King.

west: Exatamente. Por isso estou feliz por ter sido consistente em minha crítica ferrenha a Obama. Eu faria de novo e provavelmente seria ainda mais contundente.

hooks: Bem, Cornel, às vezes eu temia por você ter se engajado nessa dissidência política extrema.

WEST: Bom, foi por um bom motivo. Ah, Deus, foi sim.

hooks: Porque nossa cultura cada vez mais nos ensina que qualquer pessoa que se oponha ao *status quo*... que qualquer dissidente é um traidor.

WEST: Sim. Bom, o interessante é... Vou dar um exemplo. O irmão Barack Obama faz um discurso sobre a necessidade de uma abordagem civil depois das mortes no Arizona. Naquela mesma semana, Steve Harvey e Tom Joyner* falam às nove da manhã no rádio, para pessoas negras, que Tavis Smiley** e Cornel West são traidores da raça, dois pais Tomás. E tudo por dinheiro. Tudo, tudo por dinheiro e tal. E eles tinham acabado de sair da Casa Branca. Umas duas semanas antes de Obama dizer ao país que precisávamos de um discurso civilizado, de um discurso civil, que precisávamos parar com os palavrões, e mesmo assim eles deixaram dois programas grandes dizerem aquilo sobre nós e ainda recebem os caras na Casa Branca. É chocante.

hooks: É por isso que os intelectuais Chris Hedges e Paul Craig Roberts*** falam da importância da liberdade de

---

* Broderick Stephen Harvey (Virginia, Estados Unidos, 1957), ator, comediante e escritor; Thomas Joyner (Alabama, Estados Unidos, 1949), radialista e apresentador. [N. do T.]

** Tavis Smiley (Mississippi, Estados Unidos, 1964), advogado, apresentador, empresário e autor. [N. do T.]

*** Christopher Lynn Hedges (Vermont, Estados Unidos, 1956), jornalista vencedor do prêmio Pulitzer, pastor e apresentador; Paul Craig Roberts (Geórgia, Estados Unidos, 1939), economista. [N. do T.]

expressão, da dissidência. Os dois concordam que "aqueles que desafiam obstinadamente a ortodoxia da crença, que questionam as paixões dominantes, que se recusam a sacrificar sua integridade para servir o culto ao poder, são empurrados para as margens. São demonizados". A demonização de Cornel West – que não partiu diretamente dos Obama... mas, antes, das pessoas negras multimilionárias, conservadoras e sexistas que têm acesso ilimitado às mídias.

WEST: Pessoas que se autoproclamam juízes, que determinam se você está dentro ou fora da comunidade negra.

hooks: Um dos pontos que levantei antes foi que deixaram você falar sobre raça como um orador público altamente visível.

WEST: Ah, sim, sim.

hooks: Principalmente quando Clinton estava agindo como se quisesse falar sobre raça.

WEST: Sim.

hooks: E enquanto isso o discurso sobre gênero era cada vez mais conservador e silenciado.

WEST: Verdade.

hooks: E, novamente, Michelle Obama fez parte dessa mudança conservadora.

WEST: Uhummm. Uhummm.

hooks: Nós temos essa mulher negra incrivelmente educada, profissional, na Casa Branca.

WEST: Uma advogada de Harvard, formada em Princeton, sim.

hooks: Tudo isso.

WEST: É.

hooks: E ainda assim o público, via mídias de massa, diz para Michelle que ela só será aceita e reconhecida se não tiver uma voz, sobretudo uma voz proeminente. Lembre-se do começo do casal na Casa Branca, quando perguntaram a Obama se Michelle poderia discutir as decisões dele. Obama disse que ela não faria isso, que ela cuidaria da família. Eu chamei a atenção para essa traição das políticas feministas, mostrando que Obama poderia ter dito que Michelle tinha o direito, como qualquer cidadão do país, a discutir, a ter uma opinião. Não precisava ser uma coisa ou outra. Obama reafirmou um pensamento sexista e racista. Eu sempre notei isso: que aquele homem não fazia seu trabalho em relação a gênero. Ele é um cúmplice no silenciamento da voz política de Michelle.

WEST: Esse pensamento foi reforçado quando Obama apoiou Rahm Emanuel*. E todas as pessoas ao redor dele dizendo: calma, mantenha distância de Michelle Obama, pois estamos focados nos brancos moderados. Estamos focados nos brancos independentes. Durante a campanha, durante o governo e na próxima campanha.

---

* Rahm Israel Emanuel (Illinois, Estados Unidos, 1956), político e atual embaixador dos Estados Unidos no Japão. [N. do T.]

hooks: A sociedade liberal mais convencional diz: vamos focar em Michelle como se ela fosse uma modelo fashion. Vamos focar no corpo dela. Nas roupas dela. No cabelo dela. Nunca vamos perguntar a ela: o que você está lendo, pensando, o que você faria se fosse presidente?

WEST: Sim.

hooks: As pessoas perguntavam o que Hillary Clinton estava lendo.

WEST: Ah, com certeza.

hooks: As pessoas viam Hillary Clinton como uma pessoa capaz de ter um pensamento crítico, enquanto tudo isso foi tirado da imagem de Michelle Obama na mídia.

WEST: Exatamente. E eu diria... Eu diria que as pessoas não precisariam perguntar nada. Michelle poderia apenas dizer: eu estou lendo isso aqui. Ela poderia ter combatido os estereótipos racistas e sexistas simplesmente compartilhando seu verdadeiro eu.

hooks: Exatamente.

WEST: Ela poderia ter feito as pessoas pararem de discutir os penteados dela.

hooks: Exatamente, mas ela não fez isso... e eu preciso dizer: as pessoas negras conservadoras almejam tanto a imagem de uma união entre homens negros e mulheres negras moldada por valores patriarcais convencionais que elas, como muitas pessoas brancas, queriam ver Michelle apenas como a mulher por trás do homem.

WEST: Verdade, verdade. E eu entendo isso. Eu entendo esse desejo.

hooks: As pessoas negras conservadoras não se fascinam por imagens de uniões radicais entre homens negros e mulheres negras. Muitas pessoas negras criticaram *Django*, o filme de Tarantino*, e nunca enfatizaram a parte da narrativa que é uma história de amor – em que vemos pela primeira vez em um filme famoso um homem negro que ama tanto sua parceira que sai em uma aventura heroica para salvá-la.

WEST: É uma história de amor.

hooks: O homem negro atravessa o inferno para resgatar sua esposa. É claro, a falha nessa representação é que a esposa é vista principalmente como um corpo bonito. Ela não tem voz. Ela não é uma mulher negra fora de seu lugar. Mas isso não muda o fato de que, por meio de suas ações, ele declara que aquela é a mulher que ele escolheu para proteger e cuidar, para resgatar. As pessoas não mencionam isso. E enquanto isso nós temos Michelle Obama calada e sorrindo na posse como se os dois representassem o ideal do casal negro moderno. Eu não considero Obama como um homem de coragem.

WEST: Barack Obama? Ah, não, é o oposto. Ele é covarde.

hooks: Sim. Ele é muito caxias.

---

* Quentin Jerome Tarantino (Tennessee, Estados Unidos, 1963), cineasta, ator e crítico de cinema. [N. do T.]

WEST: Muito covarde, sem dúvida. Mas você imaginaria um homem negro sendo eleito presidente? Digamos, hipoteticamente, em 1948, e não em 2008, sem mencionar a era Jim Crow, e ainda assim as pessoas negras precisam ficar animadas com Obama. As leis Jim Crow ainda funcionam. Agora aqui estamos nós em 2012, Obama vence pela segunda vez e ainda não disse uma palavra sobre a nova era Jim Crow. Absolutamente nada. Nada.

hooks: Nós destacamos dois assuntos que ele pouco comentou: a supremacia branca e a pobreza.

WEST: Certo.

hooks: É impossível falar de pobreza nos Estados Unidos sem falar sobre as famílias negras, sobre as prisões.

WEST: Sim, sim.

hooks: Agora nós temos o trabalho de Michelle Alexander*. Ela faz conexões com acadêmicos que vieram antes dela, que diziam coisas similares, mas não alcançaram a mesma proeminência.

WEST: Sim, com certeza.

hooks: Ainda assim o trabalho dela é maravilhoso. Ela ajuda as pessoas a entenderem o que está acontecendo. Você quer saber o que está acontecendo com a família negra? Não se trata simplesmente das drogas, do álcool,

---

* Michelle Alexander (Illinois, Estados Unidos, 1967), escritora, advogada e ativista pelos direitos civis. [N. do T.]

mas também do sistema de justiça criminal corrupto que demoniza os homens negros e arranca os jovens negros de sua família antes de eles terem amadurecido qualquer conceito de família.

WEST: É isso. Exatamente. Faz parte da nova era Jim Crow, a pobreza. É evidente que ninguém está falando de justiça. E, para mim, é apenas uma questão da forma como a mídia corporativa fala sobre a raça. Se você se preocupa com a justiça, como é que você não vai dizer nada sobre a destruição de toda uma geração de jovens negros fundamentada nos caprichos arbitrários de uma guerra contra as drogas?

hooks: E, é claro, uma coisa que eu reitero e que muitas pessoas não querem ouvir é que essa guerra contra a masculinidade negra é uma questão feminista. Desafiar o patriarcado pode salvar a vida dos homens negros.

WEST: Verdade, verdade. Você diz isso.

hooks: A dominação destrói qualquer esperança. Eu recebo cartas de homens negros pedindo um direcionamento e compartilhando que eles não sabem para onde ir. Um dos nossos alunos se enforcou algumas semanas atrás.

WEST: Sim, eu fiquei sabendo.

hooks: E eu fiquei pensando que, se você tivesse vindo antes, nós teríamos uma sessão com ele chamada "Mantendo o controle da vida".

WEST: Uau! Uau!

hooks: Do que um homem negro, jovem ou velho, precisa para ter controle sobre a sua vida? Vamos falar um pouco sobre a parceria entre homens negros e mulheres negras. Você sabe que um dos principais motivos de fazermos *Partindo o pão* foi que queríamos ser um exemplo de duas pessoas negras radicais e adultas trocando, nem sempre concordando, mas sempre se respeitando. Foi um momento de aprendizado maravilhoso. E onde estamos hoje? Como você descreveria os sentimentos coletivos de hoje? A guerra contra aquilo que pregamos, a guerra contra o pensamento crítico que acontece nos livros, mas principalmente na cultura visual, na cultura popular e na música. E a mídia, especialmente a televisão, sempre representa os homens negros e as mulheres negras como antagonistas em relação uns aos outros.

WEST: Sim, sim.

hooks: Então muito da música negra popular é beligerante. Quando éramos jovens acadêmicos em Yale, nós sempre celebrávamos a música negra tradicional, o R&B, o blues. A música era edificante, inspiradora. Nós (eu e você) dançávamos no barzinho negro local.

WEST: Ah, sim, sim. Havia muito amor, amor na música. O amor estava na música. Nós perdemos isso. Nós perdemos isso.

hooks: Agora nós temos jovens acadêmicos, novas pessoas trilhando seu caminho no rap. E de repente é como se o rap fosse a única forma de música negra digna de atenção. A música gospel popular se tornou uma espécie estranha de música disco. Os filmes de Tyler Perry* desempenharam um papel importante na formação de uma versão contemporânea do "menestrel" da cultura negra. Nos trabalhos dele, a igreja negra é reduzida e diminuída de forma consistente. Tyler se identifica como um homem gay. O que significa um homem negro gay produzindo todas aquelas imagens de ódio em direção às mulheres negras? E, é claro, quanto mais enriqueceu, mais ele se afastou de sua sexualidade. Essa é uma das recompensas da riqueza? Você poder ligar e desligar sua sexualidade dependendo da narrativa que decide criar para si mesmo?

WEST: Sim, exatamente.

hooks: Foi intenso. Você viu *Boondocks*, a crítica a Tyler Perry que fizeram em *Boondocks*? Foi uma crítica poderosa.

WEST: Não, não. O desenho animado, certo? É mesmo?

hooks: Eles fizeram uma sátira de um diretor negro que usava a retórica religiosa para seduzir pessoas negras, principalmente homens negros. Foi uma crítica poderosa. Houve boas tentativas de censurar essa crítica satírica.

WEST: Uau!

hooks: Muito intenso.

WEST: Uau!

---

* Tyler Perry (Lousiana, Estados Unidos, 1969), ator, diretor e roteirista. [N. do T.]

hooks: Nós estamos na pior era da censura. A censura é fundamentalmente antidemocrática. Uma de suas principais formas é tirar autorias de bibliotecas. Livros escritos por autoras como Alice Walker e Toni Morrison* são banidos de várias bibliotecas pelo país. Como cidadãos, nós não estamos prestando atenção no poder crescente da censura. A perda da liberdade de expressão é uma das grandes ameaças ao discurso democrático.

WEST: Eu não sabia disso. Mas não estou surpreso.

hooks: Eu fui fazer uma fala no Arizona, e um dia antes da minha chegada eles tiraram vários livros meus de uma das bibliotecas. A tentativa de censurar autorias radicais se relaciona ao impacto que nossos livros causaram e causam na mente de jovens leitoras e leitores. Nosso trabalho e as obras de tantas outras autorias, de pensadoras e pensadores, têm um impacto transformador, não só nos jovens ou nos estudantes, daí o desejo de censurar. Você estava presente no Occupy Wall Street**. As pessoas estavam lendo obras minhas, obras suas. Para os espectadores conservadores, isso é perigoso. Nosso trabalho e até a pessoa que somos são percebidos como ameaças, e de uma forma diferente de quando estreamos como oradores públicos. Naquela época, nosso trabalho estava muito centrado na academia. Quando eu ainda não era efetiva, eu me concentrava muito mais nos

---

* Alice Malsenior Tallulah-Kate Walker (Geórgia, Estados Unidos, 1944), poeta, escritora e ativista pelos direitos civis; Toni Morrison (Ohio, Estados Unidos, 1931 – Nova York, Estados Unidos, 2019), escritora, editora e professora, primeira escritora negra a receber o Prêmio Nobel de Literatura, em 1993. [N. do T.]

** Em português, Ocupe Wall Street. Movimento de protesto estadunidense contra a desigualdade econômica e social. [N. do T.]

alunos, então comecei a ter um público leitor maior, alcançando pessoas para além da academia. Foi essa mudança que levou as pessoas a quererem silenciar nossas vozes. E, quando nossas vozes não são silenciadas, começam as tentativas de nos descreditar. Um exemplo de descrédito contemporâneo que tentou destruir o impacto de um homem negro radical são as difamações que Manning Marable* lançou sobre Malcolm X** em seu livro. De repente as pessoas ficam sabendo que Malcolm era gay, que ele era um mentiroso, que Malcolm não era da forma como se apresentava – e nada disso foi muito bem fundamentado. Sim, Malcolm pode ter tido alguns encontros sexuais com homens por dinheiro em seus anos de vício, mas isso faz dele um homem gay? Quer dizer então que todos aqueles homens negros presos que deixam outros homens chuparem os paus deles ou o que seja são gays? Mas nós não consideramos esses homens gays. E o mais triste ainda é que e daí se Malcolm X fosse de fato gay – isso afetaria nosso respeito ou apoio ao legado dele?

WEST: Não, não afetaria.

hooks: Sinceramente, Cornel, eu ponderei sobre esse aspecto estranho do trabalho de Manning. Por que ele desejaria descreditar a memória de Malcolm em uma época na qual os jovens de todo o mundo ainda estão descobrindo Malcolm, ainda o estão descobrindo como um catalisador

---

* William Manning Marable (Ohio, Estados Unidos, 1950 – Nova York, Estados Unidos, 2011), escritor e professor. [N. do T.]

** Malcolm X (Nebraska, Estados Unidos, 1925 – Nova York, Estados Unidos, 1965), liderança ativista pelos direitos humanos e defensor do nacionalismo negro nos Estados Unidos. [N. do T.]

de uma consciência crítica radical? Mesmo após sua morte, seu trabalho ainda ensina sobre a consciência crítica, ainda é um agente de mudança. O trabalho dele sem dúvida serviu de catalisador para o desenvolvimento da minha consciência crítica.

WEST: Bem, Malcolm definitivamente mudou a minha vida. Manning trabalhou em seu livro por muito tempo, por muitos anos. E há elementos nele que ainda são bem poderosos.

hooks: Embora o livro seja útil, isso não significa que não poderíamos dar uma atenção crítica a alguns aspectos da biografia que pareceram quase uma difamação de caráter. Muitos homens, brancos e negros, invejavam a capacidade de Malcolm de falar com as pessoas comuns, de inspirar essas pessoas. E costuma ser a inveja ou o ciúme que faz um indivíduo destacar aspectos da vida de alguém que não são tão importantes ou que são simplesmente mentiras. Marable foi motivado pelo ego patriarcal a difamar Malcolm e então a ser seu feitor. Quem aprendeu com Malcolm sabia que ele tinha falhas – e quem não tem? Mas quando alguém enfatiza demais ou exagera suas falhas acima de todo o trabalho significativo que você fez, nós precisamos questionar as motivações. O seu caráter está sendo difamado e o meu também. Vamos falar sobre aquilo que nos empodera em nossas vidas agora para conseguirmos encarar ataques e tentativas de silenciamento. Nos últimos anos, eu tenho reafirmado meu compromisso com a vida espiritual.

WEST: Mas você sempre teve esse compromisso.

hooks: Sim, sempre fui comprometida com a prática espiritual. Mas, conforme fui envelhecendo, eu percebi o valor da disciplina espiritual e das nossas lutas por justiça. A radicalização política na tradição estadunidense sempre partiu da vida espiritual.

WEST: Ah, sim, a espiritualidade tem sido vital para a nossa radicalização.

hooks: Conforme passamos a ganhar mais dinheiro, conforme fomos institucionalizados nos sistemas da vida acadêmica branca – você sabe as relações que costumávamos ter, nós saíamos para dançar juntos, saíamos dentro da comunidade, éramos apenas pessoas negras comuns saindo com pessoas negras comuns... tudo isso não faz mais parte da minha vida. Eu não tenho mais isso nos ambientes predominantemente brancos nos quais costumo estar. Esse distanciamento tem feito muito mal para nós.

WEST: Eu ainda tento fazer isso. Ainda vou à igreja. Tenho o Harlem inteiro bem ali.

hooks: Sendo um homem negro solteiro e maravilhoso, você pode acessar vários lugares. Eu tenho que fazer um esforço a mais para manter meus laços com as comunidades negras porque as pessoas negras ainda desconfiam do feminismo.

WEST: Sim, eu sei. Podemos dizer que o patriarcado e a misoginia estão muito entranhados.

hooks: E são muito bem alimentados pelo patriarcado capitalista supremacista branco imperialista. Pessoas brancas não esclarecidas costumam enfatizar a falsa noção de que as mulheres negras destroem os homens negros.

Infelizmente, muitos homens negros endossam esse pensamento. Em meu livro *A gente é da hora: homens negros e masculinidade*, usei a metáfora de Ísis saindo pelo mundo em busca das partes de Osíris, que ela queria reunir. É uma narrativa arquetípica maravilhosa de pessoas negras se amando, em especial do amor das mulheres negras pelos homens negros. Nós descolonizamos nossa mente e criamos um trabalho a partir desse espaço de descolonização. A cultura dominante não está interessada nisso. *Class Matters* [A classe importa] e *A gente é da hora* receberam poucas críticas.

WEST: Verdade. Sim. Alguém falou comigo sobre isso, sobre os seus textos, no bar na noite passada. No Blue Note, com Dee Dee Bridgewater, Christian McBride, Lewis Nash e Benny Green no piano. Eles falavam sobre isso quando entraram em casa: eles leram *Race Matters* [A raça importa] e leram *Class Matters*. São todos músicos de jazz.

hooks: Nós podemos ver os esforços de descreditar nossos trabalhos, mas felizmente também recebemos muito apoio. Vamos falar sobre as mudanças de nossas localidades acadêmicas. Quando senti a necessidade de sair de Manhattan, fiz uma grande transição da City College, um bom emprego com muito *status*, e mudei para o meu estado natal, então meu salário passou de seis dígitos para menos de 20 mil dólares. Eu queria trabalhar em uma instituição no Kentucky voltada para a educação de apalaches, então Berea foi a minha escolha. Como foi a sua mudança de Princeton para o Seminário da União?

WEST: Eu sofri uma grande redução bem na época em que minha preciosa filha vinha para os Estados Unidos. Eu precisava dessa mudança, como você, era um retorno às minhas raízes. Eu acho que quando escrevemos *Partindo o pão*, em 1991, ainda havia um sentimento de solidariedade negra coletiva. Então tudo começou a mudar. Havia uma maior noção da derrota coletiva negra, uma mudança de uma consciência do nós para uma consciência do eu na América Negra. Não era mais uma preocupação de todos ou com os menos afortunados, tudo tinha a ver comigo, eu, eu, egoísmo, egoísmo, egoísmo, um ressentimento cheio de raiva enquanto o mecanismo que uso para subir a qualquer custo se torna a norma. Em 1991, em uma escala de 0 a 10, nós já estávamos no 5. É como a morte. É como a morte de tia Esther em... em *The Ten Places* [Os dez lugares], um trabalho cíclico de August Wilson*. Lembra? Lembra que ela morre nos anos 1980 e, para ele, isso representa que o fim da cultura negra já passou? E onde estamos agora? Estávamos no 5 em 1991. E agora estamos em 1,5 por causa do nível de declínio das últimas décadas. É inacreditável.

hooks: Eu vejo esse declínio manifestado nas relações familiares. Quando você e eu nos conhecemos, eu teria dito que meus irmãos e eu éramos muito próximos. Que, embora tivéssemos uma família disfuncional em muitos aspectos, ela sempre foi afetuosa. Depois da morte dos meus pais, era como se fôssemos estranhos. Tantas coisas ruins aconteceram.

WEST: Uau!

---

* Pseudônimo de Frederick August Kittel (Pensilvânia, Estados Unidos, 1945 – Washington, Estados Unidos, 2005), dramaturgo. [N. do T.]

hooks: Um dos motivos do rompimento foi porque éramos todos emocionalmente dependentes da minha mãe. Ela era a força que nos mantinha na linha. Como a mãe em *A Raisin in the Sun**, ela era nosso padrão moral mais alto. Ela estabelecia os padrões éticos e morais. E foi incrível ver como a perda nos fragmentou. Eu penso que uma política da perda foi o que nos conduziu para o rebaixamento do espírito africano-estadunidense em todos os níveis.

WEST: Ah, sim.

hooks: Hoje em dia, em todos os dias da nossa vida, nós ouvimos sobre a perda de alguém. Somos forçados a prestar atenção nas mortes coletivas, conhecendo ou não as pessoas falecidas: "Ah, aquela pessoa teve um ataque cardíaco. Ah, aquela pessoa levou um tiro. A bebê de não sei quem morreu". Essas perdas pessoais são espelhadas em nossas perdas políticas, a morte de lideranças, o ressurgimento de uma supremacia branca brutal.

WEST: Bem, lá no início, em nossa entrada na civilização ocidental e no Novo Mundo, o amor negro era um crime. A esperança negra era uma piada. A história negra era uma maldição. A liberdade negra era um sonho impossível, e a pergunta era: o que nós, o povo negro, faremos sobre isso? Certo, ou reunimos coragem para sustentar o amor negro ou nos entregamos à criminalização. Agora, pense em como era lá atrás, há uns 45 anos. O irmão Martin foi abatido como um criminoso. Ele é a incorporação do amor negro.

---

* Peça de Lorraine Hansberry que estreou na Broadway em 1959. Posteriormente adaptada para o cinema (*O sol tornará a brilhar*, 1961). [N. do T.]

Muitas pessoas negras concluíram – com o tempo, diante da morte como uma realidade simbólica e literal – que o amor negro não vale a pena. Simplesmente não vale. As pessoas só querem o sucesso negro ou o dinheiro negro. As pessoas nutrem a ganância.

hooks: Também é verdade que a mídia de massa corteja as pessoas negras como nunca. Há 45 anos, a mídia não nos cortejava como faz hoje, nos ensinando a abraçar os valores do patriarcado capitalista supremacista branco imperialista. Quer dizer, o sucesso econômico fenomenal de Tyler Perry como um criador é sinal de uma mudança diferente. O sucesso de Oprah Winfrey, Jay-Z e Beyoncé*. Tudo o que eles representam é a grande riqueza capitalista.

WEST: É um declínio, um declínio do amor negro.

hooks: Bem, espera, é um declínio da comunidade?

WEST: Um declínio da consciência negra. Da comunidade.

hooks: Totalmente. Não sei se você viu o filme de Spike Lee**, *Verão em Red Hook*, mas foi um ataque brutal à igreja negra. O pastor negro é representado como um pedófilo.

---

* Oprah Gail Winfrey (Mississippi, Estados Unidos, 1954), apresentadora, jornalista, editora e escritora; Shawn Corey Carter (Nova York, Estados Unidos, 1969), rapper, compositor, produtor e empresário; Beyoncé Giselle Knowles-Carter (Texas, Estados Unidos, 1981), cantora, compositora, empresária e produtora. [N. do T.]

** Spike Lee (Geórgia, Estados Unidos, 1957), cineasta, produtor e ator. [N. do T.]

WEST: Eu li sobre, sim, mas não vi.

hooks: Eu queria não ter visto, Cornel. São imagens da negritude que não quero guardar na mente.

WEST: Mas o problema é que, embora eu e você amemos o povo negro e a igreja negra... há uma base real para a crítica. Porque não há amor negro o bastante nem a realidade do amor negro nas igrejas. Eu me peguei no mesmo hedonismo, narcisismo, na mesma obsessão pela riqueza da cultura de massa e então, quando houve essa mudança, você sabe, de Sarah Vaughan* para a Beyoncé, de Curtis Mayfield** para o Jay-Z ou de Martin Luther King para Al Sharpton, aí nós temos um declínio drástico.

hooks: É quase surreal. Quase não dá para acreditar. É como alguém que tem um tesouro, um diamante, e diz: "Sabe, eu acho que prefiro aquela zircônia brilhante ali".

WEST: Absolutamente. Como é que pode?

hooks: E nós pensamos: espera um minuto. Você sabe que tem um tesouro bem ali.

WEST: Sim, sim.

hooks: Nesse ponto da vida, Cornel, aos sessenta, eu ando rezando e meditando muito sobre o papel que fui chamada

---

* Sarah Lois Vaughan (Nova Jersey, Estados Unidos, 1924 – Califórnia, Estados Unidos, 1990), cantora de jazz. [N. do T.]

** Curtis Lee Mayfield (Illinois, Estados Unidos, 1942 – Geórgia, Estados Unidos, 1999), músico, compositor e produtor. [N. do T.]

para desempenhar intelectualmente e espiritualmente, e também estou trabalhando para ter uma vida equilibrada porque, eu tenho que dizer, Cornel... que naqueles anos inebriantes quando fazíamos tanta coisa... minha vida perdeu o equilíbrio e minha saúde foi junto. Estudos mostram que a saúde de mulheres negras ricas é tão ruim quanto a saúde de mulheres negras pobres.

WEST: Uau! Uau!

hooks: Enquanto isso, quando consideramos a saúde das mulheres brancas... Quanto mais dinheiro uma mulher branca tem, melhor será a saúde dela.

WEST: Aposto que sim.

hooks: Uma das dificuldades enfrentadas pelas mulheres negras é o isolamento profundo. Quer dizer, quando eu penso em todas as mulheres negras incríveis que morreram isoladas...

WEST: Uau! Uau!

hooks: Quando penso em Octavia Butler* morrendo na frente da casa dela. Isso parte o meu coração. Ela morreu sozinha. E eu penso no que está acontecendo nas nossas vidas. Mas eu sei que é muito angustiante viver e trabalhar em uma cultura supremacista branca que não nos aceita de fato. Você sabe, ambientes que punem e alienam, que nos colocam umas contra as outras. Tantas mulheres negras

---

* Octavia Estelle Butler (Califórnia, Estados Unidos, 1947 – Washington, Estados Unidos, 2006), escritora afrofuturista. [N. do T.]

voltam para casa... decepcionadas, irritadas, cansadas da dominação supremacista branca, mas sentindo que não existe saída. Há alguns anos, eu não conhecia nenhuma mulher negra que tomasse antidepressivos. Há tantas agora. A depressão é um grande problema de saúde mental na vida das mulheres negras. E com a depressão vêm os comportamentos suicidas que ameaçam a vida. Precisamos estar conscientes da falha de nossas conexões emocionais, da perda de relações e da forma como a realidade nos prejudica.

WEST: Com certeza.

hooks: Relendo *Partindo o pão*, eu fiquei agoniada quando percebi que a maioria dos problemas que identificamos piorou.

WEST: Tudo piorou muito. Muito mesmo. Na verdade, piorou muito mais do que poderíamos ter concebido naquela época.

hooks: A hipervisibilidade de homens negros que escolhem parceiras brancas tem sido bem desmoralizante para muitas mulheres negras. Não sou contra uniões inter-raciais, mas se o fundamento desses relacionamentos é um racismo internalizado, então essas relações não são saudáveis. E fortalecem nossos esforços para a construção de comunidades afetivas.

WEST: No geral, são relações patológicas.

hooks: Exatamente.

west: Se não há amor envolvido, então somos todos desumanizados.

hooks: Exatamente. Vivemos em uma sociedade supremacista branca que não quer que homens negros e mulheres negras criem laços saudáveis. Em vez disso, as revistas populares nos bombardeiam com imagens negativas de homens negros e mulheres negras juntos, e então destacam a visão de "ah, mais um homem negro que escolhe uma parceira loira e nórdica". É tudo sobre a estética supremacista branca. Então, Cornel, onde é que você se vê? Agora, nesse estágio das nossas vidas, estamos solteiros. Eu rezo para encontrar um companheiro.

west: Como eu disse para o mundo em minha autobiografia confessional, *Living and Loving Out Loud* [Vivendo e amando sem reservas], nunca me saí muito bem com relações íntimas. Não é o meu foco agora. Eu me vejo me preparando para morrer e testemunhando o auge da minha capacidade, o melhor das tradições radicais que me produziram e produziram você. Nós somos testemunhas. Se morrermos amanhã, teremos que mostrar que essa tradição não morreu por falta de luta.

hooks: Eu me preocupo muito com a questão do cuidado das pessoas idosas. O cuidado dos nossos mais velhos é uma coisa de mulher e deveria ser uma questão feminista. Os direitos de morte deviam ser uma questão feminista porque são as mulheres que cuidam dos idosos que estão envelhecendo e morrendo. Como aconteceu com o Alzheimer da minha mãe... foi minha irmã mais velha que cuidou da minha mãe diariamente, e isso acabou com ela.

WEST: Ah, nossa!

hooks: E agora ela está doente.

WEST: Uau! Uau!

hooks: Ela está sofrendo, entende? Essa é uma questão concreta que os homens e as mulheres estão enfrentando neste momento, principalmente as pessoas negras, mas não há nenhuma audiência pública que aborde o assunto. Quando eu tento falar sobre essas preocupações, sobre quem cuida dos doentes e das pessoas que estão morrendo, em particular sobre a questão dos direitos de morte, há pouca resposta. E é uma questão de raça e classe. Quando não se tem parentes que cuidem de você, não importa a sua raça, são as pessoas negras e racializadas* que cuidam de você. A maioria das pessoas brancas enfermas ou moribundas é cuidada por pessoas racializadas. Em muitas casas de repouso, as mulheres são o grupo majoritário. E como a expectativa de vida das mulheres brancas é muito maior, elas precisam de cuidados – e são as pessoas racializadas que cuidam. Você sabe.

WEST: Sim. Sim.

hooks: É profundo e ninguém quer falar disso. Ninguém quer tocar na realidade da morte. E quando eu falo da

---

* No original, *people of color*. Recupero o termo "racializadas" do ensaio "Por um feminismo afro-latino-americano" (1988), de Lélia Gonzalez, em que a autora escreve: "Nós somos invisíveis nos três aspectos do movimento de mulheres; mesmo naquele em que nossa presença é maior, somos descoloridas ou *desracializadas* e colocadas na categoria popular" (grifo meu). [N. do T.]

minha própria morte, quando estou tentando me preparar para isso, as pessoas tentam me silenciar. Um dos motivos da criação do bell hooks Institute for Contemplation, Critical Thinking and Dreaming é garantir a continuação do meu trabalho depois da minha partida. Eu vi o quão rápido pessoas como Toni Cade Bambara, Audre Lorde e June Jordan são esquecidas*. Eu falo dessas mulheres para as minhas alunas e alunos, e eles não têm familiaridade com a obra delas. Não conhecem Alice Walker e Toni Morrison. Mal conhecem Gayl Jones, Paule Marshall**.

WEST: Ah, sim. Sei como é.

hooks: Não conhecem o maravilhoso trabalho de Gloria Naylor***. A fascinação cultural pelas escritoras negras diminuiu muito.

WEST: Uau! Uau!

hooks: Essa fascinação segue na imaginação das pessoas com Morrison e Walker, mas, realmente, onde estão as

---

* Toni Cade Bambara (Nova York, Estados Unidos, 1939 – Pensilvânia, Estados Unidos, 1995), escritora, cineasta ativista e educadora; Audre Lorde (Nova York, Estados Unidos, 1931 – Santa Cruz, Caribe, 1992), "negra, lésbica, mãe, guerreira, poeta", nas palavras da própria autora; June Millicent Jordan (Nova York, Estados Unidos, 1936 – Califórnia, Estados Unidos, 2002), poeta, ensaísta e ativista pelos direitos civis. [N. do T.]

** Gayl Carolyn Jones (Kentucky, Estados Unidos, 1949), romancista; Paule Marshall (Nova York, Estados Unidos, 1929 – Virginia, Estados Unidos, 2019), escritora. [N. do T.]

*** Gloria Naylor (Nova York, Estados Unidos, 1950 – Ilhas Virgens Americanas, Caribe, 2016), romancista. [N. do T.]

jovens escritoras que deveriam estar produzindo trabalhos novos e variados? As pensadoras críticas que deveriam estar escrevendo, além de bell hooks, além de Angela Davis*, indo além, teorizando de uma forma totalmente diferente? Nós não estamos fazendo isso.

WEST: Nós temos que reconhecer, é como a eulogia de Du Bois para Alexander Crummell**: "Seus olhos encheram-se de lágrimas quando ele disse: 'Ninguém lembrará seu nome'".

hooks: Isso é profundo, Cornel. Profundo e triste.

WEST: Quando a morte de Du Bois foi anunciada por A. Philip Randolph***, logo antes de ele ter apresentado Martin King na Marcha sobre Washington****, a maioria das pessoas disse: "Nós nem sabíamos que o cara ainda estava vivo".

---

*   Angela Davis (Alabama, Estados Unidos, 1944), filósofa, professora emérita de estudos feministas e figura proeminente na luta pelos direitos civis. [N. do T.]

** William Edward Burghardt Du Bois (Massachusetts, Estados Unidos, 1868 – Acra, Gana, 1963), pensador, escritor, sociólogo, historiador e ativista pelos direitos civis; Alexander Crummell (Nova York, Estados Unidos, 1819 – Nova Jersey, 1898), pastor e acadêmico, fundador da American Negro Academy (1897). [N. do T.]

*** Asa Philip Randolph (Nova York, Estados Unidos, 1889-1979), sindicalista e ativista pelos direitos civis. [N. do T.]

**** Marcha sobre Washington por Trabalho e Liberdade, manifestação política ocorrida em Washington, Estados Unidos, em 1963. Nessa ocasião, Martin Luther King proferiu seu famoso discurso, "Eu tenho um sonho". [N. do T.]

hooks: Bom, é o mesmo caso de C. L. R. James*. Nós podemos falar por horas sobre o destino das pessoas negras na esquerda. As pessoas negras militantes, homens e mulheres, costumam ficar isoladas, sem apoio e sem dinheiro.

WEST: Paul Robeson**.

hooks: Sim.

WEST: Ele ficou invisível por dez anos. Todo mundo dizia que Robeson tinha morrido em 1976, na Filadélfia, morando com a irmã dele. "Paul ainda está vivo? A gente pensava que o cara tinha morrido uns dez, quinze anos atrás." Ele pagou o preço. Esse é o preço que temos que pagar.

hooks: Bom, vamos falar do apagamento de Shirley Chisholm***. De quando as mulheres brancas quiseram apoiar Geraldine Ferraro**** e fizeram parecer que ela era a primeira mulher a concorrer à presidência. Elas simplesmente deletaram Chisholm.

WEST: Sim, certo.

---

* Cyril Lionel Robert James (Tunapuna, Trindade e Tobago, 1901 – Londres, Reino Unido, 1989), sociólogo, historiador e jornalista. [N. do T.]

** Paul LeRoy Bustill Robeson (Nova Jersey, Estados Unidos, 1898 – Pensilvânia, Estados Unidos, 1976), dramaturgo, músico, ator, atleta profissional e ativista pelos direitos civis. [N. do T.]

*** Shirley Chisholm (Nova York, Estados Unidos, 1924 – Flórida, Estados Unidos, 2005), política, educadora e escritora. [N. do T.]

**** Geraldine Anne Ferraro (Nova York, Estados Unidos, 1935 – Massachusetts, Estados Unidos, 2011), advogada e política. [N. do T.]

hooks: Elas apagaram totalmente Shirley Chisholm, que vivia em uma casa de repouso na Flórida. É muito profundo.

WEST: Ela foi apagada em nome do racismo e do sexismo. E com Jesse*, Al Sharpton e agora Obama também em destaque, as pessoas se esquecem da tradição de lideranças negras femininas radicais.

hooks: Sim, com certeza. Mas o fato de que no início de sua carreira aquela mulher negra incrível, Shirley Chisholm, tenha se declarado corajosamente como uma pessoa "não comprada e não chefiada"… Ela nunca vacilou ao apoiar o aborto, apontando a quantidade de mulheres que morriam em decorrência de abortos ilegais. Ela não deveria ser esquecida. Você conhece o dito "nossa luta também é uma luta da memória contra o esquecimento". Foi essa necessidade de manter nossos legados vivos que me levou a abrir o Instituto bell hooks. Eu vejo o quão rápido nossos legados são esquecidos, e as pessoas dizem: "Ah, bell, você não será esquecida porque tem muitos livros". Isso não significa nada. As pessoas tiram seus livros de circulação em um piscar de olhos. Alguém me disse outro dia: "Olha, não conseguimos adquirir nenhum dos seus livros infantis". Então eu recebi uma mensagem da Disney dizendo que os livros não seriam reimpressos.

WEST: Mas, no seu caso, uma das diferenças – ao contrário de muitas outras que você mencionou, ao contrário de Audre Lorde e muitas outras que você mencionou – é que você escreve textos que ressoam, por muito tempo, entre os

---

* Jesse Louis Jackson (Carolina do Sul, Estados Unidos, 1941), pastor e ativista político. [N. do T.]

leitores da academia, mas você escreve uma variedade desses textos e outros que fazem as pessoas pensarem e se sentirem de uma forma diferente, e as pessoas não se esquecem da forma como você faz elas se sentirem. As pessoas podem forçar certas ideias aqui e ali, mas... isso é o mais perto dos músicos que chegamos enquanto teóricos. Você quer saber por que as pessoas se lembram de Coltrane*, mas podem não se lembrar de outros grandes músicos? É porque Coltrane faz as pessoas se sentirem diferentes, e quando você começa a fazer as pessoas se sentirem diferentes, é como um relacionamento.

hooks: Exatamente, bem... É aí que eu tenho que ser como algumas das pessoas com quem dialogamos – é aí que eu busco o Espírito Santo. Porque eu digo para as pessoas: quando sento para trabalhar, eu rezo para o espírito divino me guiar, guiar minha voz, minha imaginação, minha mente. Eu canto a partir de uma perspectiva budista-cristã: que as palavras na minha boca e a meditação do meu coração sejam agradáveis. E eu realmente sinto que não teria escrito livros infantis se os pais não tivessem dito: "Nós precisamos disso. Nossas crianças precisam... nossas crianças precisam disso no início da vida, quando ainda estão moldando sua consciência". Então, se eu não tivesse caído de joelhos, dizendo: "Deus, eu não sou capaz de escrever livros infantis. Eu não sou feliz. Eu sou séria. Eu sou uma intelectual". Mas então, do nada, recebi um dom. Como... como a música. Eu ganhei uma canção para cantar.

WEST: Uma canção para cantar.

---

* John Coltrane (Carolina do Norte, Estados Unidos, 1926 – Nova York, Estados Unidos, 1967), saxofonista e compositor de jazz. [N. do T.]

hooks: Quando eu escrevi *Meu crespo é de rainha* – meu primeiro livro infantil –, não sabia de onde essa canção tinha vindo. E o livro tinha elementos concretos da minha infância. Quando minha família festejou no Dew Drop Inn, todas essas coisas aconteceram e então eu pensei, quando começamos a fechar, que eu queria dizer: "Onde está a nossa esperança?". Agora eu sinto que a nossa esperança está na realidade porque a cultura imperialista... a cultura capitalista, hedonista e patriarcal é guiada pela fantasia... por um vício em fantasia. Na medida em que podemos encorajar e promover o enfrentamento da realidade, temos razões concretas para ter esperança. Quando visito escolas e as crianças dizem que vão ter isso ou aquilo... Bom, vamos falar sobre o tipo de trabalho que vocês vão ter e quanto dinheiro vão ganhar nesse trabalho e como vão conseguir aquilo que estão dizendo que querem ter. É toda a questão da realidade. Você sabe, eu digo para as minhas alunas e alunos que uma versão da insanidade é não estar presente na realidade. Nós andamos pela mesma estrada sempre. É por isso que devemos manter as coisas no campo do real.

WEST: Sempre, sempre, sempre.

hooks: Exatamente.

WEST: Sim, sim.

hooks: Então, para mim, sou uma grande defensora da espiritualidade e da terapia, porque sinto que ambas nos fazem encarar a realidade e nos dão coragem.

WEST: Bem, estou com você nesse pensamento. Para mim, a esperança sempre foi um posicionamento radical. Você se lembra do que Henry Highland Garnet* disse em 1837, na primeira vez que as pessoas negras se reuniram em um espaço público? "Nunca confundam a situação do povo negro com a dos israelitas do Velho Testamento. Há faraós de ambos os lados do mar vermelho de sangue."

hooks: Certo.

WEST: E então uma pessoa sussurrou: alguém pode cantar alguma coisa, por favor? Não muito alto, mas só para ter a última palavra. A esperança está sempre em contraste com o desespero. Nós lutamos contra o desespero.

hooks: Eu sempre contemplo a citação espiritual, bíblica, que diz: "a esperança foi derramada em nossos corações por meio do Espírito Santo, que ele nos deu". Porque nossa esperança não pode estar no sistema nem na ideia de desmantelar o sistema, nossa esperança deve estar na transformação da nossa cultura, na criação de uma nova cultura baseada em uma ética do amor, na mutualidade. Esse é o nosso poder, reanimar, renovar, restaurar e resistir.

WEST: Eu amei isso, amei. É o amor no fim das contas.

hooks: Eu digo: sempre que fazemos o trabalho do amor, estamos trabalhando pelo fim da dominação.

---

* Henry Highland Garnet (Maryland, Estados Unidos, 1815 – Monróvia, Libéria, 1882), pastor, abolicionista, educador e diplomata. [N. do T.]

INTRODUÇÃO

> *Ser sensual [...] é respeitar e regozijar na força da vida, da própria vida, e estar presente em tudo o que se faz, desde o esforço de amar até a partilha do pão.*
>
> **James Baldwin**
> ***Da próxima vez, o fogo***

bh: O aspecto mais animador desses diálogos e conversas entre Cornel e eu é que eles têm uma qualidade de testemunho. Estou aqui com o livro de James Cone*, *My Soul Looks Back* [Minha alma olha para trás], e ele diz: "O testemunho faz parte da tradição religiosa negra. É a ocasião na qual o crente se coloca diante da comunidade de fé para relatar a esperança que ele ou ela guardam em si. Embora seja inquestionavelmente pessoal e, portanto, primariamente uma história individual, o testemunho também é uma história acessível para as outras pessoas da comunidade de fé. De fato, o propósito do testemunho não é apenas fortalecer a fé individual, mas também edificar a fé da comunidade".

Esse espírito de testemunho é um espírito difícil de expressar no texto escrito, então, quando comecei a pensar

---

* James Hal Cone (Arkansas, Estados Unidos, 1938 – Nova York, Estados Unidos, 2018), pastor e teólogo. [N. do T.]

em você e em mim produzindo outros diálogos juntos além daquele que fizemos em Yale, que foi o nosso primeiro, percebi que o diálogo é uma das formas em que essa noção de testemunho e de testemunho mútuo pode se manifestar. Relaciono essa noção com a comunhão na igreja negra em Yale, onde costumávamos cantar em círculo "Let Us Break Bread Together on Our Knees", e o verso da canção que diz: *"When I fall on my knees with my face to the rising sun, O Lord have mercy on me"**. Eu gosto da combinação da noção de uma comunidade se preparando para partir o pão juntos, do diálogo e também da misericórdia, porque a misericórdia fala da necessidade que temos de compaixão, aceitação, entendimento e empatia.

Cornel, você e eu trouxemos para a nossa relação de amigos e companheiros de luta a disposição de amar de forma solidária, a disposição de nos envolvermos intelectualmente com o tipo de afirmação crítica em que podemos falar, discutir, discordar, e até nos decepcionar, e ainda assim deixar o outro com um sentimento de alegria espiritual e renovação. Daí o nosso desejo de compartilhar essas discussões com outras pessoas, com uma comunidade de fé, não necessariamente uma comunidade religiosa, mas uma comunidade de companheiras e companheiros que buscam aprofundar nossa experiência espiritual e nossa solidariedade política, e outros entre nós que buscam principalmente aprofundar nosso entendimento da vida negra e da experiência política negra.

Por isso queremos começar com essa noção de comunhão e de partilha do pão, de compartilhar fundamentalmente aquilo que temos de mais pessoal. Compartilhar a palavra.

---

* "Quando eu cair de joelhos com o rosto voltado para o sol nascente, oh, Deus, tenha misericórdia de mim". [N. do T.]

cw: Também há uma música maravilhosa de Fred Weasley com os JB's* chamada "Breaking Bread", que tem a ver com uma recuperação crítica e uma revisão crítica de um passado, de uma tradição, de uma história, de uma herança. Agora que entramos na década de 1990, está muito claro que as pessoas negras devem, de fato, acentuar o melhor da nossa tradição se quisermos chegar no século XXI como um povo. Há impedimentos e obstáculos tremendos, circunstâncias e condições muito difíceis, mas o ato de partir o pão que pode nos conduzir em direção a uma compreensão crítica do passado e do presente e a uma transformação do presente em um futuro melhor parece ser um ato muito importante, e portanto essa forma dialógica que reúne dois intelectuais, em sua tentativa de levar muito a sério a ética do amor em sua forma dialógica e intelectual, é crucial. Agora, as pessoas poderiam sugerir que o diálogo é, de certa forma, análogo à improvisação. Nós consideramos o jazz como a principal forma de arte criada pelas pessoas negras. Essa tradição poderia, em certo sentido, ser encenada na forma dialógica muito mais facilmente do que na página escrita. Eu não quero dizer que é impossível fazer isso na página escrita, mas o diálogo fala mais intimamente com a realidade das pessoas.

bh: Um dos meus principais mentores, Paulo Freire**, um educador brasileiro, sempre diz que o diálogo é o verdadeiro ato de amor entre dois sujeitos, e ele sempre diz,

---

* Fred Weasley (Geórgia, Estados Unidos, 1973), trombonista de jazz e funk; JB's: banda de funk e jazz formada em 1970. [N. do T.]

** Paulo Freire (Recife, Brasil, 1921 – São Paulo, Brasil, 1997), educador e filósofo. [N. do T.]

pensando em Che Guevara* e em outros, que não pode haver revolução sem amor.

Nós também consideramos ter esse diálogo para pensar em formas de escrita mais acessíveis para a audiência em massa. Cornel e eu circulamos na academia, então uma boa parte do nosso trabalho é publicada em longos artigos ou ensaios críticos em periódicos acadêmicos que muitas pessoas nunca compram ou nem chegam a ler. Então, nossa esperança ao publicar esse tipo de livro é simular nossas conversas cotidianas. As pessoas podem pegar o livro, ler uma parte em um dia e ler outra parte em outro sem romper com a continuidade do pensamento porque, como as conversas do dia a dia, o diálogo tem seus momentos fragmentados, ainda que apresente pensamentos mais contidos e concisos.

Eu me senti muito tocada pelo livro que Freire fez em parceria com Antonio Faundez**, *Por uma pedagogia da pergunta*. Foi o primeiro livro de diálogos que me introduziu teoricamente à noção de coletividade. E uma das coisas que venho pensando como intelectual, como uma mulher negra intelectual e pensadora revolucionária, é o que significa estabelecer um compromisso com algum tipo de resposta colaborativa. O que significa, para nós, falarmos uns com os outros? Nos últimos anos, especialmente entre escritores e pensadores críticos negros, tem havido uma grande disputa por posições entre homens negros e mulheres negras. Tem havido uma espécie de proliferação da falsa

---

* Ernesto Guevara de la Serna (Rosário, Argentina, 1928 – La Higuera, Bolívia, 1967), revolucionário marxista, médico, autor, guerrilheiro, diplomata e teórico militar. [N. do T.]

** Antonio Faundez (Chile, 1938), acadêmico, professor e escritor. [N. do T.]

noção de que, se as mulheres negras estão sendo ouvidas, as vozes dos homens negros são necessariamente silenciadas, e, se as vozes dos homens negros são ouvidas, as mulheres negras devem assumir uma posição silenciosa.

Em parte, Cornel e eu concebemos nosso primeiro diálogo público para pensar uma forma de intervir nos tipos de divisões sexistas que têm sido historicamente construídas entre homens negros e mulheres negras. Uma forma de nos apresentar como exemplos vivos da disposição, da parte dos homens negros e das mulheres negras, de dialogarem entre si, de elaborarem e se engajarem em um rigoroso diálogo intelectual e político.

cw: Em uma época em que tantas tempestades e ventos fortes sopram nas relações entre os homens negros e as mulheres negras, é importante tirar ao menos um tempo para ver, observar, analisar, questionar e ponderar um intelectual negro em particular e uma intelectual negra em particular que lutam lado a lado, que têm raízes em uma tradição negra muito rica, mas que também são críticos dessa tradição, de forma que o melhor dela possa permanecer vivo. *Partindo o pão* é essencialmente essa luta entre o passado e o presente, entre a teoria e a prática, entre a política e a espiritualidade, de modo que nossas vidas possam ser mais ricas e nossa sociedade, mais justa.

bh: Quando lembro das palavras da música "When I Fall on My Knees", para mim, elas evocam a necessidade de humildade, a noção de que apenas quando nos curvamos em um sentido religioso, quando somos humildes, é que podemos ser mais abertos. De alguma forma, essas conversas demandam uma humildade que se opõe à arrogância que costuma caracterizar o gesto de isolar-se para escrever um ensaio.

Essas discussões não sofreram alterações significativas, não foram revistas para nos representar de uma forma forçada, mas, quando trabalhamos em longos manuscritos, há sempre aquela consciência da forma como estamos sendo representados. Então, há uma espécie de vulnerabilidade em nosso diálogo aqui e em nosso gesto de compartilhá-lo com um público mais amplo. Em nosso diálogo, nós falamos sobre a vulnerabilidade como uma das condições necessárias para a intimidade, mas é de fato muito difícil para os acadêmicos que trabalham em isolamento aceitarem se colocar em papéis nos quais podem estar emocionalmente vulneráveis. Eu acho que é importante dizer aos leitores que Cornel e eu somos amigos. Há algo na natureza do trabalho entre amigos que também possibilitou esse diálogo e, se fôssemos pessoas ligadas apenas por uma solidariedade política, sem um contexto de amizade, algo da mágica e da ingenuidade que aparecem em nossas discussões poderiam não estar lá. Em parte, é a amizade que possibilita certas formas de vulnerabilidade e certas formas de questionamento. Em alguns momentos, eu realmente senti que Cornel, com sensibilidade, trouxe questões relacionadas a áreas sobre as quais me vejo mais reticente para falar em público, enquanto eu o instiguei a revelar e discutir pontos de contradição em sua vida. Cornel e eu nos engajamos em uma espécie de interrogatório lúdico que faz parte de uma *joie de vivre* que desejamos trazer para o nosso entendimento do que significa ser um intelectual negro neste momento histórico.

CW: Esse exemplo de humildade pode fortalecer outras pessoas que levam a vida intelectual a sério e a conectam ao espiritual e à luta política. Historicamente, os intelectuais acadêmicos têm sido vistos, em vários graus, como sujeitos elitistas, arrogantes e soberbos, mas hoje em dia, quando o "estrelato" acadêmico destaca apenas um ou dois intelectuais negros por vez, nós vemos emergindo da academia uma coleção de figuras frágeis. É importante romper com esse tipo de imagem e nos revelarmos, expormos algumas falhas e fraquezas muito importantes, além de algumas ideias e contribuições que nós dois fizemos no passado e esperamos fazer no futuro.

bh: Como crítica cultural, eu costumo me ver repreendendo severamente produções culturais negras e livros que sinto que não abordam questões que eu queria ver contempladas. Eu costumo reclamar, dizendo: "Este livro não lida realmente com o assunto que eu queria ver aqui, ou não diz nada novo sobre uma questão particular". O que me anima nesses diálogos é que tentamos aplicar a frase de Toni Morrison – dando "voz ao 'indizível'" –, porque há tantos aspectos da vida negra sobre os quais falamos no particular e que não são realmente abordados em nenhum livro ou ensaio. Tantas coisas sobre nós nunca são ditas porque, quando trabalhamos em um manuscrito longo comum, nossa tendência é projetar o trabalho em direção a um público mais amplo. Eu me pergunto se esse público mais amplo vai realmente se interessar pela questão da autoestima negra ou pela variedade de questões que trazemos aqui, como meu amor pela música de Otis Redding*, nosso amor e respeito mútuos pela música de Marvin Gaye**, porque, até certo ponto, essas são intimidades reais. Esses diálogos

---

* Otis Redding (Geórgia, Estados Unidos, 1941 – Winsconsin, Estados Unidos, 1967), cantor e compositor. [N. do T.]

** Marvin Gaye (Washington, Estados Unidos, 1939 – Califórnia, Estados Unidos, 1984), músico, compositor e produtor. [N. do T.]

falam com as pessoas negras e as pessoas negras deveriam ser capazes de reconhecer nossa experiência compartilhada nelas mesmas de formas vitais. Uma questão que surgiu quando tentávamos centralizar a negritude nesses diálogos foi a questão do leitor não negro. Eu penso que o convite oferecido para as leitoras e os leitores não negros é que se unam a nós nessa expressão da nossa familiaridade e, assim, venham a entender que, quando as pessoas negras se juntam para celebrar e se regalar no pensamento crítico negro, nós não fazemos isso para excluir ou separar, mas para participar mais plenamente da comunidade mundial. No entanto, primeiro devemos ser capazes de dialogar uns com os outros, oferecer uns aos outros aquele reconhecimento mútuo que é um ato de resistência que integra um processo descolonizador e antirracista. Então, até certo ponto, convidamos todos os leitores a se alegrarem conosco pelo fato de esse encontro ser possível em um contexto supremacista branco, capitalista e patriarcal que, de fato, poderia impossibilitar qualquer diálogo entre nós.

CW: Devemos destacar que nossa conversa possui principalmente pontos de referência negros. Nós observamos o dilema das pessoas negras do ponto de vista de tudo aquilo que a África, a Ásia, o Oriente Médio, a América Latina e a Europa podem oferecer. Nós somos enraizados nessa tradição negra e lutamos contra esse dilema negro. Isso não quer dizer que nos subscrevemos a um prisma exclusivamente afrocentrado, embora estejamos centrados em um contexto africano-estadunidense. Também não significa que valorizemos ou até promovamos uma perspectiva eurocêntrica, embora reconheçamos que muito da academia se encontra sob a influência de um eurocentrismo muito estreito. Antes, reconhecemos a humanidade negra e tentamos promover o amor, a afirmação e a crítica da humanidade negra e, nesse sentido, tentamos escapar da servidão intelectual prevalecente que manteve cativos tantos intelectuais do passado.

bh: Ao reinvocar a noção de partir o pão, nós abordamos as várias tradições de compartilhamento que têm lugar na vida doméstica, secular e sagrada, onde nos reunimos para nos doar completamente uns aos outros, nutrir a vida, manter nossas esperanças e fazer da luta política revolucionária uma prática contínua.

1

MULHERES NEGRAS E HOMENS NEGROS: PARCERIA NOS ANOS 1990

UM DIÁLOGO ENTRE BELL HOOKS E CORNEL WEST APRESENTADO NO CENTRO CULTURAL AFRICANO--ESTADUNIDENSE DA UNIVERSIDADE YALE

> *Presenteie aqueles que deveriam conhecer o amor.*
> **Ntozake Shange, *Sassafrass, Cypress and Indigo*
> [Sassafrás, cipreste e índigo]**

> *A história do período foi escrita e continuará sendo escrita por nós. O imperativo é claro: ou fazemos história ou permanecemos suas vítimas.*
> **Michele Wallace**

bh: Pedi que Charles cantasse "Precious Lord" porque as condições que levaram Thomas Dorsey* a escrever essa música sempre me fizeram pensar sobre questões de gênero, sobre

---

* Thomas Andrew Dorsey (Geórgia, Estados Unidos, 1899 – Illinois, Estados Unidos, 1993), músico, compositor e evangelista. [N. do T.]

questões da masculinidade negra. O sr. Dorsey escreveu essa música depois de sua esposa ter morrido no parto. Essa experiência causou uma crise de fé nele. Ele não achava que seria capaz de continuar vivendo sem ela. Essa noção de crise insuportável expressa verdadeiramente o dilema contemporâneo da fé. O sr. Dorsey falou da forma como ele tentou lidar com essa "crise de fé". Ele rezou e rezou pedindo uma cura e recebeu as palavras dessa música. Essa música ajudou tantas pessoas quando estavam tristes, sentindo que não podiam continuar. Era a música favorita da minha avó. Lembro de que cantamos essa música no funeral dela. Ela morreu com quase noventa anos. E agora eu me emociono como antes, sabendo que podemos pegar a nossa dor, trabalhar essa dor, reciclar e transformar essa dor em uma fonte de poder.

Deixe eu apresentar a vocês o meu "irmão", meu camarada Cornel West.

CW: Primeiro eu preciso dizer que nós, duas pessoas negras, nos juntamos para refletir sobre o nosso passado, presente e futuro. Só isso já é um sinal de esperança. Eu gostaria de agradecer ao Centro Cultural Africano-Estadunidense de Yale por nos unir. bell e eu pensamos que o melhor seria apresentar em forma de diálogo uma série de reflexões nossas sobre a crise dos homens negros e das mulheres negras. Um estado de sítio assola atualmente as comunidades negras por todo o país, ligado não só ao vício em drogas, mas também à consolidação do poder corporativo como o conhecemos e à redistribuição da riqueza de baixo para cima, somados às formas como a cultura e a sociedade centradas no mercado, preocupadas com o consumo, destroem os sentimentos, a comunidade, a tradição. Reivindicar nossa herança e nossa noção histórica são pré-requisitos para qualquer conversa séria sobre a libertação e a liberdade negra no século XXI. Nós queremos criar esse tipo de comunidade aqui hoje, uma comunidade que, esperamos, seja um lugar para promover o entendimento. O entendimento crítico é um pré-requisito para qualquer conversa séria sobre união, compartilhamento, participação, sobre a criação de laços de solidariedade, de forma que as pessoas negras e outros indivíduos progressistas possam continuar a erguer seus cartazes manchados de sangue que foram erguidos quando aquela música foi cantada no movimento pelos direitos civis. Era uma das músicas favoritas do dr. Martin Luther King, que reafirmava sua própria luta e a luta de muitos outros que tentaram unir alguma noção de fé, de fé religiosa, de fé política, à luta pela liberdade. Nós pensamos que o diálogo seria a melhor forma de promover uma análise e oferecer uma noção da forma que uma práxis tomaria. Essa práxis será necessária para termos uma conversa séria sobre o poder negro, sobre a libertação negra no século XXI.

bh: Vamos falar um pouco de nós mesmos. Cornel e eu chegamos aqui como indivíduos que acreditam em Deus. Essa crença alimenta a nossa mensagem.

cw: Um dos motivos dessa nossa crença se deve à longa tradição da fé religiosa na comunidade negra. Eu penso que, como um povo que têm lidado com o absurdo da condição de ser negro nos Estados Unidos, para muitos de nós é uma questão de Deus e a sanidade, ou Deus e o suicídio. E, quando falamos sério sobre a luta negra, você sabe que, em muitas instâncias, damos passos em falso esperando chegar a algum lugar. Essa é a história das pessoas negras no passado e no presente, que continua a preocupar aqueles entre nós que estão dispostos a falar com coragem e uma noção da importância da história e da luta. Nós falamos cientes de que não poderemos fazer isso por muito tempo porque os Estados Unidos possuem uma cultura violenta. Nessas condições, precisamos nos perguntar quais vínculos com a tradição nos sustentam, diante do absurdo e da insanidade que nos bombardeiam diariamente. Então, a crença em Deus não deve ser entendida fora de contexto, mas em relação a um contexto particular, em relação a circunstâncias particulares.

bh: Também chegamos aqui como duas pessoas negras progressistas de esquerda.

cw: Com certeza.

bh: Vou ler alguns parágrafos para fornecer uma conceituação crítica para a nossa discussão sobre o poder negro, só para o caso de alguém não saber o que o poder negro significa. Estamos aqui juntos para conversar sobre o poder negro no século XXI. No ensaio de James Boggs*, "Black Power: A Scientific Concept Whose Time Has Come" [Poder negro: um conceito científico emergente cujo tempo chegou], publicado em 1968, o autor chamou a atenção para o significado político radical do Movimento Black Power, afirmando: "Hoje o conceito de poder negro expressa a força social revolucionária que deve lutar não apenas contra o capitalista, mas contra os trabalhadores e todos aqueles que se beneficiam e apoiam o sistema que tem nos oprimido". Nós falamos sobre o poder negro em um contexto muito diferente para lembrar, reivindicar, revisar e

---

* James Boggs (Alabama, Estados Unidos, 1919 – Michigan, Estados Unidos, 1993), escritor, ativista político e operário. [N. do T.]

renovar. Primeiro, lembramos que a luta histórica pela libertação negra foi forjada por mulheres negras e homens negros que se preocupavam com o bem-estar coletivo da população negra. Renovar nosso compromisso com essa luta coletiva deve fornecer uma base para uma nova direção em nossas práticas políticas contemporâneas. Hoje falamos sobre uma parceria política entre os homens negros e as mulheres negras. James Baldwin* escreveu em seu prefácio autobiográfico para *Notas de um filho nativo*: "Eu penso que o passado é tudo o que torna o presente coerente e, ainda mais, que o passado será sempre terrível enquanto nos recusarmos a aceitá-lo honestamente". Quando aceitamos o desafio dessa declaração profética, olhando para o nosso passado contemporâneo enquanto um povo negro, o intervalo entre os anos 1960 e 1990, vemos um enfraquecimento da solidariedade política entre homens negros e mulheres negras. É crucial para o futuro da luta pela libertação negra que permaneçamos conscientes de que a nossa luta é uma luta compartilhada, de que nossos destinos estão entrelaçados.

CW: Acho que podemos começar falando sobre essa espécie de caos existencialista que permeia as nossas vidas e sobre a nossa incapacidade de superar esse sentimento de alienação e frustração que experimentamos quando tentamos criar laços de intimidade e solidariedade uns com os outros. Parte dessa frustração deve ser entendida, mais uma vez, em relação a estruturas e instituições. Em relação à forma como nossa cultura de consumo tem promovido um vício em estímulos – que valoriza a estimulação embalada e

---

* James Arthur Baldwin (Nova York, Estados Unidos, 1924 – Saint--Paul-de-Vence, França, 1987), escritor e crítico social. [N. do T.]

comercializada. O mercado faz isso para nos convencer de que nosso consumo lubrifica a economia para que a economia se reproduza. Mas o efeito desse vício em estímulos é o enfraquecimento, a diminuição de nossa habilidade de criar relações de qualidade. Não por acaso o crack é a droga pós-moderna, a pior forma de vício conhecida pela humanidade e que promove uma sensação dez vezes mais prazerosa que o orgasmo.

bh: O vício se opõe às conexões, às relações. Então não surpreende que, conforme um vício permeia mais e mais a vida negra, esse vício diminua nossa capacidade de viver em comunidade. Não faz muito tempo eu disse para alguém que gostaria de comprar uma casinha ao lado da casa dos meus pais. Era a casa do sr. Johnson, que falecera recentemente. E a pessoa não conseguia entender por que eu iria querer morar perto dos meus pais. Minha explicação de que meus pais estavam envelhecendo não foi suficiente. A incapacidade dessa pessoa de entender ou apreciar o valor de uma vida familiar compartilhada entre gerações sinalizou para mim a crise que nossas comunidades enfrentam. É como se, enquanto um povo negro, nós tivéssemos perdido nosso entendimento da importância de uma interdependência mútua, da vida em comunidade. Não valorizar mais a noção de que nós moldamos coletivamente os termos da nossa sobrevivência é o sinal de uma crise.

cw: E quando há uma crise nessas comunidades e instituições que têm desempenhado um papel fundamental na transmissão, para as novas gerações, de nossos valores e sensibilidades, de nossas formas de vida e de nossas formas de luta, nós nos vemos distanciados, não apenas daqueles que vieram antes, mas do projeto crítico da libertação negra. E então, mais e mais, me parece que temos jovens negros difíceis de entender, pois é como se eles vivessem em dois mundos muito diferentes. Nós não entendemos as músicas deles. Os adultos negros podem não estar ouvindo o N.W.A (Niggers With Attitude), um grupo de Compton, na Califórnia. Os adultos negros podem não entender por que o Stetsasonic faz o que faz, do que se trata o Public Enemy*, porque a maioria dos jovens negros foi fundamentalmente moldada pelo lado brutal da sociedade estadunidense. Sua noção da realidade é moldada, de um lado, por uma frieza e indiferença, e, de outro, por uma paixão pela justiça, impulsos contraditórios que emergem ao mesmo tempo. As mães podem ter dificuldade de entender seus filhos. Nossos avós podem ter dificuldade de nos entender – é essa quebra lenta que precisa ser restaurada.

bh: Esse sentimento de quebra, ou ruptura, costuma se expressar tragicamente nas relações de gênero. Quando eu disse para as pessoas que Cornel West e eu falamos sobre a parceria entre mulheres negras e homens negros, as pessoas acharam que eu me referia a relações românticas. Eu respondi dizendo que, para nós, era importante analisar as múltiplas relações entre mulheres negras e homens negros, a forma como lidamos com nossos pais, irmãos, filhos. Estamos falando sobre as nossas relações entre gêneros porque não são apenas as relações amorosas heterossexuais entre mulheres negras e homens negros que enfrentam problemas. Muitas de nós não conseguimos nos comunicar com nossos pais, irmãos etc. Já falei com muitos homens negros

---

* Stetsasonic, grupo de hip-hop formado em 1981 no Brooklyn, Nova York; Public Enemy, grupo de hip-hop formado em Long Island, Nova York, em 1982. [N. do T.]

e perguntei: "Sobre o que você acha que deveríamos falar?". E muitos responderam que queriam falar sobre os homens negros e como eles precisam "se unir".

Vamos falar sobre o motivo de consideramos a luta pela garantia de agência – ou seja, a capacidade de agir em favor do interesse próprio – como uma luta masculina. Quer dizer, não são apenas os homens negros que precisam "se unir". E se os homens negros se recusam coletivamente a se educar para a consciência crítica, a adquirir os meios para a autodeterminação, nossas comunidades deveriam sofrer ou nós deveríamos reconhecer que tanto as mulheres negras quanto os homens negros devem lutar pela autoatualização, devem aprender a "se unir"? Como a cultura em que vivemos insiste em equiparar a negritude com a masculinidade, a consciência negra de que nossa sobrevivência depende da parceria mútua entre mulheres negras e homens negros é prejudicada. Na luta renovada pela libertação negra, reconhecemos a posição dos homens negros e das mulheres negras, o enorme papel que as mulheres negras desempenharam em todas as lutas pela liberdade.

Sem dúvida, o livro de Septima Clark*, *Ready from Within* [Pronta por dentro], é uma leitura necessária para quem quiser entender o desenvolvimento histórico das políticas sexuais na luta pela libertação negra. Clark descreve a insistência de seu pai de que ela não se envolvia plenamente na luta pelos direitos civis por causa de seu gênero. Mais tarde, ela encontrou a fonte de sua rebeldia na religião. Foi a crença na comunidade espiritual, de que nenhuma diferença poderia ser feita entre os papéis das mulheres e dos homens, que preparou Septima Clark. Para ela, o chamado para participar

---

* Septima Poinsette Clark (Carolina do Sul, Estados Unidos, 1898-1987), educadora e ativista pelos direitos civis. [N. do T.]

da luta pela libertação negra foi um chamado de Deus. Lembrar e recuperar as histórias de mulheres negras que aprenderam a assegurar uma agência histórica na luta pela autodeterminação no contexto da comunidade e da coletividade é importante para as pessoas entre nós que lutam para promover a libertação negra, um movimento que tem por fundamento o compromisso de libertar nossas comunidades da dominação, exploração e opressão sexistas. Nós precisamos desenvolver uma terminologia política que permita que as pessoas negras falem mais profundamente sobre o que queremos dizer quando convocamos as mulheres negras e os homens negros a "se unir".

CW: Eu também acho que devemos ter em mente o contexto mais amplo da sociedade estadunidense, que historicamente tem expressado seu desprezo pelos homens negros e pelas mulheres negras. A própria noção de que as pessoas negras são seres humanos é uma noção nova na civilização ocidental e ainda não é largamente aceita na prática. E uma das consequências dessa ideia perniciosa é a própria dificuldade dos homens negros e das mulheres negras de permanecer em sintonia com a humanidade uns dos outros, então, quando bell fala sobre a agência das mulheres negras e sobre alguns dos problemas que os homens negros enfrentam para reconhecer a humanidade das mulheres negras, devemos nos lembrar de que essa recusa em reconhecer a humanidade uns dos outros é um reflexo da forma como somos vistos e tratados na sociedade mais ampla. E com certeza não é verdade que as pessoas brancas monopolizam as relações humanas. Quando falamos sobre uma crise na civilização ocidental, as pessoas negras fazem parte dessa civilização – mesmo que postas abaixo dela, nossas costas servindo de fundação para a construção dessa civilização –, e nós temos que entender como isso nos afeta para permanecermos em sintonia com a humanidade uns dos outros, de modo que a parceria que bell menciona possa tomar forma e substância reais. Eu penso que parcerias entre homens negros e mulheres negras podem ser feitas quando aprendemos a ser solidários e a pensar em termos de afirmação crítica.

bh: Sem dúvida, as pessoas negras não falaram o suficiente sobre a importância de construir padrões de interação que fortaleçam a nossa capacidade de afirmação.

cw: Nós precisamos nos afirmar, nos apoiar, ajudar, capacitar, equipar e empoderar uns aos outros para lidar com a crise atual, mas não pode ser um movimento acrítico, pois, se assim for, então mais uma vez estaremos nos recusando a reconhecer a humanidade de outras pessoas. Se levamos a sério o reconhecimento e a afirmação da humanidade de outras pessoas, então nos comprometemos a confiar e acreditar que essas pessoas estão sempre em processo. O crescimento, o desenvolvimento e a maturidade acontecem em estágios. As pessoas crescem, se desenvolvem e amadurecem de acordo com os princípios que são ensinados a elas. Críticas incapacitantes e um retorno desdenhoso só prejudicam.

bh: Nós precisamos analisar a função da crítica nas comunidades negras tradicionais. A crítica não costuma funcionar como uma força construtiva. Nós temos, por exemplo, aquela gíria popular, "descer a lenha"*, e sabemos que

---

* No original, *dissin'*, gíria em referência ao ato de desrespeitar ou difamar alguém com palavras, que integra o inglês africano-
-estadunidense vernacular da década de 1980. [N. do T.]

"descer a lenha" se refere ao ato de desprezar alguém – quando nos "lemos" de formas tão dolorosas, tão cruéis, que a pessoa não consegue nem se levantar mais. Outras forças destrutivas em nossa vida são a inveja e o ciúme, que enfraquecem nossos esforços em direção a um bem coletivo. Deixe eu dar um pequeno exemplo. Quando cheguei aqui pela manhã, vi o último livro de Cornel em cima da mesa. Eu imediatamente me perguntei por que meu livro também não estava lá e me peguei preocupada, imaginando se ele estava recebendo algum gesto de respeito ou reconhecimento negados a mim. Quando Cornel me ouviu perguntando "Cadê o meu livro?", ele apontou para a outra mesa.

Muitas vezes, quando as pessoas sofrem um legado de privações, há uma sensação de que nunca há coisas boas o suficiente para todos, então pensamos que devemos competir de forma agressiva uns com os outros. E esse espírito de competição cria conflitos e divisões. Em um contexto social mais amplo, a competição entre mulheres negras e homens negros surgiu em torno da possibilidade de as escritoras negras estarem recebendo mais atenção que os escritores negros. Raramente as pessoas apontam para a realidade de que apenas uma pequena minoria de escritoras negras recebe um reconhecimento público. Ainda assim, o mito de que as mulheres negras bem-sucedidas estão tirando algo dos homens negros continua a permear as psiques negras, demonstrando como nós, mulheres negras e homens negros, respondemos uns aos outros. Como o capitalismo é fundamentado na distribuição desigual de recursos, não surpreende que nós, mulheres negras e homens negros, nos vejamos em situações de competição e conflito.

cw: Acho que parte do nosso problema é que, bem lá no fundo, reconhecemos que vivemos em uma sociedade muito conservadora, desproporcionalmente moldada por elites empresariais, uma sociedade na qual as influências do poder corporativo garantem a ascensão de um certo grupo de pessoas.

bh: Sim, incluindo alguns de vocês nesta sala.

cw: E isso não se aplica apenas às relações entre homens negros e mulheres negras, mas também entre pessoas negras e marrons, pessoas negras e indígenas, pessoas negras e asiáticas. Nós brigamos por migalhas porque sabemos que a maior parte foi recebida pelas elites corporativas do país. Meio por cento dos Estados Unidos detém 22% da riqueza do país, 1% detém 32%, e os outros 45% mais pobres detêm 2% da riqueza. Então, você acaba com uma mentalidade do tipo caranguejos no barril*. Quando você vê alguém subindo, você imediatamente pensa que essa pessoa recebeu uma fatia maior do grande pão corporativo, e pensa que isso é uma verdade porque nós ainda somos moldados pela ideologia corporativa de um contexto maior.

bh: Aqui em Yale, muitos de nós estão conseguindo uma fatia desse pequeno pão e mesmo assim se desesperam. Foi desanimador chegar aqui para lecionar e encontrar em muitas pessoas negras uma qualidade de desespero que não é diferente do desespero que vemos nos "bairros do crack". Eu queria entender a conexão entre o desespero das pessoas negras pobres e o desespero daquelas pessoas aqui

---

* Metáfora utilizada em referência ao comportamento dos caranguejos em um barril: quando um tenta escapar, os outros impedem, puxando-o para baixo; ou seja, quando um indivíduo de determinado grupo alcança a ascensão, há uma tendência, por parte dos demais, de puxarem esse indivíduo para baixo. [N. do T.]

que têm acesso imediato e/ou potencial a tantos privilégios materiais. Esse desespero reflete a crise espiritual que vêm acontecendo em nossa cultura como um todo. O niilismo está em toda a parte. Algo desse desespero está enraizado em um profundo sentimento de perda. Muitas pessoas negras que alcançaram ou estão alcançando o sucesso passam por uma crise de identidade. Isso se aplica especialmente às pessoas negras que trabalham para serem assimiladas pelo *"mainstream"*. De repente, elas podem se sentir em pânico, desesperadas pelo reconhecimento de que não compreendem a história delas, de que a vida não tem propósito nem significado. Esses sentimentos de alienação e estranhamento criam sofrimento. O sofrimento que muitas pessoas negras experimentam hoje está ligado ao sofrimento do passado, a uma "memória histórica". Tentativas por parte de pessoas negras de entenderem esse sofrimento, de se resolverem com esse sofrimento, são condições que possibilitam que uma obra como *Amada*, de Toni Morrison, receba tanta atenção. O movimento de olhar para trás, não apenas para descrever a escravidão, mas para tentar reconstruir uma história psicossocial de seu impacto, tem sido apenas recentemente compreendido como um estágio necessário no processo da autorrecuperação negra coletiva.

CW: Essa crise espiritual, principalmente entre as pessoas negras bem-sucedidas, tem tomado a forma de uma busca pelo alívio terapêutico. E também podemos ter formas de espiritualidade muito frágeis, planas e unidimensionais que são apenas tentativas de sustentar as pessoas negras bem-sucedidas enquanto elas se comprometem com seu consumismo e privatismo. O tipo de espiritualidade da qual estamos falando não é o tipo que serve como o ópio para ajudar as pessoas a racionalizarem seu próprio cinismo diante das pessoas mais desfavorecidas da nossa comunidade. Nós poderíamos falar sobre as igrejas e seu atual papel na crise do país, da fé religiosa como um modo de vida estadunidense, sobre o evangelho da saúde e da riqueza, que ajuda as psiques feridas das pessoas negras de classe média a sobreviverem aqui. Não é dessa forma de espiritualidade que estamos falando. Estamos falando de algo mais profundo – você costumava chamar de conversão –, em que as noções de serviço, risco e sacrifício voltam a ser fundamentais. É muito importante, por exemplo, que vocês que se lembram da época em que as universidades negras eram uma presença hegemônica entre a elite negra se recordem criticamente disso, mas também reconheçam que havia algo de positivo aí. O que acontecia era que você ouvia todos os domingos, na capela, que tinha que estar a serviço da raça. Bom, essa pode ter sido uma noção pequeno-burguesa, mas criou um momento de responsabilidade, e com a degradação da ética do serviço, a própria possibilidade de igualar as necessidades dos outros às próprias diminuiu. Nessa síndrome, a avareza, o egoísmo e o egocentrismo se tornam mais e mais proeminentes, criando uma crise espiritual que demanda mais ópio psíquico para ser superada.

bh: Nós vivenciamos uma grande mudança nessa ética comunitária do serviço que foi tão necessária para a sobrevivência das comunidades negras tradicionais. Essa ética do serviço foi alterada pela mudança nas relações de classe. E mesmo aquelas pessoas negras que não possuem nenhuma mobilidade social podem aderir a uma sensibilidade de classe burguesa; programas de TV como *Dallas* e *Dynasty* ensinam as formas de ser e pensar da classe dominante para as pessoas pobres da classe baixa. Prevalece uma espécie de individualismo burguês que não corresponde à presente realidade de classe nem às circunstâncias de privação. Precisamos lembrar das várias estruturas econômicas e políticas de classe que conduziram a uma mudança de prioridades para as pessoas negras "privilegiadas". Muitas pessoas negras privilegiadas, obcecadas por viverem um sonho burguês de sucesso liberal individualista, não mais sentem que têm qualquer responsabilidade com as pessoas negras pobres e de classe baixa.

CW: E não estamos falando do sentimento estreito de culpa que as pessoas negras privilegiadas podem ter, pois a culpa costuma paralisar a ação. Estamos falando da forma como as pessoas usam seu tempo e sua energia. Estamos falando que a classe média negra, relativamente privilegiada em comparação com a classe trabalhadora negra, com a classe trabalhadora pobre e a classe baixa, precisa reconhecer que com o privilégio vem a responsabilidade. Eu li em algum lugar que muito é pedido daqueles que muito recebem. E fica a questão: "Como exercitar essa responsabilidade diante do meu privilégio?". Eu não acredito que as pessoas negras de classe média abririam mão de seus brinquedos. Não, a classe média negra agirá como qualquer outra classe média na história humana, tentando manter seus privilégios. O conforto e a conveniência são sedutores. A classe média negra não vai voltar para o gueto, especialmente com tantos conflitos territoriais de gangues e tudo o mais. Ainda assim, como podemos usar esse poder que temos para garantir que mais recursos estejam disponíveis para as pessoas despossuídas? Então fica a questão: "Como usar nossa responsabilidade e nosso privilégio?". Porque, no fim das contas, o privilégio negro é resultado da luta negra.

Eu penso que aqui o ponto é que estamos em um novo dia na América Negra. Vivemos o melhor e o pior dos tempos na América Negra. A consciência política cresce na América Negra, entre estudantes negros, entre trabalhadores negros, trabalhadores negros organizados e sindicatos. Cada vez mais vemos lideranças negras locais com visão. A igreja negra está a todo vapor, a música negra popular, temas e motivos políticos circulam. Então não pense que, em nossa crítica, de alguma forma pedimos que as pessoas sucumbam a um pessimismo paralisante. Há espaço para a esperança e quando virarmos essa esquina – e não sabemos que evento catalisador em particular servirá de estopim para isso (como não sabíamos que dezembro de 1955 seria o estopim) –, quando isso acontecer, teremos que estar prontos. As pessoas negras privilegiadas podem desempenhar um papel crucial se tivermos uma ética do serviço, se quisermos embarcar, se quisermos fazer parte dessa onda progressista e profética. É essa a pergunta que deveremos fazer a nós mesmos e uns aos outros.

bh: Também precisamos nos lembrar de que há alegria na luta. Recentemente, eu estava falando em uma conferência com uma outra mulher negra de um contexto privilegiado. Ela desdenhou da noção de luta. Quando ela disse "Eu estou cansada de ouvir sobre a importância da luta; isso não me interessa", o público aplaudiu. Ela via a luta apenas em termos negativos, uma perspectiva que me fez questionar se ela já tinha feito parte de qualquer movimento de resistência organizado. Porque, se você já fez parte, sabe que há alegria na luta. Aqueles entre nós com idade suficiente para lembrar das escolas segregadas, do tipo de esforço e sacrifício políticos que as pessoas fizeram para garantir que tivéssemos total acesso às oportunidades educacionais, com certeza se lembram da plenitude que sentimos quando os objetivos pelos quais lutamos foram alcançados. Quando cantávamos juntos "We Shall Overcome", havia um sentimento de vitória, um sentimento de poder que experimentamos quando lutamos para nos autodeterminar. Quando Malcolm X falou de sua jornada até Meca, sobre a consciência que ele adquiriu, expressou essa alegria que vem de nossa luta por crescimento. Quando Martin Luther King fala do topo da montanha, nos diz que chegou no ápice de uma consciência crítica, o que lhe deu grande alegria. Em nossa pedagogia libertária, temos que ensinar os jovens negros a entender que a luta é um processo, que nós saímos de circunstâncias difíceis e dolorosas e alcançamos a consciência, a alegria, a plenitude. Devemos ensinar que a luta em direção a uma consciência crítica pode ser esse movimento que nos leva a um outro nível, que nos ergue, que faz com que nos sintamos melhor. Quando nos sentimos bem, nós sentimos que a nossa vida tem significado e propósito.

CW: Uma vida rica é fundamentalmente uma vida dedicada a servir as outras pessoas, uma vida tentando deixar o mundo um pouco melhor do que o encontramos. Nós conquistamos essa vida rica em nossas relações humanas. Isso se aplica ao nível pessoal. Quem já se apaixonou sabe do que estou falando. E também se aplica ao nível organizacional e comunitário. É difícil encontrar a alegria sozinho, mesmo quando se tem os brinquedos certos. É difícil. Basta perguntar a alguém com muitas posses materiais, mas que não tem ninguém para compartilhar. Mas isso se dá no nível pessoal. Há uma versão política disso. Tem a ver com aquilo que você vê quando acorda pela manhã, se olha no espelho e se pergunta se está apenas perdendo tempo no mundo ou usando seu tempo de uma forma enriquecedora. Nós estamos falando fundamentalmente sobre o significado da vida e o lugar da luta. bell fala sobre o significado da luta e do serviço. Para os cristãos, há certos fundamentos teológicos nos quais nosso compromisso em servir se baseia. A vida cristã é compreendida como uma vida de serviço. Ainda assim, os cristãos não possuem o monopólio das alegrias que vêm do serviço, e vocês que fazem parte de uma cultura secular também podem se aproveitar desse sentimento enriquecedor. As irmãs e os irmãos islâmicos compartilham de uma prática religiosa que também enfatiza a importância do serviço. Quando falamos sobre o compromisso com uma vida de serviço, nós também falamos do fato de que tal compromisso vai contra a corrente, especialmente as fundações da nossa sociedade. Quando falamos dessa forma sobre serviço e luta, nós também devemos falar sobre as estratégias que nos permitem manter essa sensibilidade, esse compromisso.

bh: Quando falamos sobre o que pode sustentar e nutrir nosso crescimento espiritual como um povo, novamente devemos falar sobre a importância da comunidade. Pois uma das formas vitais de sustento é a construção de comunidades de resistência, lugares onde sabemos que não estamos sozinhos. Em *Prophetic Fragments* [Fragmentos proféticos], Cornel começa seu ensaio sobre Martin Luther King citando os versos de um spiritual, *"He promised never to leave me, never to leave me alone"**. Na tradição espiritual negra, a promessa de que não estaremos sozinhos não pode ser ouvida como uma afirmação de passividade. Não significa que podemos nos sentar e esperar que Deus faça tudo. Nós não estamos sozinhos quando criamos comunidade juntos. Sem dúvida há um grande sentimento de comuni-

---

* "Never Alone", spiritual de autoria anônima. "Ele prometeu que nunca me deixaria, que nunca me deixaria só". [N. do T.]

dade nesta sala hoje. Mas quando estava aqui em Yale eu sentia que meu trabalho não era apreciado. Não era claro se meu trabalho tinha um impacto significativo. Mas hoje eu sinto esse impacto. Quando entrei na sala, uma irmã negra disse o quanto minhas aulas e minha escrita têm ajudado. Há mais daquela afirmação crítica que Cornel mencionou. A afirmação crítica diz: "Irmã, o que você faz me eleva de alguma forma". As pessoas costumam pensar que aqueles que espalham a mensagem são tão "certinhos" que não precisamos de afirmação, de um diálogo crítico sobre o impacto de tudo aquilo que ensinamos e escrevemos sobre a forma como vivemos no mundo.

CW: É importante notar até que ponto as pessoas negras em particular, e as pessoas progressistas no geral, são alienadas e afastadas de comunidades que nos apoiariam. Nós frequentemente carecemos de um lar. Nossas lutas contra um sentimento de vazio e contra as tentativas de nos reduzir a nada continuam. Com frequência, confrontamos a pergunta: "Onde eu posso encontrar uma sensação de lar?". Essa sensação de lar só pode ser encontrada na construção dessas comunidades de resistência das quais bell fala e na solidariedade que podemos vivenciar nelas. A renovação vem com a nossa participação na comunidade. É por isso que tantas pessoas continuam indo à igreja. Na experiência religiosa, elas encontram um sentimento de renovação, uma sensação de lar. Na comunidade, podemos sentir que estamos indo adiante, que a luta pode ser sustentada. E conforme avançamos como progressistas negros, devemos nos lembrar de que comunidade não se trata de homogeneidade. A homogeneidade é uma imposição dogmática que força sua forma de vida, sua forma de fazer as coisas, nas de outra pessoa. Não é assim que vemos a comunidade.

A insistência dogmática de que todos devem pensar e agir igual causa rupturas entre nós, destruindo a possibilidade de comunidade. Essa sensação de lar da qual falamos e que buscamos é um lugar onde podemos encontrar compaixão, reconhecimento da diferença, da importância da diversidade, de nossa singularidade individual.

bh: Quando evocamos essa sensação de lar como um lugar onde podemos nos renovar, onde podemos encontrar o amor e a doce comunhão de um espírito compartilhado, acho importante lembrar que esse lugar de bem-estar não pode existir em um contexto de dominação sexista, em um ambiente onde as crianças são objeto da dominação e do abuso parental. Em um nível fundamental, quando falamos sobre lar, devemos falar sobre a necessidade de transformar o lar africano-estadunidense, de forma que aí, nesse espaço doméstico, seja possível vivenciar a renovação do compromisso político com a luta pela libertação negra. De forma que aí, nesse espaço doméstico, possamos aprender a servir e honrar uns aos outros. Se lembrarmos do movimento pelos direitos civis e do movimento Black Power, vemos que as pessoas se organizavam muito dentro de casa. A casa era o lugar onde as pessoas se reuniam para aprender e ensinar uma consciência crítica. Essa noção de comunidade, cultivada e desenvolvida no lar, estendeu-se para um contexto maior e mais público. Quando falamos sobre o poder negro no século XXI, sobre a parceria política entre mulheres negras e homens negros, devemos falar sobre a importância de transformar nossas noções em relação ao motivo de nossos vínculos. Em *Amada*, Toni Morrison oferece um paradigma para as relações entre homens negros e mulheres negras. Seiso descreve seu amor pela Mulher dos Cinquenta Quilômetros, declarando: "Ela é amiga da minha cabeça. Ela me junta, irmão. As peças que eu sou, ela junta tudo e me devolve na ordem certa. É bom, sabe, quando você encontra uma mulher que é amiga da sua cabeça". Nesse trecho, Morrison evoca uma noção de vínculo que pode estar baseada na paixão, no desejo e até no amor romântico, mas o ponto de conexão entre as mulheres negras e os homens negros é esse espaço de reconhecimento e compreensão onde nos conhecemos tão bem, conhecemos tão bem nossas histórias, que podemos pegar as peças e os pedaços, os fragmentos de quem somos, e juntá-los novamente, relembrá-los. É essa alegria do vínculo intelectual, de trabalhar juntos para criar teorias e análises libertárias, que as mulheres negras e os homens negros podem dar uns aos outros, que Cornel e eu nos damos. Somos amigos da cabeça um do outro. Encontramos lar um no outro. É essa alegria em comunidade que celebramos e compartilhamos com vocês nesta manhã.

2

APRESENTANDO CORNEL WEST

> *A práxis é um tipo específico de obediência que se organiza em torno de uma teoria social da realidade para implementar na sociedade a liberdade, inerente à fé. Na fé, há a crença de que Deus criou tudo para a liberdade, portanto a práxis é a teoria social usada para analisar o que deve ser feito em prol da realização histórica da liberdade. Cantar sobre a liberdade e rezar pela sua chegada não é suficiente. A liberdade deve ser atualizada na história pelos povos oprimidos que aceitam o desafio intelectual de analisar o mundo com o propósito de mudá-lo.*
>
> **James Cone**
> *Speaking the Truth* [Falando a verdade]

Caminhando pelas ruas molhadas de Nova York depois de horas de conversa, Cornel West parou para bater papo com um irmão cadeirante, oferecendo-lhe alguns dólares. Observando os dois a distância, Cornel em seu terno, os sapatos meticulosamente engraxados, o irmão usando uma combinação de roupas velhas, as pernas cobertas por um cobertor puído, eu os ouvi conversando sobre as mudanças que a luta sofreu desde que "perdemos Malcolm". Cornel assente quando o irmão diz: "Precisamos de mais Malcolms". Eles continuam a conversar no molhado, Cornel assentindo, comentando. Quando começamos a andar, o irmão diz: "Você é bom como Malcolm". Cornel responde: "Queria eu. Faço o melhor que posso". Há uma modéstia, uma humildade na voz de Cornel West que o público de suas palestras em Harvard, Yale, Princeton e incontáveis outras faculdades e universidades podem nunca chegar a ouvir. A intimidade desse diálogo entre um homem negro extremamente privilegiado e um homem negro da classe baixa é, em parte, um reflexo do profundo entendimento de West da forma como as políticas de raça, classe e gênero determinam o destino dos homens negros, e de seu comprometimento duradouro com a erradicação das estruturas de dominação que criam e perpetuam o sofrimento. Enfim, é o profundo amor que ele dedica à cultura negra e ao povo negro que emerge no ar noturno; a solidariedade que aqui se expressa é real, a noção de irmandade, o reconhecimento de que ele deve manter sua conexão com os oprimidos, já que esse laço é aquilo que o conduz para o nível mais profundo da história.

Filho da década de 1950, Cornel cursou faculdade em Harvard e concluiu sua formação em Princeton. Em tom autobiográfico, Cornel afirma no prefácio de seu primeiro livro, *Prophesy Deliverance! An Afro-American Revolutionary Christianity* [Profecia da libertação! Um cristianismo revolucionário afro-estadunidense]:

> A perspectiva particular apresentada neste livro carrega a marca indelével de minha própria história existencial, intelectual e política. Fui criado no seio de uma família negra afetuosa e em uma igreja negra cheia de amor (a Igreja Batista Shiloh, em Sacramento, na Califórnia), e permaneço comprometido com o evangelho profético cristão. Sou um produto da Ivy League*, o que reforçou o meu incomensurá-

---

* Alusão às oito universidades que compõem o grupo das instituições acadêmicas consideradas de elite nos Estados Unidos: Universidade Harvard, Universidade Yale, Universidade da Pensilvânia,

vel interesse e minha insaciável curiosidade sobre a tradição filosófica ocidental, sobre a cultura americana e sobre a história afro-estadunidense, e tenho afinidade com uma versão filosófica do pragmatismo estadunidense*. Por fim, fui politicamente despertado pelo criptomarxismo do Partido dos Panteras Negras e fui educado no marxismo hegeliano de Georg Lukács** e da Escola de Frankfurt [...] e possuo uma aliança duradoura com a análise social e a práxis política progressista e marxista.

Cornel escreveu essas palavras em 1982, mas seu testemunho se mantém. Revisando esse livro em 1983, M. Shawn Copeland*** o identificou como "um dos relatos mais importantes e sofisticados no campo dos estudos religiosos negros dos últimos anos". *Prophesy Deliverance!* explorou o desenvolvimento de um pensamento crítico africano-estadunidense, enfatizando o impacto do cristianismo evangélico profético e do pragmatismo estadunidense. De forma significativa, West chamou a atenção para a forma como o cristianismo profético enraizou-se na crença de que todos os indivíduos, independentemente de sua raça, classe, gênero ou nacionalidade, deveriam ter oportunidades

---

Universidade de Princeton, Universidade Columbia, Universidade Brown, Dartmouth College e Universidade Cornell. [N. do T.]

* Escola filosófica dominante nos Estados Unidos no século XX, cujo princípio é baseado na atribuição de mérito a ideias, políticas e propostas conforme sua utilidade, viabilidade e praticidade. [N. do T.]

** Georg Lukács (Budapeste, Hungria, 1885-1971), pensador, crítico literário e historiador. [N. do T.]

*** Mary Shawn Copeland (Michigan, Estados Unidos, 1947), teóloga e mulherista. [N. do T.]

de realização e plenitude pessoal. Esse trabalho inicial preparou o terreno para sua exploração crítica contínua das conexões entre a experiência religiosa africano-estadunidense, o cristianismo profético e a luta pela libertação negra, enraizada em uma práxis pragmática e revolucionária de esquerda. Cornel West é único entre a intelectualidade negra, pois ele sempre se identificou corajosamente com a análise marxista e com o movimento político socialista nos Estados Unidos.

Atualmente professor de religião e diretor do Departamento de Estudos Africano-Estadunidenses na Universidade de Princeton, West lecionou no Seminário Teológico da União e na Faculdade de Teologia de Yale. Politicamente ativo como uma liderança dos Socialistas Democráticos da América, West espalha pelo mundo a mensagem do compromisso da esquerda com a mudança social. Cornel e eu nos conhecemos na Conferência dos Acadêmicos Socialistas. Depois, eu o conheceria melhor durante os anos em que fomos colegas na Universidade Yale. Ele era muito requisitado lá. Alunos de várias disciplinas ansiavam por trabalhar com ele. Para as alunas e alunos preocupados com a mudança social, que desejavam conectar seu conhecimento adquirido com uma experiência política, Cornel era um guia, um mensageiro que mostrava o caminho. Em seu curso sobre o pensamento crítico afro-estadunidense, suas alunas e alunos debateram a relevância do marxismo para a vida negra, analisaram as conexões entre a espiritualidade negra e as lutas pela libertação negra, olharam para questões de gênero, criticaram o sexismo e estudaram o pensamento feminista negro. Sua sala de aula era um espaço de rigorosos desafios e debates intelectuais; naquela época, era o lugar para se estar. Diferente de grande parte da intelectualidade negra na academia, Cornel West oferecia um ponto de vista da esquerda, mostrando aos estudantes que a teoria era uma forma de prática. Ele deu às suas alunas e alunos as ferramentas para pensarem de forma crítica e analítica sobre a experiência africano-estadunidense, promovendo uma pedagogia libertária empoderadora e estimuladora. Em suas palestras em colégios, igrejas e nas reuniões dos Socialistas Democráticos da América, Cornel não se limita a ensinar na academia, indo aonde quer que seja chamado. No Centro Cultural Africano-Estadunidense, localizado na comunidade de West Los Angeles, Cornel é uma das lideranças negras cujo retrato na parede figura entre Malcolm, Martin, Angela Davis e muitos outros.

A gama de preocupações intelectuais de Cornel West fica mais evidente em seu segundo livro, *Prophetic Fragments*, uma coleção de ensaios publicada pela Africa World Press em 1988. Teórico do pós-modernismo, filósofo, teólogo e crítico cultural, Cornel escreve sobre múltiplos assuntos, desde Martin Luther King até Marvin Gaye, desde a genealogia do racismo até a reconstrução da esquerda estadunidense. Continuamente focado nas preocupações culturais e políticas dos africano-estadunidenses, ele analisa a campanha de Jesse Jackson e estuda a teologia negra da libertação como crítica da civilização capitalista. Há poucos intelectuais nos Estados Unidos capazes de falar com propriedade sobre tantos assuntos e cuja influência vai muito além da academia. De fato, para muitos estadunidenses negros, ver Cornel West no programa do Bill Moyers* transmitido da Igreja de Riverside foi um grande evento cultural que significou uma mudança em relação a quem é permitido falar sobre e pela experiência negra.

---

* Billy Don Moyers (Oklahoma, Estados Unidos, 1934), jornalista, comentarista e crítico. [N. do T.]

Não surpreende, portanto, que o colega filósofo Anthony Appiah*, em uma crítica sobre a obra de Cornel West, *The American Evasion of Philosophy: A Genealogy of Pragmatism* [A evasão filosófica estadunidense: uma genealogia do pragmatismo], na *The Nation*, diga aos leitores que West "pode muito bem ser o intelectual africano-estadunidense mais proeminente de nossa geração". Appiah continua:

> Um teórico do pós-modernismo altamente influente, West conecta a teoria cultural e a comunidade negra, levando a questão do potencial progressista da igreja negra, por exemplo, para os debates sobre as políticas da pós-modernidade, ao mesmo tempo transformando discussões na comunidade negra com sua noção aguçada da relevância do cristianismo e do socialismo. Seu trabalho demonstra um apetite insaciável por ideias e uma visão moral cativante.

The American Evasion of Philosophy é uma leitura difícil, mas vale o esforço. O livro é, como Appiah afirma, "um poderoso apelo para que a filosofia desempenhe seu papel na construção de uma democracia radical em aliança com os condenados da terra".

Ciente de que muitas pessoas negras, em especial as pessoas negras pobres, não são letradas, ciente de que a luta pela alfabetização faz parte do projeto político que ele defende, como um pregador leigo, West é capaz de falar com públicos diversos. Falando a partir de diferentes lugares, seu trabalho ajuda a moldar preocupações disciplinares em uma ampla gama de áreas acadêmicas. Recentemente,

---

* Kwame Anthony Appiah (Londres, 1954), filósofo e escritor anglo-ganês. [N. do T.]

o *Journal of Negro Education*, um periódico trimestral da Universidade Harvard que trata de questões relevantes para a educação das pessoas negras, publicou o ensaio "Leadership and a Critical Pedagogy of Race" [Liderança e pedagogia crítica da raça]. Os autores, Peter McLaren e Michael Dantley*, analisam criticamente o trabalho de West, que "oferece uma alternativa pedagógica empoderadora para as lideranças na educação". Insistindo na ideia de que uma pedagogia da raça deve articular a experiência africano-estadunidense coletiva, McLaren e Dantley chamam a atenção para a forma como o trabalho de West oferece direcionamentos para grupos não negros que desejam ser aliados na luta. A partir da análise de West sobre as tradições proféticas africano-estadunidenses, os autores concluem:

> Os esforços de silenciar os temas generativos e a prática social da tradição profética africano-estadunidense ou de obstruir seu progresso nacional negam o cerne da luta africano-estadunidense. A menos que seja o nosso desejo, como educadores, sustentar as próprias ideologias enfraquecidas por uma emergente consciência crítica africano-estadunidense, tornando-nos exegetas da impotência política, nós devemos desenvolver um modo de expressar a realidade que fale diretamente com a política da diferença.

---

* Peter McLaren (Toronto, Canadá, 1948), acadêmico canadense-americano e professor emérito de Educação Urbana na Universidade da Califórnia, Los Angeles; Michael Dantley, reitor aposentado do College of Education, Health and Society e professor emérito de liderança educacional na Miami University, Oxford, Ohio. [N. do T.]

Sempre disposto a trocar ideias com grupos diversos, West nunca arrisca seu compromisso com uma prática intelectual e política que envolva as preocupações das massas negras.

Mais que grande parte da intelectualidade negra contemporânea, West trabalha para conectar preocupações acadêmicas com questões políticas mais amplas. Quando dizem que West é "um homem da raça", as pessoas querem dizer que ele não simplesmente fala sobre raça ou comercializa a raça para um público branco, mas trabalha ativamente para melhorar as condições de todas as pessoas negras. Seu ensaio provocativo, "Minority Discourse and the Pitfalls of Canon Formation" [Discurso minoritário e as armadilhas da formação canônica], publicado no *Yale Journal of Criticism,* incitou os acadêmicos e críticos culturais focados primariamente no estudo de conflitos e lutas políticas delineados em textos a "relacionar esses conflitos e essas lutas com batalhas institucionais e estruturais mais amplas que ocorrem entre as sociedades, culturas e economias e dentro delas". Particularmente crítico a intelectuais negros que não assumem papéis de liderança relacionados à comunidade negra, nos ensaios "The Dilemma of the Black Intellectual" [O dilema da intelectualidade negra] e "The Crisis of Black Leadership" [A crise da liderança negra], West desafia os pensadores críticos negros a reconhecer honestamente que há uma crise, uma ausência de liderança. Com muita franqueza, West afirma:

> Necessitamos de fóruns nacionais para refletir, discutir e planejar a melhor resposta. Não se trata da aparição de um novo Messias nem de uma outra organização surgindo em cena. Não, trata-se da questão de compreender os processos estruturais

e institucionais que têm desfigurado, deformado e devastado a América Negra de tal forma que os recursos para uma consciência crítica e coletiva, para um compromisso moral e corajoso, restam grandemente subdesenvolvidos. Necessitamos de uma estratégia séria e de pensamento tático para criar novos modelos de liderança e forjar pessoas capazes de efetivar esses modelos. Esses modelos devem não apenas questionar nossas suposições silenciosas sobre a liderança negra, como a noção de que as lideranças negras são sempre oriundas da classe média, mas também devem nos forçar a interrogar figuras icônicas do passado. Isso inclui questionar o sexismo e a homofobia de King, além do caráter relativamente antidemocrático de sua organização, e o silêncio de Malcolm em relação ao papel pernicioso das versões sacerdotais do Islã no mundo moderno.

Afirmando criticamente o poder das lideranças negras, West também enfatiza a importância de uma crítica cuidadosa, de forma que possamos aprender com as lutas do passado a nos fortalecer e nos renovar para o futuro.

Contrariando as noções de que um profeta jamais será reconhecido entre sua própria comunidade, os africano-estadunidenses que se esforçam para dar sentido à crise que enfrentamos como um povo – violências econômicas e ataques genocidas, o ressurgimento do racismo declarado e da supremacia branca, o vício em drogas generalizado e um desespero generalizado – estão se voltando para os intelectuais, para pessoas como Cornel West em busca de ideias e direcionamentos. Ao longo de sua carreira, a palavra "profético" tem figurado como aquela expressão que melhor define o projeto intelectual, o compromisso espiritual e a agenda política revolucionária de Cornel West. Deixando sua luz brilhar, West nos desperta da letargia da indiferença, do narcisismo, da obsessão pelo sucesso material, e nos convoca em uma escrita profética a "não nos conformarmos com este mundo, mas sermos transformados pela renovação de nossas mentes". É um chamado ao pensamento crítico para os africano-estadunidenses, para que possamos viver de uma outra forma, agindo com sabedoria e nos preparando politicamente para a criação do futuro revolucionário.

3

CORNEL WEST ENTREVISTADO POR BELL HOOKS

> *A morte está sempre por perto. E o importante não é saber se podemos evitá-la, mas saber se você fez o possível para realizar suas ideias.*
>
> **Frantz Fanon**
> **Carta de dezembro de 1961**

bh: Cornel, em seu ensaio "The Dilemma of the Black Intellectual", você falou sobre o seu desenvolvimento intelectual. Você pode falar um pouco mais sobre isso agora? Por que você se tornou um intelectual? Qual foi o ímpeto que o levou a se tornar um intelectual, um acadêmico?

cw: Houve motivos intrínsecos e extrínsecos. Intrinsecamente, é uma forma maravilhosa de viver a vida. Sinto uma alegria e um prazer imensos lendo livros e debatendo ideias.

Os motivos extrínsecos têm a ver com o valor instrumental das ideias, o fato de que são formas de poder, e porque eu me entendia em primeiro lugar como um defensor da liberdade intelectual na tradição cristã negra, eu entendia as ideias não apenas como fontes de prazer, mas também como fontes de poder. As ideias podem ser usadas para promover o fortalecimento e o progresso das pessoas pobres no geral e das pessoas negras em particular.

bh: De onde vem esse entendimento radical sobre o que significa ser um intelectual? As pessoas não nascem com a noção do que é ser um intelectual.

cw: No meu caso, se trata de uma tradição em particular da qual eu faço parte, uma tradição cristã profética na comunidade negra, e os pregadores negros sempre serviram de modelos para mim, usando suas visões, análises e exemplos como uma forma de afirmar a humanidade das pessoas negras. E, como intelectual, eu uso esse modelo na esfera das ideias.

bh: Você foi um atleta na juventude, e quando penso em atletas que focaram em seu desenvolvimento intelectual, eu penso em alguém como Kareem Abdul-Jabbar*. E quando lemos sua autobiografia de 1985, vemos como ele trabalha para se tornar um homem de ideias, um homem que pensa criticamente. Você pode falar um pouco mais sobre a conexão entre sua experiência inicial como atleta e a forma como você passou a perseguir uma vida intelectual quando tantos atletas negros não recebem incentivo para isso?

cw: Essa é uma pergunta muito interessante porque, por um lado, o esporte é tão importante para a comunidade negra, geralmente como uma forma de criar laços masculinos e às vezes femininos.

---

* Kareem Abdul-Jabbar (Nova York, Estados Unidos, 1947), ex-jogador considerado um dos melhores atletas do basquete estadunidense. [N. do T.]

No meu caso, o esporte foi uma fonte de alegria e prazer, e também uma forma de criar caráter e integridade a partir da disciplina, do trabalho em equipe, da busca por um objetivo e das tentativas de realizar esse objetivo. Então, no meu caso, a aplicação da disciplina na vida intelectual se baseou em parte na minha carreira de atleta, no meu envolvimento com o esporte, em minhas atividades esportivas.

Ao mesmo tempo, eu argumentaria que é principalmente entre os atletas que encontramos os maiores níveis de disciplina, mais disciplina que a maioria das pessoas na sociedade como um todo exerce.

Agora, até que ponto os atletas conseguem usar essa disciplina como uma base para o compromisso crítico, para a consciência crítica, como, digamos, um Abdul-Jabbar... isso não acontece tanto quanto gostaríamos.

bh: Bem, diante dos seus esforços de conectar a vida intelectual com uma perspectiva política radical, o que você pensa sobre o papel da intelectualidade negra contemporânea?

cw: Eu gostaria que a intelectualidade negra contemporânea fosse mais visível. Gostaria que fosse mais crítica e autocrítica. Eu gostaria que aquilo que os intelectuais negros têm para dizer tivesse mais visibilidade na comunidade negra, ao contrário, digamos, dos políticos negros e dos artistas negros que, penso eu, costumam ser expostos demais.

bh: Há muitos de nós (intelectuais negros)?

cw: Sim, eu acho que há um número significativo. Precisamos de mais, mas há um número significativo. Mas grande parte da intelectualidade negra ainda está presa em casulos acadêmicos com uma noção muito pequena de alcance ou exposição a uma esfera pública mais ampla da comunidade negra ou da sociedade mais geral.

bh: Era isso o que eu ia perguntar, se você acha que há uma diferença entre ser um acadêmico e ser um intelectual. Porque, quando penso em tradições intelectuais negras das quais uma Anna Julia Cooper* ou um W. E. B. Du Bois vieram, são tradições baseadas na análise de culturas políticas específicas dentro de um contexto global. Mas o treinamento profissional dos acadêmicos hoje não costuma promover esse tipo de pensamento.

cw: Concordo. Há uma diferença fundamental entre um acadêmico e um intelectual. Um acadêmico costuma se envolver em atividades intelectuais muito importantes mas restritas, enquanto o intelectual se envolve criticamente em questões públicas que afetam a vida de muitas pessoas.

Mas eu ainda diria que a intelectualidade negra devia ter muito mais visibilidade na academia. Por isso uma entrevista como esta é tão importante.

bh: Uma das coisas mais impressionantes nesta entrevista é ter dois intelectuais negros dialogando publicamente. Nós costumamos falar com a maioria branca. Por exemplo, em sua conversa televisionada com Bill Moyers, uma ocasião tão animadora, em que pudemos ver sua presença intelectual, nós ainda reproduzimos essa noção das pessoas

---

* Anna Julia Haywood Cooper (Carolina do Norte, Estados Unidos, 1858 – Washington, D. C., Estados Unidos, 1964), escritora, educadora, ativista e acadêmica. [N. do T.]

brancas buscando a intelectualidade negra para se informar, o que é muito diferente de quando dialogamos entre nós sobre a nossa situação enquanto povo negro. Nós não fizemos muito isso.

cw: É verdade.

bh: Nós podemos ser da oposição? Podemos ser uma intelectualidade de oposição e estar na academia?

cw: Ah, com toda a certeza. Acho que você e eu somos da oposição. Mas fica uma questão crucial: nossa oposição é efetiva? Neste ponto, eu diria que não. A oposição, representada pelo pensamento crítico e pela resistência progressista, não tem sido muito efetiva atualmente, ainda que muitos de nós continuem até o fim da vida a criticar a sociedade, considerando aqueles que sofrem e arcam com o custo social. Agora, precisamos pensar em uma forma de estabelecer conexões com outras pessoas nas comunidades progressistas negras e brancas mais amplas que estão investindo tempo e energia na criação de maiores espaços para a mudança social. E aqui, a intelectualidade negra em particular, mas a intelectualidade progressista como um todo, ainda precisam pensar em estratégias e programas para formar esses tipos de conexões.

bh: Em "The Dilemma of the Black Intellectual", você sugeriu que a intelectualidade negra deve realçar a dimensão prática de seu trabalho. Você pode dar um exemplo disso?

cw: Eu poderia falar disso definindo o que chamo de catalisador orgânico crítico, um intelectual que tem raízes em uma tradição nativa da comunidade negra... um pregador profético negro seria um bom exemplo. Carolyn Knight*, por exemplo, que prega aqui no Harlem, é uma intelectual orgânica em suas atividades e interesses. Ela criou raízes na comunidade negra da Igreja Batista da Filadélfia e ao mesmo tempo é comprometida com a vida intelectual, escrevendo, lendo e assim por diante. E há milhares de outros. Para mim, esses indivíduos são exemplos e sinais de esperança.

bh: Quando criança, só fui saber que os intelectuais negros existiam, não sei... no ensino médio, ouvindo os pregadores negros que iam a nossa igreja, e muitos deles estudavam e ensinavam em faculdades de teologia no Tennessee. Nosso pastor, o dr. A. R. Lasley, era um pensador crítico graduado e convidava acadêmicos célebres como Kelly Miller Smith** para a nossa igreja.

cw: Sim, ele foi um grande pregador e erudito.

bh: E ele foi um dos primeiros pregadores que visitaram a nossa igreja e relacionaram uma crítica política com nossa tradição espiritual negra, e isso me comoveu muito porque lá estavam aqueles teólogos negros acadêmicos propondo uma análise diferente para a compreensão cristã. Eu fui muito privilegiada por ter sido criada naquela igreja e também por isso vejo que a minha intelectualidade encontra suas raízes na Igreja Batista Negra do Sul tradicional.

---

* Carolyn Ann Knight (Denver, Estados Unidos), acadêmica, pastora e pregadora. [N. do T.]

** Kelly Miller Smith (Mississipi, Estados Unidos, 1920 – Tennessee, Estados Unidos, 1984), pregador e ativista pelos direitos civis. [N. do T.]

cw: E de forma alguma eu quero sugerir que a igreja é o único caminho. Nós só estamos falando das nossas experiências pessoais. Eu não acho que seja por acaso que a tradição da igreja profética, com todos os seus problemas e com todas as suas grandes percepções, continue a produzir pessoas como nós, que são profundamente dedicadas à vida intelectual e ao mesmo tempo profundamente devotadas à luta pela liberdade.

bh: Nós fomos colegas em Yale, eu uma professora no Departamento de Inglês e Estudos Afro-Estadunidenses, e você na faculdade de teologia. O que inspirou o seu maior envolvimento com os estudos africano-estadunidenses depois de Yale?

cw: Ruth Simmons*, agora vice-reitora de Princeton, sugeriu que eu concorresse para o cargo de diretor do Departamento de Estudos Afro-Estadunidenses em Princeton. Minha maior motivação foi a oportunidade de trabalhar com a grande Toni Morrison. Eu havia saído de Yale e voltado para o Seminário da União. E talvez eu ainda estivesse lá hoje, ensinando filosofia, se Toni não estivesse em Princeton. Assim que a oportunidade surgiu, aceitei e sou feliz por isso.

Agora sou estrategicamente e institucionalmente ligado aos estudos africano-estadunidenses, o que difere dos meus trabalhos anteriores, embora haja uma continuidade entre o meu trabalho em New Haven e meu trabalho aqui em Princeton, já que muito do que escrevo realmente se concentra nas várias dimensões e aspectos da experiência africano-estadunidense.

---

* Ruth Simmons (Texas, Estados Unidos, 1945), professora e administradora acadêmica. [N. do T.]

bh: Bem, eu acho que uma das coisas que você enfatizou em vários ensaios sobre a intelectualidade negra é a nossa necessidade de estarmos envolvidos em um trabalho coletivo e em um diálogo intelectual contínuo entre nós. Como uma jovem graduanda que escreveu uma dissertação sobre Toni Morrison, eu com certeza entendo o significado de uma parceria intelectual com ela. Eu acho que um dos movimentos mais animadores entre os pensadores críticos negros no momento é que estamos desenvolvendo tradições nas quais podemos buscar uns nos outros uma camaradagem intelectual e também um retorno crítico contínuo.

cw: Concordo.

bh: Por que você acha que universidades como Princeton, Duke, Harvard e várias outras instituições, antes completamente desinteressadas em criar um ambiente acadêmico diverso, estão agora comprometidas com a promoção dos estudos negros? Qual é a agenda dessas instituições?

cw: Bem, nós vivemos em um mundo muito diferente agora. Vimos o colapso da Europa em 1945. Estamos vendo o declínio do império estadunidense nos anos 1990. Vimos a dissolução do império soviético no fim da década de 1980. É um mundo muito diferente – e isso significa que as lutas, os sofrimentos e as contribuições daqueles que um dia estiveram à margem desses mundos, os povos do Terceiro Mundo – Ásia, África e América Latina –, estão emergindo agora, tornando-se grandes potências culturais, intelectuais e artísticas, além de potências políticas e econômicas. Então essas universidades, que são de muitas formas repositórios das expressões intelectuais das diversas mudanças que ocorrem no mundo, devem responder a isso.

bh: De certa forma, isso me faz lembrar nossos comentários sobre a possibilidade de sermos pessoas da oposição dentro da academia. Sem dúvida, uma das experiências mais emocionantes que tive como professora foi lecionar em Yale. E em parte foi tão emocionante pelo entusiasmo dos estudantes de todas as etnias de se envolverem no que Foucault* chamou de "insurreição dos conhecimentos subjugados". Ministrar uma disciplina sobre escritoras negras com centenas de alunas e alunos... isso demonstra que a academia tem passado por transformações.

cw: Exatamente. E eu penso que essa fome e essa sede das quais você fala têm a ver não apenas com as forças de mudança no mundo, com as mudanças de contexto no mundo. Nós vimos isso acontecer na música nos anos 1960, quando houve uma espécie de afro-estadunização da juventude branca, e agora isso está acontecendo internacionalmente. E isso, de certa forma, antecede o que virá pela frente quando o assunto é o foco intelectual em questões de raça e de "outridade".

bh: Você pode falar sobre isso? Uma das coisas que mais venho enfrentando como uma acadêmica negra é que nossas classes de estudos negros são compostas predominantemente de alunos brancos e alunos de diversas etnias – alunos asiáticos de todas as etnias asiáticas, mexicanos, porto-riquenhos etc. O que isso significa para o futuro dos estudos negros? Significa que a natureza da disciplina está mudando? Ou só estamos sendo mais inclusivos?

---

* Michel Foucault (Poitiers, França, 1926 – Paris, França, 1984), filósofo e professor. [N. do T.]

cw: Não, eu acho que é um bom sinal. Os estudos afro-estadunidenses nunca se destinaram apenas aos afro-estadunidenses. A ideia era tentar redefinir o que significa ser humano, o que significa ser moderno, o que significa ser estadunidense, porque as pessoas de descendência africana deste país são profundamente humanas, profundamente modernas, profundamente estadunidenses. E assim, na medida em que as pessoas podem ver as riquezas que temos a oferecer e também nossas desvantagens, mais profundamente as pessoas podem entender o moderno e a modernidade, e também a experiência estadunidense.

bh: Em uma conferência patrocinada pela Men Stopping Violence [Homens Contra a Violência] e pela National Organization for Men Against Sexism [Organização Nacional dos Homens Contra o Sexismo], tentei enfatizar que todos os grupos de homens nos Estados Unidos podem entender melhor a masculinidade compreendendo a masculinidade negra em vez de constituir a masculinidade negra como o "outro". Sem dúvida os homens brancos podem aprender mais sobre a produção daquilo que é ser homem estudando sobre os homens negros e sobre a experiência de vida dos homens negros nesta sociedade. Me parece que em nossas pedagogias libertadoras nós trazemos esse tipo de análise da subjetividade que diz que estudar "o outro" não é o objetivo, o objetivo é aprender sobre alguns aspectos que dizem respeito a nós mesmos.

cw: Precisamente. Ralph Ellison* costumava levantar esse ponto com grande sagacidade e profundidade. E na medida

---

*   Ralph Waldo Ellison (Oklahoma, Estados Unidos, 1914 – Nova York, Estados Unidos, 1994), escritor e crítico literário. [N. do T.]

em que não apenas os estadunidenses, mas as pessoas modernas, aceitam que, para entender a si mesmas, elas precisam entender a experiência afro-estadunidense, essa é, em parte, a medida do sucesso dos estudos afro-estadunidenses.

bh: Cornel, você é único, pois veio para os estudos negros da filosofia. Em sua maioria, os principais influenciadores dos estudos negros foram historiadores, críticos literários, cientistas sociais. Você traz uma abordagem diferente?

cw: Por ter estudado filosofia?

bh: Sim.

cw: Penso que sim. Como filósofo, eu me preocupo fundamentalmente com a forma como confrontamos a morte, o medo, o desespero, a decepção e a doença. Essas são questões existenciais. E os sociólogos, economistas, cientistas sociais não estão primordialmente preocupados com a forma como os indivíduos enfrentam seu destino inevitável, sua extinção inescapável. Então há uma sensibilidade que eu e outros filósofos trazemos para questões de significado e valor que outros intelectuais podem não ter.

bh: Esse foco no significado e nos valores é bem evidente em seu livro *The American Evasion of Philosophy*, que explora a importância do pragmatismo estadunidense.

É um livro difícil de ler em vários sentidos, um livro rigoroso. E acho que as pessoas deviam chegar a ele com esse entendimento, porque sem dúvida seus trabalhos anteriores, *Prophesy Deliverance! An Afro-American Revolutionary Christianity*, lançado em 1982, e *Prophetic Fragments*, lançado em 1988, são muito mais focados na cultura negra e na tradição negra. Muitos leitores negros podem chegar a esses livros com alguma consciência das ideias fundamentais das quais você fala – e esse pode não ser o caso com o livro sobre o pragmatismo estadunidense. Qual é o significado do pragmatismo profético? Quais são suas implicações para a comunidade negra?

CW: O pragmatismo profético nos ajuda a entender que temos que interpretar a civilização estadunidense e o Ocidente moderno do nosso ponto de vista. É disso que *The American Evasion of Philosophy* realmente trata, é uma interpretação do surgimento, sustentação e declínio da civilização estadunidense do ponto de vista de um africano-estadunidense. Isso significa que precisamos ter uma orientação cosmopolita, ainda que enraizada na preocupação fundamental com o destino e o dilema dos africano-estadunidenses.

Mas a ideia do texto é argumentar que há temas fundamentais, como a experimentação e a improvisação, que podem ser encontrados nas obras de Ralph Waldo Emerson*, por exemplo, e que encontram uma continuidade na grande forma de arte que os afro-estadunidenses ofereceram ao mundo moderno, ou seja, o jazz. Portanto, falar sobre os Estados Unidos é falar sobre improvisação e experimentação, e o mesmo se dá quando falamos sobre Emerson e Louis Armstrong**.

---

* Ralph Waldo Emerson (Massachusetts, Estados Unidos, 1803-82), escritor e filósofo. [N. do T.]

** Louis Armstrong (New Orleans, Estados Unidos, 1901 – Nova York, Estados Unidos, 1971), músico, considerado uma das figuras mais influentes do jazz. [N. do T.]

bh: Por isso fiquei muito tocada quando falamos do pragmatismo profético como "uma forma de Terceira Onda do Romantismo de Esquerda" que, segundo você, "tempera seu impulso utópico com uma profunda noção do caráter trágico da vida na história".

Uma das coisas que, a meu ver, você estava tentando fazer apresentando esse quadro filosófico é dizer que nós, pessoas negras, devemos teorizar nossa experiência de forma a compreender nossas tragédias para além da experiência meramente emocional.

cw: E o fato de que, quando olhamos de perto para o jazz ou para o blues, por exemplo, vemos uma noção do trágico, uma noção profunda do trágico ligada à agência humana. Então a coisa não fica remoendo em um cinismo ou em um pessimismo paralisante, mas também é realista o bastante para não projetar uma utopia excessiva. É uma questão de responder às circunstâncias de uma forma improvisada, não dogmática e criativa, de tal forma que as pessoas ainda possam viver e prosperar. Essa é uma grande tradição intelectual e tem, de fato, um enorme impacto na forma como os estadunidenses como um todo respondem à condição humana, respondem às suas circunstâncias.

bh: Um aspecto único da sua discussão com Bill Moyers foi que vocês falaram que "a vocação do intelectual é tentar deixar que o sofrimento fale". Como podemos transformar a falta de sentido percebida pelas pessoas em uma forma efetiva de luta? Eu tenho a impressão de que bem aí, quando a intelectualidade começa a tentar responder a essa pergunta, nós iniciamos um processo de resistência, de oposição, na ação, na prática e na teoria.

cw: É isso mesmo.

bh: Você pode falar um pouco sobre a importância da teoria?

cw: Sim. A teoria não deve ser um fetiche. A teoria não tem poderes mágicos. Por outro lado, ela é inevitável por ser uma arma indispensável na luta, e é uma arma indispensável na luta porque possibilita certos tipos de entendimento, certos tipos de iluminação, certas percepções que são necessárias se quisermos agir efetivamente.

Por exemplo, a tradição marxista sempre significou muito para mim por sua noção de mercantilização e pela forma como as forças do mercado têm moldado fundamentalmente não apenas nossa economia, mas também nosso entendimento do valor e do uso.

Então, falar sobre corporações multinacionais por um lado e sobre a publicidade de outro são formas indispensáveis de compreender o mundo moderno e, portanto, são formas indispensáveis para tentarmos situar as pessoas negras e encontrar algumas explicações para as tantas dificuldades que enfrentamos.

bh: Parte do projeto contemporâneo da intelectualidade negra de oposição é considerar a importância da teoria para a nossa reinterpretação da luta pela libertação negra, em nossas tentativas de abordar tanto a crise das pessoas negras como a crise que estamos vivendo na cultura como um todo.

Isso nos leva à questão crucial: que lugar a teorização dos intelectuais brancos e eurocêntricos tem na vida das pessoas negras? Eu li o livro de Terry Eagleton*, *The*

---

*   Terry Eagleton (City of Salford, Reino Unido, 1943), filósofo e crítico literário. [N. do T.]

Significance of Theory [A importância da teoria], e o que mais gostei no ensaio dele sobre teoria foi que Eagleton tentou mostrar que todos nós usamos a teoria em nosso dia a dia, uma coisa que sem dúvida tentei enfatizar no meu trabalho, principalmente em meus diálogos com alunas e alunos que questionavam a importância da teoria. O que você acha do fato de muitos de nós sermos influenciados atualmente por teóricos europeus como Michel Foucault, Julia Kristeva, Derrida, Lacan* e teóricos não negros do Terceiro Mundo como Edward Said, Gayatri Spivak, Homi Bhabha**? O que esses intelectuais alheios à experiência negra têm a nos ensinar, a nos dizer, que de alguma forma possa iluminar e promover nossa luta?

CW: Ser intelectual, não importa a sua cor, significa que você será profundamente influenciado por outros intelectuais de várias cores. No que diz respeito à intelectualidade negra, temos que, por um lado, ser bem abertos às percepções, não importa a sua origem. Por outro lado, precisamos filtrar tudo de forma a não perder de vista alguns silêncios presentes no trabalho de teóricos brancos, especialmente aqueles silêncios relacionados a classe, gênero, raça e imperialismo. E por quê? Porque classe, gênero, raça e imperialismo são categorias fundamentais que a intelectualidade negra deve levar em conta para compreender a situação do povo negro.

---

* Julia Kristeva (Sliven, Bulgária, 1941), filósofa, linguista e teórica feminista; Jacques Derrida (El-Biar, Argélia, 1930 – Paris, França, 2004), filósofo; Jacques-Marie Émile Lacan (Paris, França, 1901-81), psicanalista. [N. do T.]

** Edward Said (Jerusalém, Israel, 1935 – Nova York, Estados Unidos, 2003), professor, crítico literário e ativista; Gayatri Chakravorty Spivak (Calcutá, Índia, 1942), crítica e teórica; Homi Kharshedji Bhabha (Bombaim, Índia, 1949), crítico e teórico. [N. do T.]

Então eu diria que os intelectuais brancos têm uma importância seletiva no desenvolvimento dos intelectuais negros.

bh: Ao mesmo tempo, vemos cada vez mais intelectuais brancos centralizando a cultura negra e a experiência negra em suas práticas intelectuais e discursivas. O que você acha disso? Essas pessoas são nossas aliadas? Nós estamos criando alianças? Ou estamos sendo apropriados mais uma vez?

cw: Há pontos positivos e negativos aqui. Nós temos, por exemplo, o trabalho de Eugene Genovese*, um acadêmico muito importante para os estudos da escravidão. Ele nem sempre tem razão, mas costuma ser muito esclarecedor. Fez uma grande contribuição, mas, ao mesmo tempo, precisamos reconhecer que os acadêmicos brancos trazem uma bagagem com eles quando olham para a cultura negra, não importa o quão sutis ou sofisticadas sejam suas formulações. Então, precisamos estar sempre com a guarda levantada para criticar a bagagem que eles trazem, mesmo quando essa bagagem fornecer certas percepções.

bh: Fale mais sobre isso, Cornel.

cw: Então, há pontos positivos e negativos. O que não podemos fazer é nos isolar e pensar que temos um monopólio no entendimento de nós mesmos. Porque esse não é o caso, não mesmo. Mas precisamos ser críticos sempre.

---

* Eugene Dominic Genovese (Nova York, Estados Unidos, 1930 – Geórgia, Estados Unidos, 2012), historiador. [N. do T.]

bh: Como nós, acadêmicos e intelectuais negros, trabalhamos dentro do contexto da supremacia branca, o que costuma acontecer é que os teóricos brancos usam nosso trabalho e nossas ideias e conseguem formas de reconhecimento negadas a pensadores e pensadoras negras. A realidade da apropriação tem produzido uma tensão real entre muitos acadêmicos negros e acadêmicos e colegas brancos que desejam dialogar conosco. Muitas acadêmicas negras, especialmente pensadoras feministas, confessam que têm medo de que suas ideias sejam "roubadas" e que eles (os acadêmicos brancos) levem os créditos. As pessoas negras estão dispostas a compartilhar suas ideias, mas agora há um sentimento de que um acadêmico branco pode pegar sua ideia, escrever sobre ela e nunca citar você. Isso preocupa muitos acadêmicos negros.

cw: É a síndrome de Elvis Presley aplicada na área acadêmica. Dinâmicas internas de poder dificultam a atribuição de créditos a quem são devidos quando esses créditos deveriam ser dados a um indivíduo que venha de um grupo marginalizado e subordinado neste país. Isso tem a ver com quem tem acesso aos periódicos reconhecidos e de prestígio, quem tem acesso às editoras e assim por diante. Nós temos visto esse fenômeno no decorrer da história, e o melhor que podemos fazer para lutar contra isso é estabelecer nossas próprias redes institucionais para dar visibilidade aos nossos textos, ou simplesmente continuar a criticar a manipulação e a cooptação do *mainstream*.

bh: Nós também precisamos nos dispor a confrontar, de uma forma positiva, nossos colegas brancos que realmente se veem como nossos aliados. Uma vez eu vi a fala de uma acadêmica branca, que eu respeito, e eu senti que ela estava apresentando o quadro analítico e teórico de *E eu não sou uma mulher?* e levando os créditos. Então fui até ela e disse que senti que ela falou do meu trabalho sem o devido...

cw: Reconhecimento.

bh: Reconhecimento. E ela, sendo uma companheira de luta, disse que voltaria a ler o meu trabalho para ver se ela tinha realmente, sem intenção, usado minhas ideias sem me citar. Então não acho que devemos assumir sempre uma intenção negativa. Todos nós lemos coisas e pegamos coisas das quais não lembramos as fontes, e dentro de um contexto racista, bom, as pessoas brancas estão acostumadas a subestimar o trabalho das pessoas negras. Precisamos ter em conta que o mesmo pode acontecer com o trabalho intelectual, então confrontar uma situação de forma positiva pode resultar em uma intervenção crítica significativa.

cw: Concordo plenamente.

bh: Uma outra coisa que o destaca como um líder dos estudos negros é que você é um acadêmico de uma disciplina altamente tradicional como a filosofia e também tem uma relação profunda com a cultura popular. Você escreve sobre música e arte – como você pensa a relação entre os estudos culturais e os estudos negros?

cw: Essa é uma pergunta muito difícil. Vou dizer algumas coisas sobre isso. Primeiro, me concentro na cultura popular porque foco naquelas áreas em que a humanidade negra se expressa da forma mais poderosa, em que as pessoas negras conseguiram articular sua noção de mundo de uma forma profunda. E eu vejo isso principalmente na cultura popular.

E por que não na cultura erudita? Porque o acesso sempre foi difícil. E por que não em mais formas acadêmicas? Porque a exclusão acadêmica tem sido, por tanto tempo, a regra para tantas pessoas negras que a cultura negra, a meu ver, se torna uma busca pelos lugares onde as pessoas negras deixaram suas marcas e fizeram uma diferença fundamental na forma como certas expressões artísticas são compreendidas. Isso é comum na cultura popular, principalmente na música, na religião, nas artes visuais e na moda.

bh: Você também acha que nós, que escrevemos sobre a cultura popular, somos considerados com ceticismo pelos acadêmicos negros tradicionais mais comprometidos com a "alta cultura"? Esses acadêmicos negros não olham para alguém como você com ceticismo da mesma forma que os colegas brancos mais conservadores podem olhar para você e dizer, você sabe, ele não é um filósofo de verdade; um filósofo de verdade não se interessaria tanto pela cultura popular.

cw: Acho que você tem razão. Nós temos, por um lado, acadêmicos negros profundamente preocupados em ser respeitados por seus pares brancos, tentando resistir a todos os estereótipos negros. E, em muitas instâncias, esses acadêmicos fogem de algumas das riquezas da cultura negra para convencer seus pares brancos de que eles não fazem parte, de nenhuma forma, daquilo que sempre foi muito importante para as pessoas negras, como a música negra, o discurso negro e a religião negra.

É interessante que, na história dos estudos negros nos Estados Unidos, a religião e a música negra sempre tenham desempenhado um papel muito, muito pequeno. Mesmo que a religião e a música negra tenham um papel fundamental na história do povo negro. E isso não só pela orientação laica dos intelectuais negros, mas também porque muitos acreditam que qualquer associação com a religião negra não passa uma boa impressão diante das orientações laicas de seus colegas brancos. Então eles fogem disso. Eu penso que temos que acabar com todos os estereótipos e ao mesmo tempo abraçar as ideias e contribuições do povo negro, que sempre foram muito ricas intelectualmente, politicamente e culturalmente.

bh: O papel da poesia na comunidade negra tradicional é um bom exemplo disso. Muitos de nós chegamos na arte performática e na oratória pública vindos da igreja negra e das universidades negras segregadas.

cw: Certo. Certo.

bh: Nós nos esquecemos de que, no século XIX, havia uma grande ênfase na oratória. E, no caso de muitas pessoas negras, isso se manteve e influenciou a construção da cultura negra no século XX.

Eu fui criada em uma família negra trabalhadora, e, quando ficava escuro e as velas eram acesas, meus pais nos entretinham. Eles recitavam um poema.

cw: Vale argumentar que a música e as práticas retóricas, principalmente as práticas de pregação negras, sempre foram duas grandes tradições por causa da exclusão das pessoas negras de outras esferas, ainda que muitos de nós nos aventuremos nessas áreas.

bh: Você costuma dizer que a cultura de massa estadunidense é desproporcionalmente influenciada pela cultura negra. Eu penso que a questão é se essa influência é ou não é antagônica. A cultura negra radicaliza a cultura estadunidense branca, a cultura asiático-estadunidense, a cultura de outros grupos?

CW: É uma influência antagônica, mas há diferentes níveis de oposição. Há o que chamamos de oposição "superficial" e o que chamamos de oposição "substancial". A oposição superficial é uma crítica à sociedade estadunidense que não fala sobre a necessidade de redistribuição de riqueza, de recursos e de poder. A oposição substancial é uma tentativa de questionar a má distribuição de riquezas predominante nesta sociedade. A oposição superficial é importante, mas não é suficiente. A influência da cultura negra tem desempenhado um papel nessa oposição superficial. Apenas a afirmação da humanidade das pessoas negras neste país já é, de muitas formas, um ato subversivo. Mas é raro a oposição "substancial" aparecer abertamente na cultura negra.

bh: Sem dúvida. Eu estava fazendo uma fala sobre as representações de atletas negros na cultura publicitária, apresentando uma leitura crítica sobre aquele comercial da Hanes com o Michael Jordan* e outros produtos que comercializam imagens negras, quando um jovem branco falou sobre as imagens de atletas negros em caixas de cereais, dizendo que foi a primeira vez na vida que ele quis ser um homem negro. Bom, a plateia desdenhou do jovem, mas eu pensei que ele tinha um bom ponto, porque, para ele, ver essas figuras valorizadas e legitimadas humanizou as imagens, então, potencialmente, ele conseguiu se aproximar delas,

---

*   Michael Jeffrey Jordan (Nova York, Estados Unidos, 1963), empresário e ex-jogador de basquete. [N. do T.]

um ato que pode ser subversivo e até ameaçador para a supremacia branca. É por isso que as leituras críticas da cultura popular são tão importantes. Quando criticamos representações, compreendemos mais plenamente as sutilezas entre o sujeito, o objeto e suas dinâmicas de poder concomitantes em um determinado momento histórico.

cw: Exatamente.

bh: Fazendo uma leitura crítica do comercial da Hanes estrelado por Michael Jordan, eu falei sobre a forma como vi o comercial como uma mulher negra. Por um lado, foi positivo, pois raramente vemos o corpo negro masculino representado como um símbolo sexual positivo em rede nacional. Por outro lado, nós também podemos analisar criticamente a forma como certos aspectos da representação foram prejudiciais para a presença sexual masculina negra.

cw: Uma leitura dialética, na qual você enfatiza o positivo e também o negativo, mas também reconhece até que ponto essa leitura responde a um contexto particular, é necessária. E esse contexto mudará diante da contribuição positiva da resposta. Então o contexto está sempre mudando, mas você destaca o bom e o ruim, o positivo e o negativo.

bh: Vamos voltar à questão da cultura negra – se a cultura negra radicaliza a cultura como um todo, em particular a América Branca. Eu estava pensando, por exemplo, na nossa solidariedade com a cultura caribenha negra e no reggae e no rap como duas formas de música popular diaspóricas que transmitem mensagens políticas. Eu costumava imaginar o que as pessoas pensam, o que as pessoas brancas pensam, quando ouvem o Third World cantando: *"Who put the hammer and the hoe in the hands of the poor, why, tell me why, do the rich keep crying for more? Because some us ain't got no freedom"*.

cw: Sim. Mas, novamente, quando eu faço uma distinção entre a oposição superficial e a oposição substancial, essa oposição superficial é sobretudo uma forma de oposição que opera nas práticas cotidianas no nível cultural. As produções culturais feitas por pessoas negras, como o rap, são, em algumas instâncias, subversivas, mas ao mesmo tempo não abordam a questão fundamental da má distribuição de poder, riqueza e recursos nesta sociedade. Quando pensamos em coisas como o reggae e o rap, culturalmente, esses gêneros operam uma oposição superficial. O reggae e o rap apontam para a oposição substancial – para a redistribuição da riqueza –, mas não se traduzem em um movimento político.

bh: E isso seria possível?

cw: Boa pergunta. Nossos melhores exemplos são os movimentos sociais contemporâneos, os movimentos feministas dos anos 1970 e 1980, o movimento pelos direitos civis dos anos 1950 e 1960, e os movimentos Black Power dos anos 1960 e 1970. São movimentos sociais importantes nos quais Bernice Reagon** e vários outros trabalhadores da cultura

---

* Trecho de "Freedom Song" (1976). "Quem colocou o martelo e a enxada nas mãos dos pobres? Por que, me diz por que, os ricos pedem mais e mais? Porque alguns de nós não conseguiram a liberdade". [N. do T.]

** Bernice Johnson Reagon (Geórgia, Estados Unidos, 1942 – Washington, D. C., Estados Unidos, 2024), compositora, acadêmica e ativista. [N. do T.]

desempenharam um papel significativo. Mas esses movimentos não representaram a tradução da música em política. Esses movimentos representaram a fusão de músicos, trabalhadores da cultura, escritores, poetas, como parte de um movimento maior. Então eu não diria que a música poderia ser traduzida em ação política. Não é assim tão simples.

bh: Quando comecei a ouvir John Coltrane, Don Cherry e Cecil Taylor*, descobri o quanto os músicos de jazz negros estavam interessados no pensamento e nas religiões não ocidentais, e de alguma forma saber que esses ícones culturais estavam explorando o pluralismo cultural e religioso me abriu a possibilidade de pensar sobre a vida de novas formas. E também me ajudou a pensar sobre a construção da identidade em relação a uma política radical, justamente porque esses ícones nos oferecem uma localização em potencial para a politização quando, depois de ouvir suas músicas, passamos a saber mais de suas vidas. Infelizmente, muitos deles não se comprometem com um pensamento crítico disciplinado e rigoroso que faria deles mentores musicais e políticos.

Mais uma vez, é por isso que eu digo que Kareem Abdul-Jabbar é importante. Em sua primeira autobiografia ele enfatiza o quão profundamente estava pensando na política da negritude e da raça nos Estados Unidos. Como um católico negro que foi criado para pensar de certas formas sobre identidade, sobre raça, sobre gênero. É claro, ele não problematiza o gênero tanto quanto gostaríamos. Com certeza, quando eu estava no ensino médio, Kareem era

---

* Don Cherry (Oklahoma, Estados Unidos, 1936 – Málaga, Espanha, 1995), trompetista de jazz; Cecil Taylor (Nova York, Estados Unidos, 1929-2018), pianista de jazz e poeta. [N. do T.]

importante por ser retratado na mídia como uma pessoa que tentava pensar criticamente nas coisas, e não simplesmente absorvia tudo de forma passiva.

cw: E antes dele Muhammad Ali* fazia a mesma coisa.

bh: Com certeza. Ali foi o precursor. Mas eu acho que, por estar situado na UCLA, pensando em estudar árabe, as ações de Kareem implicaram que não era suficiente simplesmente se converter ao islamismo sem entender alguma coisa da prática. A meu ver, parece ser uma área na qual, quando tivermos ícones culturais mais radicalizados, a produção cultural poderá ser um catalisador para o desenvolvimento de uma consciência crítica política.

cw: Bem, eu destaco o Muhammad Ali aqui porque o que vimos, sobretudo com a influência de Malcolm X, foi o exemplo de uma pessoa negra – no caso dele, um homem negro – livre do medo e do fracasso. O medo e o fracasso assombram as pessoas negras a cada minuto da vida delas.

bh: Sim, com certeza.

cw: As pessoas negras raramente se libertam do medo do olhar branco, da humilhação, do medo de seguir em frente e ser independentes. O medo do fracasso está profundamente enraizado na psique negra, porque a imagem estereotipada que internalizamos é que as pessoas negras estão sempre falhando. Então muitas pessoas temem o sucesso, têm medo de que, se forem muito bem-sucedidas, elas serão

---

* Muhammad Ali-Haj (Kentucky, Estados Unidos, 1942 – Arizona, Estados Unidos, 2016), pugilista. [N. do T.]

afastadas das outras pessoas negras. Por isso nós vemos indivíduos falhando por causa da ansiedade diante de um possível fracasso depois de tantas tentativas de sucesso.

O que eu gostava em Muhammad Ali era que ele já havia libertado a mente para falar o que quisesse, mesmo que tivesse falhado, e mesmo quando dizia alguma coisa controversa. Malcolm X também era assim. E, nesse sentido, isso nos libertou. Foi empoderador para nós que queríamos nos livrar do medo e do fracasso.

bh: Com certeza. Foi empoderador principalmente para os homens negros.

cw: Foi uma grande contribuição, independentemente da orientação política de Ali, porque se opor à Guerra do Vietnã da forma como ele fez e abrir mão de três anos de sua vida no auge da carreira foi um enorme sacrifício vindo de uma profunda integridade pessoal!

bh: Nós vemos essa noção de sacrifício expressa nas contribuições de uma ativista de esquerda como Angela Davis. Os jovens precisam ler a autobiografia dela, ouvir sobre seu compromisso. Um compromisso que envolveu sacrifício, perda, luto, abdicação de privilégios.

Eu acho que vemos essa ligação do sacrifício com uma consciência política crítica em um ícone cultural como Martin Luther King. Me lembro de ler e ouvir falar sobre King em seu período de reflexão crítica, quando ele refletia se deveria se opor ou não à Guerra do Vietnã, e seu reconhecimento de que isso significava romper com a concepção de um líder religioso como uma figura politicamente neutra.

cw: Isso mesmo.

bh: Ou melhor, como uma figura politicamente conservadora. A escolha de se opor à guerra posicionou King na vanguarda radical da política progressista dos Estados Unidos.

cw: Com certeza. Nós vemos isso em Fannie Lou Hamer*, em Malcolm X, em um Martin Luther King Jr., um rompimento com o medo. Para falar a verdade, parte do problema das lideranças negras atualmente é que elas ainda estão, de muitos modos, confinadas por certas formas de policiamento do pensamento intelectual e político no interior da comunidade negra.

Isso acontece tanto em relação à mídia branca quanto em relação à comunidade negra. Então, quando conseguem falar, nossas lideranças já estão quase todas metidas em uma camisa de força. Já estão tão presas por aquilo que as outras pessoas podem pensar delas, pela forma como esse julgamento vai impor limites em seus interesses e assim por diante, que já não temos ninguém que seja, em diversos aspectos, livre.

bh: Isso nos leva de volta à questão da necessidade de teorizar as relações de classe na comunidade negra. Até certo ponto, nós estamos de fato falando e tentando entender a forma como um certo tipo de mentalidade de classe média opera para censurar o desenvolvimento de um certo tipo de intelectualidade negra crítica de oposição.

cw: A pior característica da classe média negra é essa recusa de promover sensibilidades autocríticas por causa de uma ansiedade e uma insegurança profundamente arraigadas

---

* Fannie Lou Hamer (Mississippi, Estados Unidos, 1917-1977), ativista pelos direitos civis. [N. do T.]

diante da impossibilidade de reconhecimento e aceitação por parte da classe média estadunidense convencional. Nós temos que acabar com isso de vez se quisermos nos libertar do tipo de sujeição econômica/política que prende tantas pessoas negras da classe média nessa corrida capitalista desenfreada.

bh: Você representa um desafio a esse tipo de pensamento da classe média negra – sem dúvida consagrado na academia – quando se posiciona abertamente à esquerda.
Você pode falar sobre o seu compromisso com a política de esquerda? De onde veio esse envolvimento?

cw: Hoje nós temos muitos liberais negros que continuam tão preocupados com a raça – e a raça é muito importante – que as questões ambientais, de gênero, classe e imperialismo tendem a ser negligenciadas. E também temos aqueles que se dizem críticos conservadores e que dizem que a raça não é tão importante quanto os liberais pensam. Que o importante é a responsabilidade individual. O que temos é um conjunto de indivíduos limitados sendo criticado por um outro conjunto com perspectivas limitadas.

A esquerda apresenta uma forma de fundir a responsabilidade pessoal e a luta contra o racismo com uma preocupação em relação a questões ambientais, de classe, de gênero, o que localiza as pessoas negras nos debates mundiais, mas não perde a perspectiva global quando falamos sobre nossos contextos domésticos, sobre a comunidade negra. Mas essa visão e essa análise da esquerda ainda não estão disponíveis para muitas pessoas negras.

bh: Como nós podemos falar com as pessoas negras sobre o significado de ser de esquerda? Onde essa transição radical entra em nossas vidas? E até que ponto a origem familiar influencia na orientação política de uma pessoa?

cw: Para mim, significa começar onde Ella Baker parou, começar onde Martin Luther King Jr. parou, começar onde Michael Harrington* parou. Os três eram progressistas de esquerda. Os três eram socialistas democráticos. E ser influenciado por esses três legados é reconhecer até que ponto temos de manter viva uma tradição que enfatiza a democracia, que diz respeito a uma responsabilização pública, especialmente das corporações multinacionais; a liberdade, que significa resistir a todas as formas de autoritarismo cultural, seja por parte da igreja direitista, dos ideólogos negros, dos socialistas negros ou da mídia branca *mainstream*. Nós temos que defender a liberdade e a liberdade de expressão e de pensamento em todas as suas formas. E eu também diria que esses são os três maiores legados deixados para a nossa geração. Ella Baker, Martin Luther King Jr. e Michael Harrington.

bh: Você sente que, como pessoas negras, nós temos uma tradição forte, nesta sociedade, de criticar o capitalismo e o imperialismo?

cw: Entre os nossos intelectuais, como sabemos, tem havido uma longa tradição da crítica ao capitalismo. Na verdade, muitos de nossos maiores intelectuais, de W. E. B. Du Bois a Amiri Baraka** e a C. L. R James, fizeram parte da

---

* Michael Harrington (Missouri, Estados Unidos, 1928 – Nova York, Estados Unidos, 1989), escritor e ativista. [N. do T.]

** Amiri Baraka (Nova Jersey, Estados Unidos, 1934-2014), poeta, dramaturgo e crítico musical. [N. do T.]

tradição socialista. Eles não influenciaram profundamente a América Negra convencional, mas foram críticos exemplares da civilização capitalista estadunidense. O problema é que qualquer crítico do capitalismo é marginalizado nos Estados Unidos, então é muito difícil para esses críticos falarem em uma linguagem inteligível para as massas. Esse é o principal desafio.

bh: Sua presença no programa do Bill Moyers foi muito tocante porque você é da esquerda. Vendo você, eu pensei: quantas vezes na vida pude ver um intelectual negro da esquerda falando livremente em rede nacional? Como surgiu a ideia para essa entrevista?

cw: Eu acho que teve alguma coisa a ver com a assistente de Bill Moyers, Gail Pellett*, que ouviu falar de mim e se interessou. O próprio Bill Moyers, de origem batista, sentiu que eu tinha coisas interessantes para dizer e que eu conseguiria falar com o público mais convencional por causa da minha fé cristã e por causa da minha legitimidade relativa aos olhos da academia "*mainstream*".

bh: Você trabalha bastante como um membro dos Socialistas Democráticos da América, tanto em um papel de liderança como em um papel mais participativo. O que o socialismo estadunidense de hoje tem a dizer para as pessoas da classe baixa? Esse socialismo atende nossas preocupações como um povo?

---

* Gail Pellett (Vancouver, Canadá), escritora, diretora e produtora. [N. do T.]

cw: Sem dúvida. Como presidente honorário dos Socialistas Democráticos da América, que fala sobre a necessidade de redistribuição de riquezas, recursos e poder nesta sociedade, eu defendo continuamente a responsabilização das corporações multinacionais que possuem uma quantidade desproporcional de influência junto ao governo e à economia, e consequentemente uma quantidade desproporcional de influência na qualidade de vida das pessoas negras estadunidenses.

Essas questões são diretamente relacionadas ao destino e ao dilema da classe baixa e da classe trabalhadora negra, porque ser pobre significa ser suscetível ao desemprego, aos resíduos tóxicos, à falta de moradia, ao atendimento médico inadequado e a um acesso relativamente limitado aos recursos. Então a pergunta é: onde estão os recursos políticos e materiais para abordar essas preocupações? A maioria desses recursos é encontrada nos centros corporativos, que surgem, crescem e se expandem cada vez mais. Então enquanto esses problemas continuarem assolando nossas comunidades, os Socialistas Democráticos terão muito a dizer.

bh: O que você diria para uma pessoa negra jovem que procurasse você na academia ou em uma fala sua e dissesse: "Eu não sei nada de capitalismo ou do socialismo como uma resposta da oposição". Que orientações você daria para essa pessoa desenvolver seu envolvimento crítico com a intelectualidade negra de esquerda?

cw: Eu diria para essa pessoa procurar a tradição intelectual negra de Oliver Cox*, o grande sociólogo negro e sua

---

* Oliver Cromwell Cox (Porto de Espanha, Trinidad e Tobago, 1901 – Michigan, Estados Unidos, 1974), sociólogo. [N. do T.]

trilogia *Capitalism as a System* [Capitalismo como sistema] ou *Caste, Class and Race* [Casta, classe e raça]. Eu diria para esse jovem ler *Color and Democracy* [Cor e democracia], de Du Bois. Eu diria para esse jovem ler seus textos e a produção de outras intelectuais que falam da intersecção de gênero, raça e imperialismo.

E então eu diria para esse jovem ler textos de outras tradições que trataram das mesmas questões à luz de suas próprias heranças, para que ele ou ela tivesse uma noção do mundo moderno. Porque o mundo moderno tem girado sobretudo em torno do poder das grandes corporações, em torno das grandes possibilidades da ciência e da tecnologia. E também em torno da subjugação, da subordinação e das lutas da classe trabalhadora, das mulheres brancas e das pessoas racializadas.

bh: Mas, diante do analfabetismo generalizado nas comunidades negras, nós não podemos esperar passar a mensagem da esquerda apenas enviando livros para as pessoas. Que outras alternativas nós temos?

cw: Sim, eu assumi que essa pessoa jovem estaria no processo de se tornar intelectual e então leria. Mas se você estiver falando de um irmão ou irmã semialfabetizados na comunidade, então nós temos que falar nos termos da cultura de massa, da cultura popular. E aqui falaríamos de música, televisão, de nossa necessidade de ter trabalhadores da cultura negros na mídia de massa. Eu não consigo nem enfatizar a importância disso! Temos que ter trabalhadores da cultura negros na televisão, no cinema, no audiovisual que apresentem outras perspectivas para as pessoas que leem pouco – e isso inclui a maioria dos estadunidenses. Também precisamos de mais jornalistas negros que escrevem em jornais e revistas de grande distribuição.

bh: Acho que também poderíamos falar do audiovisual e do cinema como produtores de conhecimento. E também poderíamos falar sobre a necessidade de termos um cinema negro independente e de oposição. Se pensarmos nesse cinema negro independente e de esquerda, que tipo de conteúdo esse cinema produziria? Nós temos hoje algum exemplo de cinema que politize a classe de forma que as pessoas aprendam assistindo?

cw: Sim, eu diria que o trabalho do coletivo Sankofa*, na Grã-Bretanha, seria um exemplo. Não vemos muito disso nos filmes negros produzidos aqui nos Estados Unidos.

bh: Mas com certeza vemos no cinema cubano.
Eu incluiria os filmes que circulam na mídia de massa porque a mídia de massa desempenha um papel muito importante. Mas a televisão deve ser mais importante em termos de alcance de nossos irmãos e irmãs semialfabetizados.

Nós vemos agora uma espécie de florescimento do cinema negro, o que é maravilhoso. Eu acho que os irmãos Hudlin, Camille Billops, Julie Dash**, Spike Lee e outros estão fazendo coisas poderosas e criativas no cinema negro.

---

* Coletivo de cineastas negras e negros do Reino Unido, fundado em 1983. [N. do T.]

** Warrington Hudlin (Illinois, Estados Unidos, 1952) e Reginald Alan Hudlin (Illinois, Estados Unidos, 1961), cineastas; Camille Billops (Califórnia, Estados Unidos, 1933 – Nova York, Estados Unidos, 2019), escultora e cineasta; Julie Dash (Nova York, Estados Unidos, 1952), cineasta. [N. do T.]

cw: Sim, isso faz parte de um movimento maior que deve acontecer se quisermos falar seriamente sobre uma política democrática radical.

bh: Refletindo sobre nossa discussão crítica sobre a esquerda negra, eu não parei de pensar em nossa conversa sobre o ressurgimento de um tipo de nacionalismo negro que, penso eu, fala profundamente com a classe baixa negra, e costuma ser ouvido ou lido como uma expressão, digamos assim, do auge do radicalismo negro. Então quando as pessoas negras comuns pensam sobre a política de esquerda, costumam imaginar essa política expressa no nacionalismo negro.

Por que você acha que estamos testemunhando um ressurgimento do nacionalismo negro? Você acha isso produtivo politicamente?

cw: Há alguns mitos que precisamos desfazer. Não é claro se a classe baixa negra necessariamente se inclina para um neonacionalismo negro. A classe baixa negra está tentando sobreviver e grande parte dela está ligada a todos os tipos de rede de poder brancas por meio das drogas, e seja lá o que for, para sobreviver. Então, quando você olha para as bases sociais de Farrakhan*, por exemplo, vê principalmente a classe média baixa. Eu acho que a classe média baixa é mais inclinada para o neonacionalismo negro porque são essas pessoas que mais se frustram ao tentar ganhar acesso ao *mainstream*, ao *mainstream* branco. Então, essas pessoas são mais ansiosas e muito mais dispostas a falar sobre unir forças para ascender economicamente.

---

* Louis Haleem Abdul Farrakhan (Nova York, Estados Unidos, 1933), líder do grupo negro estadunidense Nação do Islã. [N. do T.]

Entre os jovens e universitários negros há hoje um fascínio pelo nacionalismo negro dos anos 1960 e 1970. Eles tendem a romantizar o nacionalismo do passado sem estudar o período ou o movimento como um todo. Isso se soma à tendência atual de um neonacionalismo superficial, um nacionalismo que tem mais a ver com uma linguagem, roupas da moda e uma catarse pessoal fácil, e não com uma luta genuinamente política e intelectual pela redistribuição de riqueza e poder.

Quanto aos políticos negros, eles estão preocupados com o eleitorado negro e com o eleitorado branco e, portanto, encontram-se em posições difíceis, então não podem falar de forma ousada e desafiadora. Eles não podem ser livres da forma como eu falei antes. Então, os porta-vozes do neonacionalismo negro tendem a ser ouvidos, mas não seguidos. A organização de Farrakhan não é tão grande assim, mas ele é ouvido por muitas pessoas porque fala com liberdade, de certa forma livre do controle branco e da imposição branca.

bh: Mas precisamos nos lembrar de que Farrakhan tem um público entre as pessoas negras da classe baixa porque ele costuma aparecer em rede nacional. E eu gostaria de elaborar o conceito de nacionalismo porque, convenhamos, muitas pessoas negras da classe baixa no Sul, ao contrário das cidades grandes do Norte, ainda vivem em mundos muito segregados, mundos onde o separatismo negro é a norma, onde a intimidade das pessoas, suas relações ainda são profundamente moldadas pelo *éthos* da segregação racial. Então, quando penso no nacionalismo negro, não penso apenas em sua expressão pela Nação do Islã, mas na forma que o nacionalismo negro toma para fazer com que as pessoas negras vejam a importância de se unir como um grupo para proteger sua integridade cultural e material de um contexto branco hostil.

cw: Certo. O nacionalismo negro como uma perspectiva é diferente de uma simples suspeita das pessoas negras em relação às pessoas brancas.

bh: Sim.

cw: Preservação da integridade cultural negra, o reconhecimento da singularidade cultural negra. Esses dois componentes são importantes para uma perspectiva mais ampla do nacionalismo negro. Esses elementos do nacionalismo negro são indispensáveis para uma política negra progressista. Mas uma política negra progressista deve ir além desses elementos com o propósito de estabelecer coalizões e alianças baseadas em princípios. Infelizmente, as formas dominantes do nacionalismo negro tendem a ser muito limitadas e até xenofóbicas. Mas isso é um sintoma da suspeita das pessoas negras em relação às pessoas brancas, que muitas vezes se confirma pelas atitudes brancas racistas. Então, por isso, eu não quero de forma alguma definir o nacionalismo negro por esses dois elementos.

bh: Quando reflito criticamente sobre o posicionamento político de um Farrakhan e sobre o posicionamento de Malcolm X, essa reflexão reforça que devemos conhecer bem a história, de forma que as pessoas possam se lembrar mais profundamente da política de Malcolm X que o separa de Farrakhan. Na verdade, o que costuma acontecer no mundo da cultura popular e nas representações midiáticas é que os dois são transformados na mente das pessoas, e Farrakhan se torna uma representação viável de um Malcolm X contemporâneo. Evidentemente, o perigo disso nos leva de volta à importância da alfabetização. Porque nós só podemos avançar teoricamente como um povo com as pessoas negras aprendendo a ler os textos de Malcolm X e de outros teóricos políticos negros.

CW: Nesse sentido, Malcolm e Martin são bem diferentes da maioria das lideranças negras contemporâneas. Jesse Jackson e Harold Washington* são os únicos em quem consigo pensar que foram capazes de reconhecer uma política de esquerda democrática no contexto da comunidade negra e ser consistentes sobre isso.

Nós também precisamos reconhecer que a história nunca se repete. Nunca haverá um outro Malcolm, nunca haverá um outro Martin, nunca haverá uma outra Ella. Depende de nós forjarmos nossas próprias visões e análises baseadas no melhor daquilo que nos foi legado.

Essa noção de tentar imitar e emular o passado produz uma superficialidade e uma banalidade e, em certo ponto, torna-se simplesmente uma busca por *status*, e não uma busca substantiva por justiça.

bh: Cornel, você é muito franco, crítico do que você chama de "crise na liderança negra". O que define essa crise?

CW: Há uma crise profunda na liderança negra, em termos de qualidade e visão. Nós temos lideranças preocupadas em ser eleitas ou manter a base social de suas organizações. E eu estou me referindo principalmente às organizações pelos direitos civis tradicionais. Ninguém está disposto a

---

* Harold Lee Washington (Chicago, Estados Unidos, 1922-1987), advogado e político. [N. do T.]

ser profético de uma forma corajosa e ousada com uma visão moral profunda e inclusiva e uma análise sofisticada da distribuição de renda, poder e recursos em nossa sociedade. Os políticos negros não podem fazer isso, pois estão comprometidos; não podem falar com ousadia e coragem, então a maioria não fala. Por outro lado, as próprias lideranças pelos direitos civis não estão falando sobre classe, gênero e imperialismo. Eles não querem criticar as corporações multinacionais, em parte porque essas corporações estão ajudando a fortalecer suas próprias organizações. Então essas lideranças lidam exclusivamente com questões raciais, que ainda são muito importantes, mas também limitadoras. E, é claro, há críticos conservadores que tentam se passar por líderes. Eles falam sobre questões de autoajuda. Falam de responsabilidade pessoal, mas expressam essa responsabilidade em termos vulgares e individualistas, desvinculada da ação coletiva, e assim se tornam os queridinhos da mídia convencional por um tempo.

Nós não temos vozes proféticas que não estejam preocupadas em ser eleitas, que não estejam preocupadas em perder de alguma forma o apoio corporativo, e que sejam ao mesmo tempo profundamente morais, éticas e analíticas. Mas acredito que há várias e vários jovens adultos que fornecerão as sementes da esperança para a próxima geração.

bh: O que você quis dizer com profetas que transcendem a raça em seu ensaio sobre a liderança negra? Por que James Baldwin é um exemplo?

cw: Um profeta que transcende a raça é alguém que nunca se esquece da importância da raça, mas se recusa a ser confinado por ela. James Baldwin é, de muitas formas, um bom exemplo. Por quê? Porque James Baldwin era fundamentalmente moralista. E com isso eu quero dizer que ele estava preocupado com o desenvolvimento dos seres humanos, independentemente de raça, credo, gênero e nacionalidade. Ele acreditava que o racismo era um veneno que impedia o desenvolvimento do racista e da vítima do racismo.

Ele nunca compreendeu as pessoas negras apenas como vítimas. Mas, ao mesmo tempo, reconhecia que parte do nosso dilema era sermos continuamente vitimizados pelo racismo enquanto lutávamos contra o racismo.

O crucial era o desenvolvimento moral da vítima e do opressor. Então, nós precisamos de visão. Nós precisamos ir além dos confins da raça sem nunca desconsiderar o impacto do racismo nas pessoas negras nesta sociedade.

bh: Qual é o lugar da humildade na vida daquelas e daqueles entre nós que seriam lideranças? Você diz que "ser humilde é estar tão seguro de si e de sua missão que podemos nos abster de chamar uma atenção excessiva para nós mesmos e para o nosso *status*. E mais ainda: ser humilde é regozijar nas realizações e no potencial de outras pessoas, em especial aquelas com quem nos identificamos e a quem nos vinculamos organicamente. A relativa falta de humildade em muitas lideranças políticas hoje é um sintoma de uma ânsia por *status* e de uma insegurança pessoal que domina a classe média negra estadunidense". Nós podemos esperar ter mais líderes como Malcolm X, que não venham da classe média negra estadunidense?

cw: Assim esperamos. E eu acredito que sim. Mas seja lá de onde vierem essas lideranças, da classe média, da classe trabalhadora ou da classe baixa – se forem pessoas humildes, isso significa que elas já alcançaram um certo nível de maturidade moral. Por quê? Porque a humildade significa duas coisas. Um: a capacidade de autocrítica. E isso é algo que não encontramos muito na comunidade negra, especialmente entre as lideranças negras. A segunda característica é permitir que outras pessoas brilhem, é apoiar, empoderar e capacitar outras pessoas. Pessoas sem humildade são pessoas dogmáticas e egoístas. E isso mascara uma profunda insegurança. Elas sentem que o sucesso de outras pessoas acontece à custa de sua própria fama e glória. Se uma crítica é apresentada, elas são incapazes de responder. E isso produz, é claro, uma sensibilidade autoritária. Isso faz parte dos nossos problemas relacionados à liderança negra, e a humildade requer maturidade. É por isso que King, Baldwin e outros alcançaram um nível de maturidade moral e de sofisticação intelectual.

bh: Uma das dimensões positivas de *Eyes on the Prize* [De olho no prêmio] é que nós vemos King, o ativista, andando entre as pessoas. Não importa o quanto as pessoas negras o idealizassem ou idolatrassem, King não deixou isso interferir em sua percepção de si mesmo como um homem comprometido com as lutas das pessoas negras comuns. King nunca se comportou como um líder "famoso", nunca ignorou as pessoas que ele servia. Ele realmente sentia que era um de nós.

cw: Exatamente.

bh: A solidariedade dele era coletiva.

cw: Exatamente. Mas você percebe? Há uma questão mais profunda aqui, quando falamos sobre esse aspecto de King, porque ele era alguém que entrava em uma igreja e sempre falava com quem estivesse ali, a posição das pessoas não importava. E por quê? Porque King não apenas realmente acreditava que as pessoas negras eram humanas, não apenas acreditava que as pessoas negras têm a capacidade de prosperar na sociedade, mas que as pessoas negras eram dignas das mais altas formas de amor e respeito. Por isso o amor era tão importante para ele. Poucas pessoas negras e poucas lideranças negras realmente acreditam na humanidade das pessoas negras, na capacidade de realização das pessoas negras, poucas realmente acreditam que as pessoas negras são dignas de amor. Essa atitude é perceptível e as lideranças negras não devem pensar que ela não é notada. King tinha essa humildade, Malcolm tinha, Fannie Lou Hamer tinha, Garvey* e Douglass** tinham. Mas poucos têm hoje em dia.

bh: Você quase deu só exemplos masculinos. Nós vemos essa humildade em Septima Clark, em *Ready From Within*, em que ela, como outras líderes negras no passado, fala sobre seu combate contra o conservadorismo das comunidades negras que não pensam que as mulheres negras deveriam se envolver na luta política. E Septima encontra sua força na fé religiosa; ela sentia que era a experiência da religiosidade que nos incentivava a servir as pessoas, que o verdadeiro profeta é um servo e que nós devemos nos doar pelo bem comum. Essas noções impulsionavam sua luta.

---

*　Marcus Mosiah Garvey (Saint Ann's Bay, Jamaica, 1887 – Londres, Reino Unido, 1940), ativista, jornalista e comunicador. [N. do T.]

**　Frederick Douglass (Maryland, Estados Unidos, 1818 – Washington, D. C., Estados Unidos, 1895), abolicionista, escritor, ex-embaixador dos Estados Unidos no Haiti. [N. do T.]

Uma das coisas que você diz em *Prophetic Fragments* é que sua aceitação crítica de certos elementos da análise marxista o conecta com o movimento cristão anti-imperialista e anticapitalista mundial, geralmente referido como Teologia da Libertação. Eu acho que, quando olhamos para a Teologia da Libertação em nível mundial, o que se expressa por vários profetas da Teologia da Libertação é uma grande necessidade de manter nossa solidariedade com os pobres e oprimidos, não a distância, mas diretamente, oferecendo empatia e aliança por meio das nossas ações. Sem dúvida nós vemos isso no trabalho de Gustavo Gutiérrez* e no trabalho de outros teólogos da libertação.

cw: Como James Cone, Delores Williams** e outros.

bh: Sempre que sou chamada para falar sobre as raízes da minha consciência crítica, eu volto para a igreja negra e para a religião no geral, pois acho que esse tipo de humildade do qual você fala vem da prática espiritual. Eu costumo dizer para as pessoas que apenas uma abordagem de esquerda não necessariamente faria de mim uma mulher espiritualmente realizada e com uma boa visão política. Eu sou assim por causa da minha experiência com a religião, por aquilo que significa ser uma pessoa religiosa.

Como você percebe o lugar da espiritualidade na vida negra, de acordo com a sua própria noção de compromisso religioso?

---

*   Gustavo Gutiérrez Merino (Lima, Peru, 1928-2024), teólogo, considerado o fundador da Teologia da Libertação. [N. do T.]

**   Delores Seneva Williams (Kentucky, Estados Unidos, 1934 – Tennessee, Estados Unidos, 2022), teóloga, importante figura da teologia mulherista. [N. do T.]

cw: Primeiro nós temos de reconhecer que um empobrecimento do espírito domina a sociedade estadunidense, principalmente entre as pessoas negras. Historicamente, houve forças e tradições culturais, como a igreja, que protegeram as pessoas da frieza e da maldade. Mas esse empobrecimento do espírito de hoje significa que a frieza e a maldade estão dominando cada vez mais. A igreja afasta essas forças promovendo uma noção de respeito pelo outro, de solidariedade, uma noção de significado e valor que fortalece nossa luta contra o mal.

bh: Quando as feministas, em particular as feministas brancas, se apropriaram das palavras de Sojourner Truth*, elas convenientemente ignoraram o fato de que a política emancipatória de Sojourner vinha de sua fé religiosa. As pessoas precisam se lembrar de que o nome que Isabella Baumfree escolheu, Sojourner Truth, tinha raízes em sua fé religiosa, que a verdade que ela procurava era a verdade de sua comunhão com Deus e sua crença de que, ao escolher Deus, ela estava escolhendo servir na luta pela emancipação das pessoas negras.

Ela também foi a primeira pessoa a relacionar publicamente a luta contra o racismo com a luta pela liberdade de gênero.

cw: É importante falar sobre essas grandes figuras como Harriet Tubman**, Sojourner Truth ou Frederick Douglass para localizá-las em uma tradição. Porque, quando falamos

---

* Sojourner Truth (Nova York, Estados Unidos, 1797 – Michigan, Estados Unidos, 1883), ativista abolicionista. [N. do T.]
** Harriet Tubman (Maryland, Estados Unidos, 1822 – Nova York, Estados Unidos, 1913), ativista abolicionista. [N. do T.]

sobre o empobrecimento do espírito da comunidade negra, nós estamos falando sobre o enfraquecimento do que houve de melhor em uma tradição que transmitiu valores de luta, que transmitiu modos de vida e modos de ser para a geração seguinte. E nossa tarefa é manter vivo e vibrante o melhor dessa tradição.

bh: No passado, você falou sobre uma "espiritualidade combativa" que busca, como você disse, "desenvolver uma forma de comunidade que valorize a humanidade das pessoas". O que você acha que está enfraquecendo esse tipo de espiritualidade dinâmica na vida negra?

cw: Bom, sem dúvida, as forças do mercado é que estão enfraquecendo essa espiritualidade. O consumismo, o hedonismo, o narcisismo, o privatismo e o carreirismo dos estadunidenses no geral e das pessoas negras estadunidenses em particular. É impossível ter uma tradição crítica e de resistência quando o hedonismo domina. Isso significa que temos de ter porta-vozes do amor genuíno, do cuidado, do sacrifício e do risco diante das forças do mercado que priorizam a compra, a venda e os lucros. E as comunidades pobres, é claro, têm sido tão inundadas e saturadas pelas formas mais perniciosas de compra e venda, principalmente a compra e venda de drogas, a comercialização do corpo das mulheres e etc., que essas tradições de cuidado e respeito quase não existem mais.

Quando nossas avós não são respeitadas, nossas mães não são, nossos pais não são, os pastores não são – ninguém é. O respeito é externalizado, concedido àquelas pessoas que exercem as formas mais violentas de poder. O respeito vai para a pessoa com a arma; é para esse lugar que as forças do mercado conduzem.

bh: Quando olhamos para a comercialização da religião, vemos o tipo de evangelista que, em vez de relacionar a religião com a solidariedade pelas pessoas pobres, relaciona a religião com noções de progresso e autoaperfeiçoamento.

cw: Esse é o evangelho da riqueza e da saúde pregado pelos Fred Prices* e outros. E infelizmente temos expressões muito fortes de evangelhos da riqueza e da saúde que, penso eu, têm muito pouco a ver com o Evangelho de Jesus Cristo, mas essa é a minha visão das coisas.

bh: É apropriado falar aqui sobre o Evangelho de Jesus Cristo porque, quando penso nas narrativas cristãs que fizeram parte da minha criação, quando eu digo para as pessoas, você sabe, que eu não procuro pensadores como Gutiérrez para aprender sobre a Teologia da Libertação porque internalizei o capítulo de Mateus que diz "tudo o que vocês não fizeram a algum desses pequenos, também não fizeram a mim" na escola dominical.

cw: É isso.

bh: Que, politicamente falando, é uma mensagem profundamente esquerdista sobre o comunalismo.

cw: Sim, com certeza.

bh: De que forma a intelectualidade negra pode reavivar essa mensagem de comunalismo e compartilhamento?

---

* Referência ao televangelista e pastor Frederick Price (Califórnia, Estados Unidos, 1932-2021). [N. do T.]

cw: É algo difícil com uma ética da compra e da venda tão dominante. Mas não me entenda mal, a geração mais nova está tomando rumos muito, muito progressistas e militantes. Ainda é necessário algum direcionamento, mas o espírito de resistência se mostra hoje de uma forma que não víamos nos últimos quinze ou vinte anos. É um desenvolvimento salutar. E eu não estou falando só do rap. Nós temos os artistas de meia-idade como Frankie Beverly & Maze, Jimmy Jam e Terry Lewis, Janet Jackson* e seu álbum *Rhythm Nation*, e temos críticas ao patriarcado negro elaboradas por aqueles gênios em Atlanta, L. A. Reid e Babyface (Kenneth Edmonds)**. São todas formas de resistência cultural manifestas e atuais que nós não devemos ignorar.

bh: Você disse que ainda encontra empoderamento e força nas narrativas e histórias cristãs. Você pode dizer como essas narrativas fazem você se sentir assim?

cw: Bem, eu me sinto assim porque quando encaramos francamente a condição humana, a morte inevitável, o adoecimento e a opressão dominantes no mundo todo, nós poderíamos facilmente inferir coisas que nos conduziriam para um pessimismo e um cinismo, então precisamos nos perguntar quais fontes nos permitiram lutar contra ou mitigar esse caráter aparentemente absurdo da nossa existência. E eu acredito que as histórias e narrativas cristãs

---

* Frankie Beverly & Maze, banda de soul music formada na Califórnia nos anos 1970; Jimmy Jam e Terry Lewis, dupla de produtores musicais e compositores formada em 1981; Janet Jackson (Indiana, Estados Unidos, 1966), cantora e atriz. [N. do T.]

** L. A. Reid (Ohio, Estados Unidos, 1956), produtor e compositor, e Kenneth Brian Edmonds (Indiana, Estados Unidos, 1959), músico e produtor, fundadores da LaFace Records, em Atlanta. [N. do T.]

nos oferecem uma visão sobre a nossa breve peregrinação e jornada neste mundo. Essas histórias nos permitem colocar o serviço e o sacrifício, o cuidado e o amor no centro daquilo que significa ser humano. Essas histórias reafirmam que somos humanos na medida em que amamos, cuidamos e servimos. Essa é uma visão profunda. Mas não estou dizendo que só podemos encontrar isso no cristianismo. Também encontramos no islamismo, nas tradições iorubá e fon, no judaísmo, no budismo, no sufismo e em outras religiões.

No meu caso, eu encontrei essa visão na fé cristã e persigo essa visão à luz da fé cristã.

bh: Isso tem a ver com o significado da espiritualidade na vida contemporânea. Nós procuramos a espiritualidade como um modo de ser contestador que nos permite combater algumas das desesperanças que enfrentamos hoje. Você chamou isso de "niilismo ambulante", "a imposição de um limite sobre o organismo humano pelo próprio organismo. Hoje nós vivemos imersos em um niilismo. Enfrentamos obstáculos reais para a nossa preservação enquanto povo".

De que forma nós, que sentimos possuir esse sentimento de comunidade negra alegre, afirmativo, enraizado em uma tradição religiosa, podemos compartilhar esse conhecimento, esse dom, com as outras pessoas?

cw: É também por isso que, em certo sentido, o texto de Nietzsche* sobre o niilismo é tão importante, por causa do niilismo vivenciado em tantas comunidades negras.

---

* Friedrich Wilhelm Nietzsche (Lützen, Alemanha, 1844 – Weimar, Alemanha, 1900), filósofo, escritor e crítico cultural. [N. do T.]

Eu diria que há apenas três saídas. E todas são formas de conversão. Há uma forma de conversão pessoal através do amor que compartilhamos, o amor de uma mãe, de um pai, de um amigo, de uma esposa, que é forte o suficiente para nos convencer a sair de um modo niilista para uma forma de vida cheia de significado. A segunda é uma conversão política, na qual uma ideologia ou uma causa se tornam fortes o bastante para sairmos de um modo niilista para uma forma de vida cheia de significado.

A terceira é uma forma de conversão religiosa, seja cristã ou islã, ou qualquer fé que convença a pessoa que realmente há razões para viver e servir, de forma que essa pessoa possa escapar das armadilhas niilistas, como as drogas, o alcoolismo ou qualquer uma das várias formas de vício tão enraizadas em nossa sociedade. Sem nenhuma forma de conversão, nós perderemos milhares de pessoas, principalmente pessoas negras. E isso teria sérias repercussões na próxima geração.

bh: Quando as pessoas falam sobre a popularidade crescente de escritoras negras, ou quando tentam contrastar isso e dizer que de alguma forma os escritores negros têm recebido menos atenção, eu sempre acho problemático porque as pessoas não falam sobre os aspectos desses trabalhos que conferem um apelo que podemos não encontrar nos trabalhos de muitos escritores negros.

E eu diria que uma das coisas em comum em todos esses trabalhos é uma preocupação com o bem-estar espiritual. Toni Cade Bambara abre seu romance *The Salt Eaters* [Os comedores de sal] com a pergunta: "Vocês têm certeza de que querem estar bem?". Ela não está falando apenas sobre um bem-estar físico, mas sobre um bem-estar do espírito.

cw: Com certeza. Do espírito e da alma.

bh: Sem dúvida o romance de Paule Marshall, *Praisesong for the Widow* [Louvor para a viúva], tem a ver com um redespertar espiritual politizado.

cw: Eu também acho que tem mais coisas aí. Eu penso, por exemplo, em *Amada*, de Toni Morrison, que centraliza a ética do amor. Nós não vemos esse tipo de autoamor afirmado em tantas obras de escritores negros.

bh: Pensando em *Amada*, eu me lembro de que a pessoa que traz a mensagem profética do amor redentor é a mãe em seu papel de pregadora – ela vai para o campo e prega aquele sermão sobre a necessidade do amor.

cw: Esse sermão é um dos maiores momentos da literatura estadunidense. Um dos maiores momentos da literatura moderna. E você não encontra um sermão desses em um James Baldwin, em um Richard Wright*, nem em Ralph Ellison. Não mesmo. Há nele um profundo amor pela humanidade negra que é encenada e afirmada e que, penso eu, guarda uma relação profunda com essas questões espirituais. E eu acho que isso se relaciona justamente com a controvérsia nas relações entre os homens negros e as mulheres negras.

bh: Era exatamente o que eu queria perguntar para você. O que significa para um homem negro progressista de esquerda se aliar com a crítica ao patriarcado e ao sexismo e apoiar o movimento feminista?

---

* Richard Nathaniel Wright (Mississippi, Estados Unidos, 1908 – Paris, França, 1960), escritor e ativista pelos direitos civis. [N. do T.]

cw: Nós temos de reconhecer que as relações não podem existir sem comprometimento, sem lealdade, sem amor, paciência, persistência. Agora, quando esses valores se deterioram é sinal de que não pode mais haver relações saudáveis. E se não há relações, então temos apenas as pessoas se juntando em busca de estimulações corporais.

E se vivemos em uma sociedade na qual esses valores estão se deteriorando, então não por acaso estamos vendo cada vez menos relações de qualidade entre homens negros e mulheres negras.

Ao mesmo tempo – e esse é um dos motivos pelos quais eu acho que muitos homens negros e mulheres negras estão se atacando –, isso acontece porque os homens negros carregam uma raiva enorme.

bh: Fale mais sobre isso.

cw: As mulheres negras também carregam um grande sentimento de insuficiência e muita raiva. Os homens negros também guardam esses sentimentos.

bh: Mas essa raiva toma formas diferentes.

cw: Com certeza. A raiva toma uma forma diferente, o sentimento de insuficiência também.

bh: Você é um dos poucos homens que mencionou o fato de que uma raiva oprimida toma a forma de violência dos homens negros contra as mulheres negras.

cw: Sim, e essa é uma das manifestações mais insidiosas que existem. Essa raiva e esse sentimento de insuficiência, quando surgem em sua forma mais crua em uma cultura violenta, geram o combate. Nós sempre sentimos raiva – não me entenda mal. Sempre tivemos esse sentimento de insuficiência, mas também tivemos tradições que foram capazes de canalizar tudo isso de tal forma que pudemos permanecer no mesmo barco, com toda a tensão e hostilidade, porque também havia amor, cuidado, lealdade e solidariedade.

bh: Bem, uma das coisas que você mencionou antes e que, penso eu, pode se relacionar com essa raiva é toda a questão do medo e do fracasso.

cw: Com certeza. Esse é o problema fundamental. Marcus Garvey compreendeu isso. De muitas formas, ele foi o primeiro a entender isso. Ele compreendeu o fato de que as pessoas negras só poderiam ser plenamente humanas quando se libertassem do medo e do fracasso que são impostos a elas por uma sociedade racista mais ampla, e não seria o caso de culpar essa sociedade, mas de entender essa sociedade, e também seria o caso de as pessoas negras se autoafirmarem corajosamente como seres humanos. Poucas pessoas negras alcançaram esse nível e mais pessoas negras devem chegar aí.

bh: Eu também acho que precisamos romper com a tradição burguesa do amor romântico que não necessariamente tem a ver com a criação de condições para aquilo que chamamos de afirmação crítica. E eu acho que esse amor produz muitas tensões entre homens negros e mulheres negras homo e heterossexuais. Precisamos pensar não apenas no amor romântico, mas no amor no geral como uma relação na qual as pessoas atendem mutuamente suas necessidades, na qual trocam críticas construtivas.

cw: Verdade, verdade. Nós vemos muito disso nas tradições africanas contemporâneas, que têm uma concepção mais desromantizada ou menos romantizada dos relacionamentos, tratando mais sobre o companheirismo. Aprendi isso com a minha amada esposa etíope.

bh: É aí que nós, como pessoas negras, temos muito o que aprender com as lutas revolucionárias pelo mundo, por exemplo, com o trabalho feito pelas pessoas na Nicarágua*. É preciso reconceitualizar o significado de compromisso em uma grande luta pela libertação enquanto tentamos alterar as questões de gênero.

Isso nós ainda não fizemos, teoricamente, enquanto africano-estadunidenses, não começamos a conceitualizar como podemos reinventar a luta pela libertação negra de forma que possamos olhar para o gênero e lidar com a dor que sentimos quando negociamos as políticas de gênero.

cw: A sexualidade no geral deve ser discutida. Há uma profunda relutância na comunidade negra em falar seriamente sobre sexualidade. Nós temos muitos gays e lésbicas invisibilizados, como se sua humanidade devesse ser de alguma forma escondida.

bh: É interessante quando pensamos no tipo de compaixão, amor e abertura de que nos lembramos na tradição da igreja negra, porque não vemos as pessoas negras gays criando uma subcultura separada que as aliena e afasta da comunidade negra. Na verdade, nós vemos essas pessoas muito comprometidas com a manutenção e o sustento da cultura negra.

---

* Referência à Revolução Sandinista, revolução popular que ocorreu na Nicarágua entre 1979 e 1990. [N. do T.]

cw: Meu Deus, sim, quando olhamos para a música negra na igreja negra e consideramos o papel crucial que os gays e as lésbicas negras desempenham ali, nós vemos um bom exemplo. E é aí que as lideranças religiosas negras falham, quando não se resolvem com questões de sexualidade, mas há também um medo em nome da congregação de que falar sobre sexualidade pode prejudicar o consenso em outras áreas e, logo, impedir a comunidade de confrontar outras questões.

bh: Para que as pessoas não pensem que eu esteja estereotipando, quando falamos sobre os papéis que as pessoas desempenham na música, acho que precisamos nos lembrar de que, no universo das produções culturais negras, sempre houve uma aceitação de certas formas de comportamento radicais, um comportamento que, dentro do *status quo* do cotidiano, as pessoas podem rejeitar, mas, sem dúvida, quando olhamos para a tradição das cantoras de blues, para as mulheres negras que faziam cross-dressing, quando olhamos para a carreira de alguém como Josephine Baker*, vemos uma abertura, uma tolerância dentro da esfera das produções culturais que pode não ter encontrado lugar em outras esferas da vida negra.

cw: Com certeza.

bh: Bem, Cornel, estamos chegando no fim da nossa conversa. Você ainda quer trazer alguma coisa? Nós teremos uma luta pela libertação negra renovada? A luta tomará outra forma? Será uma luta mais inclusiva? Ou teremos movimentos simultâneos?

---

*   Josephine Baker (Missouri, Estados Unidos, 1906 – Paris, França, 1975), cantora e dançarina. [N. do T.]

cw: É difícil dizer, mas acho que o mais importante é nunca perder a esperança. As pessoas negras sempre estiveram em uma situação muito difícil, e nós sempre devemos preservar nossa memória subversiva, o que significa tentar nos alinhar com o melhor da nossa história. E, ao mesmo tempo, devemos sempre ser abertamente morais de uma forma totalmente inclusiva se quisermos resistir a todas as formas de xenofobia.

bh: Como você define a xenofobia?

cw: A xenofobia é um ódio pelo outro, um ódio por indivíduos diferentes de nós, pessoas negras, brancas, judias ou coreanas.
Todas as formas de racismo devem ser rejeitadas direta e abertamente.
Tenho esperanças na próxima geração. Eu acho que as pessoas dessa geração enfrentam muitas coisas. As forças do mercado estão mais fortes agora do que em qualquer outro momento da história do país. Mas eu também acredito na ingenuidade, na inteligência, na beleza, na alegria e no amor que as pessoas negras podem dar a si mesmas e para as outras pessoas. E é disso que qualquer movimento pela justiça é feito.

bh: Quando você falou sobre a necessidade de uma política que lide com a morte, com o medo, com o desespero e a decepção, falou do fato de que, mesmo quando identificamos conflitos e problemas estratégicos, nós também temos que identificar onde estão nossas alegrias.

cw: Sim.

bh: E você identificou que uma das funções da produção cultural nas comunidades negras é despertar nossa alegria. E agora, finalizando a nossa conversa, estou pensando no impacto da música de Anita Baker*, "You Bring me Joy".

cw: Sim.

bh: E isso nos leva de volta àquela noção de cuidado redentor, de partilha recíproca e mútua, que desperta em nós um sentimento de alegria. É o tipo de alegria e de parceria que eu sempre sinto falando com você. Obrigada.

cw: Obrigado.

---

* Anita Baker (Ohio, Estados Unidos, 1958), cantora de R&B e soul music. [N. do T.]

4

APRESENTANDO BELL HOOKS

Ela é amiga da minha cabeça.
Toni Morrison,
Amada

Quando nos questionamos, finalmente começamos a iluminar o mundo, e esse questionamento se torna a chave para a nossa experiência do outro. Nós só podemos encarar no outro aquilo que conseguimos encarar em nós mesmos. E desse confronto depende a medida da nossa sabedoria e compaixão.
James Baldwin
Nobody Knows My Name [Ninguém sabe o meu nome]

bell hooks é uma figura única na cena intelectual estadunidense. Ao contrário da maioria dos acadêmicos, ela expressa seu pensamento poderoso e seus argumentos provocativos em uma prosa inteligível que é lida por milhares de concidadãos alfabetizados, embora seja um genuíno membro da academia – formada em Stanford, com um doutorado sofisticado e titulações em Yale e Oberlin. Diferente da maioria dos homens e mulheres das letras, sua linguagem acessível é alimentada pelas melhores teorias atuais e inspirada pelas lutas das pessoas africano-estadunidenses comuns. Diferente de grande parte da intelectualidade negra, ela escreve com um profundo sentimento de urgência sobre as dimensões existenciais e psicoculturais da vida africano-estadunidense – em especial aquelas questões que envolvem amor, dor, sofrimento, inveja e desejo geralmente investigada por artistas. Em suma, hooks investe seus grandes recursos intelectuais, sua sabedoria, preocupação e cuidado na qualidade de vida da sociedade estadunidense, com um foco específico na vida das pessoas de descendência africana.

Essa singularidade multifacetada merece ser bem observada, pois pode nos dar algumas pistas das contribuições intelectuais de bell hooks para o nosso tempo e do preço alto que ela paga. Primeiro, algumas regras preliminares da vida intelectual estadunidense. Na academia, as pessoas negras costumam ser consideradas culpadas (ou seja, incapazes de alcançar os "padrões" de excelência) até que se provem inocentes (ou seja, levadas a sério pela academia). Além disso, as mulheres negras costumam ser intrinsecamente culpadas e, portanto, desprovidas de mentorias sérias que acreditem em seu potencial e capacidade intelectuais. Essas regras não se devem simplesmente aos sentimentos racistas e patriarcais crônicos na vida intelectual estadunidense, mas também à ameaça instintiva que a presença intelectual notável de mulheres negras apresenta para as dinâmicas interpessoais da cultura acadêmica. As comunidades intelectuais estadunidenses, tão fechadas – que incluem alguns homens negros –, tendem a abrir pouco ou nenhum espaço onde a inteligência das mulheres negras pode ser levada a sério, ou seja, afirmada criticamente ou contestada de forma positiva. Às vezes parece que a mera aparição de estilos linguísticos e gestos sociais muitas vezes característicos da vida cultural das mulheres negras desestabiliza essas comunidades acadêmicas de uma forma desconcertante.

bell hooks desafiou essas regras sem romper com a academia. Ela preservou sua integridade intelectual e sua fúria pessoal diante dessas regras que desvalorizam as mulheres negras. hooks insistiu em seu trabalho intelectual – lidando com questões e problemas geralmente evitados pela academia – seguindo seu próprio estilo e em prol dos interesses das pessoas negras. Não por acaso certas pessoas da academia (brancas e negras), com seus jargões elegantes e suas hierarquias, rejeitam sua escrita, enquanto escritores não acadêmicos e artistas devoram sua obra. hooks ameaça as noções dominantes daquilo que significa ser uma acadêmica e uma intelectual profissional "aceitável" em nossa época.

Isso se aplica especialmente aos intelectuais negros que relutam em considerar seus próprios costumes sociais e desejos sexuais como objetos de investigação intelectual. As questões delicadas e íntimas relacionadas às ansiedades e inseguranças que resultam do enfrentamento dessas regras da vida intelectual estadunidense costumam causar muita dor quando são analisadas para além das conversas informais e rodas de fofocas. bell hooks ilumina corajosamente esses silêncios desagradáveis – o auto-ódio furtivo, a falta de autoconfiança que impede qualquer tipo de autocrítica séria. Com razão ela afirma que uma cegueira deliberada por parte da intelectualidade negra diante dessas questões dificulta nosso crescimento como pensadoras e pensadores e limita nossas contribuições para a causa da liberdade negra. Em suma, seus ideais não são apenas mentes descolonizadas, mas também almas e corpos descolonizados que não prestam homenagens a instituições brancas (e suas estruturas de recompensa de prestígio e *status*) nem celebram a cultura negra de forma acrítica (com suas práticas extremamente patriarcais e homofóbicas).

O projeto corajoso de bell hooks a localiza nas margens da academia e da comunidade negra – em busca de uma comunidade amada cujos membros vêm dessas mesmas margens. Seu tipo de feminismo negro – ou mulherismo – valoriza a reconstrução de novas comunidades de pessoas negras (de qualquer gênero, orientação sexual e classe) e pessoas progressistas (de qualquer raça), orientadas por visões, análises e práticas descolonizadas. hooks põe suas leituras prodigiosas e escritos prolíficos – que já contam cinco volumes – a serviço da *mündigkeit* negra, ou seja, da maturidade, responsabilidade e autonomia das pessoas negras nas esferas psíquicas, políticas, econômicas e espirituais.

Esse projeto demanda muito de hooks, não apenas por causa da dificuldade dessa dupla marginalização que ela promove e vive, mas porque ela analisa sua própria experiência de vida como ocasiões a partir das quais podemos nos questionar, analisar e interrogar. O escrutínio comovente e muitas vezes doloroso de momentos cruciais de sua vida não é dado à autoindulgência ou à autopromoção. Esses momentos são apresentados como fenômenos culturais que – quando adequadamente analisados – iluminam aquelas realidades desconhecidas e feridas ocultas que nos afetam negativamente. hooks investiga as entrelinhas dos discursos mais fáceis na companhia daquelas análises acadêmicas eruditas que muitas vezes permanecem indecifradas e não lidas, ao mesmo tempo circunscrevendo profundamente esses discursos e análises em níveis conscientes e inconscientes.

hooks é, por exemplo, extremamente consciente de que grande parte dos estudos afro-estadunidenses – em especial os estudos literários – tem influência da teoria francesa e da filosofia alemã. Ela também afirma que muitos desses estudos foram liderados por intelectuais negros talentosos que lidaram com as regras de desvalorização da vida intelectual estadunidense. Sua estratégia não é rejeitar prematuramente essas teorias e filosofias nem dispensar os esforços dos críticos negros – mesmo quando esse trabalho resulta em mais visibilidade e prestígio do que ela mesma alcança na academia. hooks aplica criticamente essas teorias e filosofias quando e onde elas iluminam, não apenas nos estudos literários, mas, mais especificamente, nos estudos sobre cinema, audiovisual e televisão – áreas sobre as quais a maioria dos acadêmicos afro-estadunidenses tem ficado em silêncio. hooks então retorna ao trabalho de críticos negros para revelar as profundas limitações dessas teorias e filosofias quando aplicadas à complexidade da vida cultural negra. Em suma, sua forma de crítica não apenas nega ou castiga prematuramente – antes, hooks se apropria criativamente conforme seus propósitos. Esse processo não apenas destaca uma crítica implacável, mas também reforça formas positivas de trocas críticas que expandem e fortalecem os interlocutores do diálogo (e as leitoras e os leitores de seus textos).

É por isso que seus livros não apenas nos ajudam a descolonizar nossas mentes, almas e corpos; em um nível mais profundo, seus livros tocam as nossas vidas. É difícil ler um escrito de bell hooks sem encenar alguma forma de autoanálise. Buscar apenas argumentações e evidências em seu trabalho é se ater a apenas uma dimensão de sua obra. Como em uma peça de Tchekhov ou em um solo de Billie Holiday*, nós também precisamos analisar a complexa interação de circunstâncias, dor e resistência. Para bell hooks, uma vida não analisada não é digna de viver,

---

* Anton Pavlovitch Tchekhov (Taganrog, Rússia, 1860 – Badenweiler, Alemanha, 1904), dramaturgo, escritor e médico; Billie Holiday (Pensilvânia, Estados Unidos, 1915 – Nova York, Estados Unidos, 1959), cantora e compositora. [N. do T.]

enquanto uma vida analisada é cheia de anseios, dores e esperança.

bell hooks é uma escritora africano-estadunidense, mas não é uma pensadora afrocentrada; quer dizer, ela ancora seus interesses, preocupações e objeto de estudos na vida negra, mas se recusa a ver essa vida em uma relação competitiva com a vida europeia ou euro-estadunidense. Como uma música de jazz, ela não tem medo nem pesar pela qualidade híbrida da cultura negra. Assim, hooks não vê necessidade de gastar sua energia lutando contra as influências brancas, destrinchando elementos brancos nem buscando apenas fontes africanas para o seu pensamento. Ela também é uma escritora feminista negra – ou mulherista – sem ser uma ativista separatista; hooks centraliza em seu trabalho o florescimento das possibilidades e potencialidades das mulheres negras, mas se recusa a ver esse florescimento em separado da liberdade dos homens negros. Seu posicionamento resoluto contra as práticas patriarcais, classistas, imperialistas e homofóbicas é enraizado em uma convicção que abraça comunidades negras e progressistas.

Concluindo, a contribuição única de bell hooks para a vida intelectual, para as letras estadunidenses e para o pensamento negro envolve a produção de um *corpus* de trabalho desafiador que propõe às pessoas o esforço singular de serem sinceras com elas mesmas e de contestarem as forças desumanizadoras em nosso mundo. Suas obras cantam uma polifônica "canção de um grande indivíduo composto e democrático"* que anseia por uma conexão de princípios

---

* Trecho do prefácio de *As a Strong Bird on Pinions Free: And Other Poems* [Como um pássaro forte de asas livres e outros poemas] (1872), de Walt Whitman (Nova York, Estados Unidos, 1819 – Nova Jersey, Estados Unidos, 1892), poeta e ensaísta. [N. do T.]

que promova um autodesenvolvimento distinto de cada um de nós. E hooks canta essa canção nas formas antifonais, sincopadas e ritmadas que ela herdou de suas antepassadas e antepassados que se recusaram a ficar em silêncio em uma terra estranha e cruel. Cante, bell, cante!

5

BELL HOOKS ENTREVISTADA POR CORNEL WEST

cw: Comece me dizendo qual foi a sua motivação para se tornar uma intelectual. Fale sobre o seu trabalho, sobre a política das suas relações pessoais e sobre suas políticas de resistência.

bh: O que estabelece meu compromisso com a vida intelectual é uma paixão por ideias, pelo pensamento crítico. Essa paixão começou já na infância. Quando era nova eu tinha, e continuo tendo, uma vontade insaciável de ler tudo – de saber tudo. Até hoje eu sou o tipo de leitora para quem nada está fora dos limites, desde livros infantis, romances da Harlequin, revistas de carro e de moda, livros de autoajuda, todos os tipos de revistas sensacionalistas, até teorias econômicas, sociológicas, psicológicas, literárias e feministas. Eu adoro ler coisas de várias disciplinas. E sempre estranho acadêmicos que não mostram nenhum interesse em trabalhos fora de sua disciplina. Para mim, ler de forma mais ampla tem sido absolutamente essencial para o tipo de pensamento crítico especulativo que alimenta o meu trabalho.

Eu disse em outra ocasião que a dificuldade que muitos acadêmicos encontram quando são chamados para falar e escrever de um ponto de vista inclusivo – no qual as ideias são abordadas de uma perspectiva multidimensional que começa com uma análise ancorada em um entendimento de raça, gênero e classe – deve-se à lacuna criada por uma falta de informação. Como muitos intelectuais e acadêmicos têm sido ensinados a pensar e estudar dentro de linhas disciplinares limitadas, o conhecimento que produzem raramente aborda a complexidade de nossa experiência ou nossa capacidade de conhecimento. Uma paixão pura pelo conhecimento foi o que me seduziu para a vida intelectual. E esse desejo tem sido o ímpeto que me motiva a sintetizar e justapor de uma forma complexa ideias e experiências que, na superfície, podem não revelar um ponto de convergência.

Quando penso no meu desenvolvimento intelectual, no lugar onde estou agora, me surpreende que as atitudes e os compromissos com o trabalho intelectual que eu tinha na infância permanecem constantes. No ensaio de Terry Eagleton, "The Significance of Theory", ele sugere que as crianças são os melhores teóricos porque costumam possuir um desejo incansável de transgredir as fronteiras de ideias já aceitas, de explorar e descobrir novas formas de pensar e ser.

O compromisso com as ideias que eu tinha na infância era intimamente relacionado com um esforço de autodescoberta. Tendo crescido em uma família com muitos elementos disfuncionais, em que eu era psicologicamente e às vezes até fisicamente ferida, o que me fazia seguir adiante, o que me alegrava, era esse compromisso crítico com as ideias. Esse compromisso e o desenvolvimento concomitante de uma consciência crítica permitiram que eu me afastasse de minha situação familiar e olhasse para mim mesma, para os meus pais e irmãos a partir de uma perspectiva crítica e analítica. Isso me ajudou a entender a história e as experiências pessoais que influenciavam o comportamento dos meus pais. Então, Cornel, o que torna única a minha relação com a teoria é a forma como a minha vida é uma espécie de testemunho do poder positivo do pensamento crítico.

Unindo uma paixão pelas ideias com uma imaginação viva, encontrei no mundo da escrita criativa um lugar de transcendência, uma forma de me curar. Diferente de muitas crianças em ambientes familiares disfuncionais que criam amigos imaginários para manter os ânimos, eu descobri muito cedo que um compromisso criativo intenso com a leitura e a escrita de poesia me levavam em uma jornada imaginária que me animava e inspirava. Eu comecei a escrever poesia aos dez anos e publiquei meus primeiros poemas na revista da escola dominical. Receber esse tipo de afirmação ainda tão nova me deu uma noção de autoestima e instilou em mim o entendimento de que a minha voz era importante, de que minha visão podia ser articulada e compartilhada.

Eu me lembro da época em nossa casa na First Street, onde cresci. Tínhamos um quarto para as pessoas doentes e moribundas. Chamávamos de quarto do meio. Nesse quarto, havia cortinas com o soneto de Elizabeth Barrett Browning*, "How do I Love Thee? Let Me Count the Ways" [Como eu te amo? Deixe-me dizê-lo]. Eu ficava perto da janela recitando esse soneto sem parar. Recitar poesia era uma prática cultural importante nas escolas e nos lares negros.

CW: Alguém em particular expôs você à poesia nessa época?

---

* Elizabeth Barrett Browning (Coxhoe, Reino Unido, 1806 – Florença, Itália, 1861), poeta vitoriana. [N. do T.]

bh: Eu cresci em uma igreja negra tradicional onde aprendíamos poemas para o Domingo de Páscoa, para o Mês da História Negra...

Na última vez em que estive na igreja da minha infância, a Igreja Batista da Virginia Street...

cw: No Kentucky?

bh: Sim. Todo domingo, quando a escola dominical termina, nós nos reunimos em congregação e alguém faz o relatório sobre a lição da escola dominical.

cw: Sim, nós fazíamos isso também.

bh: E também podia ter uma peça de teatro, nós costumávamos ter peças. E isso me fez pensar: quem eram esses adultos que encenavam as peças de teatro? Me fez lembrar que os adultos negros faziam esse tipo de coisa como um grupo, que nós tínhamos um contexto para memorizar coisas, que eu memorizava coisas.

Quando adolescente, eu frequentava a Crispus Attucks High School, antes de ser uma escola integrada, e havia uma programação parecida antes dos encontros de incentivo que antecediam os jogos e reuniam a escola toda. Na verdade, minhas primeiras falas públicas aconteceram durante esses encontros. Os alunos sempre organizavam um show de talentos onde as pessoas cantavam ou faziam outras apresentações. O meu talento, naturalmente, era recitar poemas.

cw: Langston Hughes* e quem mais?

---

* Langston Hughes (Missouri, Estados Unidos, 1901 – Nova York, Estados Unidos, 1967), poeta e ativista pelos direitos civis. [N. do T.]

bh: Ironicamente, tudo começou com "Little Orphan Annie" [Annie, a pequena órfã], um poema de James Whitcomb Riley*. Era o poema que eu mais gostava de recitar.

cw: Sério? "Little Orphan Annie"?

bh: Sim, porque eu podia encenar os trechos. E isso me deu um gostinho da fama na escola porque as pessoas conheciam o poema e gostavam das minhas leituras.

cw: As leituras davam um certo *status*.

bh: Com certeza. Ter alguma notoriedade é crucial para a autoestima adolescente. Quando pequena, eu também lia a Bíblia nos ofertórios da manhã. Eu escolhia a passagem de Mateus que diz: "o que vocês não fizeram a algum desses pequenos, também não fizeram a mim".

cw: É uma passagem muito poderosa.

bh: Então lá estava eu, uma menininha lendo a Bíblia enquanto as pessoas gritavam e as mais velhas diziam: "Olha como ela lê!", e, para mim, isso solidificou a relação entre a performance artística e a produção artística/intelectual como forças que moviam profundamente as pessoas em um nível espiritual e emocional. Essa conexão teve um impacto enorme sobre mim.

cw: Fale um pouco sobre a sua experiência em Stanford e Wisconsin, porque é interessante que, apesar dessas bases

---

* James Whitcomb Riley (Indiana, Estados Unidos, 1849-1916), poeta e escritor best-seller. [N. do T.]

tão ricas na sociedade civil negra, na família negra, na igreja negra e na escola negra, você tenha escolhido estudar nessas instituições altamente prestigiadas e predominantemente brancas. Como isso afetou e mudou você?

bh: Bom, isso é interessante, porque eu não entendia as diferenças de classe entre as pessoas negras até ir para Stanford. Eu cresci em um Kentucky segregado, e era irrelevante quanto dinheiro uma pessoa negra tinha ou deixava de ter porque vivíamos em comunidade nas mesmas regiões e, na maioria, nas mesmas condições. Todos frequentavam as mesmas escolas, iam as mesmas igrejas. Então poderíamos dizer que minha "noção" da negritude era rígida, eu pensava que todas as pessoas negras existiam em uma estrutura de parentesco dentro de uma comunidade maior. Stanford foi minha primeira vez longe desse modo de vida.

Havia muitos estudantes da diáspora africana em Stanford no início dos anos 1970. St. Clair Drake* era nossa principal figura erudita, havia alunos negros internacionais e alunos estadunidenses negros e ricos. Foi um momento muito, muito difícil da minha vida. A faculdade iniciou meu despertar em relação à classe, abalou minhas noções de privilégio agrárias e próprias da classe trabalhadora, em que o privilégio era definido como ter o suficiente para comer, ter abrigo e assistência médica, mas lá estava eu em uma instituição em que o "suficiente" era definido como passar as férias na América do Sul e na Europa. Eu comecei a questionar politicamente as diferenças de classe entre as pessoas negras como resultado desses pontos de vista, dessas experiências. Eu entendi pela primeira vez que as

---

* John Gibbs St. Clair Drake (Virgínia, Estados Unidos, 1911 – Califórnia, Estados Unidos, 1990), sociólogo e antropólogo. [N. do T.]

pessoas negras, nacional e internacionalmente, não se unem ideologicamente, politicamente ou culturalmente pela cor da pele, mas que, na verdade, a questão da ideologia e do posicionamento político é que definiriam em grande parte até que ponto nós poderíamos nos unir.

E nos anos em que estive em Stanford a presença dos muçulmanos negros era muito forte no campus.

cw: É, em East Palo Alto...

bh: Sim. Entre o Movimento Black Power, a SDS, a SNCC, os protestos contra a Guerra do Vietnã e Stonewall*, era uma época bem politizada.

cw: Agora, esse despertar de classe foi precedido por um despertar feminista ou o seu despertar feminista se desenvolveu através de uma análise de classe?

bh: Meu despertar feminista veio da minha criação em um lar tradicional e patriarcal, sendo o patriarcado definido como o domínio absoluto do pai. Ao contrário da maioria dos estudos feitos por pessoas como Moynihan e Frazier**,

---

*   Students for a Democratic Society (SDS): organização estudantil formada nos anos 1960, conhecida pelo seu ativismo contra a Guerra do Vietnã; Student Nonviolent Coordinating Committee (SNCC): organização ativista pelos direitos civis fundada nos anos 1960; Guerra do Vietnã: conflito entre o Vietnã do Norte e o Vietnã do Sul pela unificação do país, ocorrido entre 1955 e 1975; Stonewall: a Revolta de Stonewall foi uma série de conflitos entre a polícia e ativistas pelos direitos LGBTQIA+, ocorridos em Nova York entre 28 de junho de 1969 e 3 de julho de 1969. [N. do T.]

**   Daniel Patrick Moynihan (Oklahoma, Estados Unidos, 1927 – Washington, D. C., Estados Unidos, 2003), sociólogo e político; Edward Franklin Frazier (Maryland, Estados Unidos, 1894 – Washington, D. C., Estados Unidos, 1962), sociólogo. [N. do T.]

ou pessoas focadas nos centros urbanos, os lares chefiados pelo pai e pela mãe eram a "norma" na minha infância. Também é importante ter em mente que, quando falamos sobre as pessoas negras antes de 1900, pelo menos 90% dessas pessoas ainda viviam no sul agrário e que, na tradição familiar negra sulista, o pai era entendido como o chefe do lar, fosse ele o provedor ou não.

Se um sociólogo entrasse na casa da minha avó ou da minha mãe, essa pessoa veria mulheres fortes e falantes e homens muito silenciosos. E essa pessoa poderia não entender imediatamente que no momento em que meu avô decidia falar, a palavra dele era a lei. Então a visão externa desse lar era uma visão muito enganosa. Minha mãe era a que sempre falava e aparentemente tomava todas as decisões. Mas não importava o que ela aprovava, se meu pai decidisse abrir a boca e dizer não, a palavra dele era a lei. Depois disso, não havia mais discussão. Então, é importante ter em mente, quando falamos sobre o lugar da figura dos homens negros e do pai negro no lar, que muitos de nós viemos de lares tradicionais onde o pai não era apenas presente, mas exercia uma grande autoridade e muito controle.

cw: Você está dizendo que já havia certas críticas implícitas ao patriarcado negro na sua infância?

bh: É bom lembrar, Cornel, que eu cresci em uma casa com cinco irmãs e um irmão, e nós, as cinco meninas mais velhas, víamos nosso irmão mais jovem fazer todo o tipo de coisas, tendo todos os tipos de privilégios que nós não tínhamos.

Nós também testemunhávamos diariamente a fúria do meu pai. Se, por exemplo, meu pai chegava em casa e via alguma coisa fora do lugar, ele logo repreendia a minha mãe, às vezes com violência. Isso instilava em todos nós um medo dele, de sua censura violenta.

Eu também me lembro de subir as escadas um dia, depois de ter uma briga com a minha mãe, dizendo: "Eu nunca vou casar, eu nunca vou deixar nenhum homem me dizer o que fazer". Eu atribuo essa consciência precoce da dominação masculina a uma forte percepção de que a desigualdade na minha casa era baseada no gênero.

Agora, eu queria dizer que meu avô por parte de mãe, Papai Gus, representava um modelo alternativo de masculinidade negra. Ele era sempre cuidadoso, gentil e não dominador. Para mim, ele realmente representava um ideal masculino não tradicional. Ver esses estilos diferentes de masculinidade negra me fez consciente de que nós precisamos resistir à construção de um paradigma rígido e negativo da masculinidade negra.

cw: Quantos anos você tinha nessa época?

bh: Dezesseis, quinze, uma época quando podemos começar a ter uma boa noção da injustiça relacionada aos padrões dos papéis de gênero.

cw: Em relação ao seu desenvolvimento feminista, você pode falar um pouco sobre a sua decisão de escrever uma dissertação sobre a Toni Morrison?

bh: Eu escrevi meu primeiro livro, *E eu não sou uma mulher? Mulheres negras e feminismo* quando era uma universitária de dezenove anos em Stanford. Na época, eu estava muito envolvida com as aulas de estudos feministas e tinha começado a pensar de uma forma mais sofisticada não só sobre o gênero, mas também sobre a natureza específica da realidade das mulheres negras. E as coisas também estavam "quentes" na época, quando as mulheres racializadas diziam para os "estudos feministas" que a área considerava apenas a experiência das mulheres brancas. Naturalmente, isso deu início a uma busca desenfreada pela autêntica voz negra feminina.

Muitas pessoas não veem Toni Morrison como uma ensaísta, mas ela foi uma das primeiras vozes negras femininas na crítica social, fazendo comentários específicos sobre gênero no início dos anos 1970 e fim dos anos 1960. Eu li os ensaios dela antes dos romances. Então, acima de tudo, vejo Morrison como uma mentora, como uma mulher negra que escrevia o tipo de crítica social que eu me via escrevendo.

Meu romance preferido ainda é *O olho mais azul* porque o livro faz na literatura o que as feministas negras apenas começaram a documentar no campo da teoria feminista, ou seja, só começaram a demonstrar de forma mais explícita o entrelaçamento entre raça, gênero e classe. Já no começo do romance tem essa cena poderosa na qual Claudia, falando sobre a mãe dela, diz: "Quando eu penso no outono, penso em alguém com mãos que não me quer morta". Há essa sensação imediata de inverno, do frio, de ser pobre e do efeito da pobreza na consciência das meninas negras. Eu – e muitas mulheres negras, acredito – sinto uma identificação imediata com os romances de Morrison porque ela lidava com o que significa ser pobre e negra, desenvolvendo a consciência de um mundo político e sexual ao nosso redor.

Apesar da clareza e da mágica de suas obras mais tardias, seu primeiro romance, *O olho mais azul*, é o mais poderoso para mim. O livro tem um imediatismo cru, subversivo e político que não é tão aparente nos romances seguintes. Embora *A rua*, escrito antes por Ann Petry*, chegue perto de

---

* Ann Petry (Connecticut, Estados Unidos, 1908-1997), escritora e jornalista. [N. do T.]

invocar esse imediatismo – uma opinião que eu tive a oportunidade de compartilhar e elaborar com a própria Ann Petry.

cw: Eu me lembro de que ela foi a uma aula sua em Yale.

bh: Foi um momento inesquecível ver Ann Petry ali dizendo que, antes de escrever uma palavra sequer, ela já sabia que Lutie mataria Boots.

A rua também entrega esse poderoso entrelaçamento entre raça, sexo e classe. Mas não representa a infância de uma menina da mesma forma que *O olho mais azul* de Morrison. Morrison tentou delinear, para um país que tem descartado historicamente a experiência das mulheres negras, os processos e experiências que constroem e moldam a identidade dessas mulheres. Morrison representa na ficção nossos modos de sobrevivência apesar das condições opressivas de pobreza e da subordinação racial/sexual, mas ela também mostra as feridas – as cicatrizes que carregamos na vida adulta.

Eu também escolhi Morrison acreditando que a crítica branca e muitas das pessoas negras que escreviam sobre ela não estavam mergulhando tão fundo na complexidade de sua obra quanto sua escrita merecia.

cw: Mas você não chegou a publicar esse trabalho.

bh: Eu nunca me concentrei em publicar minha crítica literária, pois tenho as críticas feministas ou a crítica cultural e até a crítica de cinema. Na verdade, digo às pessoas que, como eu escrevo livros que ultrapassam as barreiras de classe, fica muito difícil me concentrar em produzir e publicar uma crítica literária, que tem um público pequeno e limitado.

Quando *E eu não sou uma mulher?* foi publicado, recebia dezenas de cartas por semana, em que, por exemplo, uma mulher negra de uma cidade pequena no meio do nada dizia que havia lido meu livro na biblioteca pública e isso tinha transformado a vida dela. Uma afirmação intelectual desse tipo nos força a questionar a pedagogia radical, que se relaciona às nossas noções individuais de produção intelectual. Às vezes eu sinto um grande poder pessoal de uma forma positiva. Eu sinto que ajudei algumas mulheres e alguns homens a viverem mais plenamente no mundo. Mas isso também impossibilitou que eu pusesse toda a minha energia na crítica literária. Eu sigo escrevendo crítica literária, mas meus esforços se direcionam muito mais para uma literatura que pode alcançar um público maior e servir de catalisador para a transformação pessoal e comunitária.

cw: Com todo esse debate atual sobre intelectuais públicos, é fascinante ver alguém como você, cujos livros vendem trinta, quarenta mil cópias, cujos textos circulam na academia e na comunidade, que recebe cartas de prisioneiros negros – de um irmão dizendo que seu nome é famoso na prisão dele. Eu entendo quando você diz que não quer ser tão "academicizada" ao ponto de afastar esse público mais amplo. Você deve sentir muita tensão e ansiedade por ter um público tão amplo por um lado e ao mesmo tempo negociar uma carreira viável dentro da academia. Você escreveu sobre algumas tensões que enfrenta na academia, sobre os pontos fracos. Você pode falar um pouco sobre a forma como lidou com essas tensões?

bh: Eu penso que o maior dilema é a forma como a profissionalização dentro da academia limita as pessoas que desejam falar com públicos mais amplos.

Lembro do debate acalorado sobre a minha escolha de não usar notas de rodapé em *E eu não sou uma mulher?* Eu passei muito tempo pensando em usar ou não notas de rodapé. Visitei várias comunidades e perguntei para as pessoas negras não acadêmicas se elas liam livros com notas. Em sua maioria as pessoas responderam dizendo que, quando abriam um livro com notas de rodapé, elas logo pensavam que aquele livro não era para elas, que era para uma pessoa acadêmica. Tentei explicar e justificar – em grande parte para indivíduos academicamente orientados – que a minha escolha em torno das notas de rodapé foi uma escolha relacionada a questões de classe, acesso e níveis de erudição, que não tinha simplesmente a ver com uma desvalorização das notas de rodapé ou com um trabalho acadêmico "descuidado, de baixa qualidade". Eu estou sempre preocupada com os tipos de códigos que, além do interesse, transmitem para um grupo de pessoas o sentimento de que um livro em particular não é para elas.

Isso me faz lembrar do problema da profissionalização na academia, a prática editorial na qual você acaba produzindo artigos muito parecidos. Provoquei um editor que trabalhava em um texto meu para uma revista literária sobre a edição que ele havia feito, dizendo: "Você tirou todo o meu tempero, minha essência". E nós dois rimos porque ele logo invocou noções de "padrão e rigor", quando nós dois sabíamos que o que ele queria dizer de verdade era que o meu trabalho era muito pessoal, envolvente, abertamente político, muito "negro" para se adequar ao "estilo" da revista.

Depois de terminar *Olhares negros: raça e representação*, disse a mim mesma que o mundo diria que eu estava escrevendo demais. Um pensamento que despertou todo tipo de questionamento na minha cabeça sobre as mulheres negras, sucesso e nossa noção de autorização. Eu me pergunto se os homens da academia – escritores como Noam Chomsky, Fredric Jameson* ou Edward Said – já pararam para pensar se estavam escrevendo "demais" ou não.

Eu também vivo com o medo, como outras pessoas na academia, de que um profissionalismo autoritário me atinja e me diga que o que eu escrevi não tem valor. Vivo com esse medo porque as pessoas que nos avaliam para os cargos efetivos, para trabalhos, não estão buscando coisas como a carta daquele irmão preso. As pessoas olham para mim da perspectiva do editor da revista, da perspectiva de alguém que provavelmente diria: bell hooks não é acadêmica o bastante.

Essas tensões sempre estiveram presentes de uma forma positiva e negativa. Não só porque eu caminho pelos mundos acadêmico e não acadêmico, mas porque minha voz também está evoluindo, e penso que meus novos livros, *Yearning* e *Olhares negros*, estão de certa forma tomando um rumo mais "acadêmico". O ponto principal é que as leitoras e leitores de bell hooks que sempre esperam que eu seja mais direta, que esperam que eu seja menos abstrata, às vezes têm dificuldades com esses livros...

cw: O que diferencia esses dois livros dos últimos três?

bh: Eu estou me envolvendo em um discurso muito mais acadêmico e tradicional para discutir questões de estética. Idealmente, o que estou tentando fazer é unir as duas coisas, como digo no meu ensaio "Postmodern Blackness" [Negritude pós-modernista]. Não vou falar sobre desconstrução na academia e então voltar para casa, para uma vida

---

* Noam Chomsky (Pensilvânia, Estados Unidos, 1928), linguista e filósofo; Fredric Jameson (Ohio, Estados Unidos, 1934 – Connecticut, Estados Unidos, 2024), crítico literário e teórico marxista. [N. do T.]

da classe trabalhadora negra, e deixar de falar do ensaio que estou escrevendo sobre, digamos, o pós-modernismo. Se as pessoas perguntarem o que é pós-modernismo, tenho certeza de que vou encontrar uma forma de satisfazer a curiosidade delas. Mas as pessoas na academia resistem violentamente a essa transgressão das fronteiras intelectuais. Não que nós, como acadêmicos, sejamos proibidos de transgredir, mas as forças do controle social no interior da academia, que mantêm a academia sobretudo como um lugar para a reinscrição do *status quo*, pressionam muito as pessoas que tentam falar para vários públicos, que tentam falar com o tipo de polivocalidade e multivocalidade que nos permite acessar públicos diversos, forçando essas pessoas a se conformarem ou, de outra forma, serão punidas.

Você, por exemplo. Eu brinco dizendo que devia largar a academia e se tornar um profeta da comunidade negra porque eu sei que você tem o poder de falar além de Princeton, além de uma localização branca e elitista. Eu penso que a maioria das pessoas que entra na academia acaba se sentindo ameaçada por esse acesso que podemos ter a um mundo além da faculdade ou da universidade.

CW: Sim, é verdade. Poucos intelectuais unem o poder intelectual com uma preocupação moral mais profunda e o engajamento político. Edward Said me vem à mente, mas, para cada Edward Said há 150 acadêmicos que, embora interessantes e competentes, são limitados. Então, para cada bell hooks, há 150 acadêmicos ameaçados pela sua "polivocalidade".

Isso me leva a um outro ponto. Você, como escritora, já estabeleceu um *corpus*. Não vou mencionar sua idade exata, mas você tem menos de quarenta. É um volume de trabalho impressionante para alguém nos seus trinta anos, e esse *corpus* não inclui suas obras de ficção, que ainda não foram publicadas. Mas você compartilha com tantos de nós o sentimento de que não recebeu o tipo de atenção crítica e intelectual que o seu trabalho realmente merece? Acho que estou colocando você em uma situação delicada aqui.

bh: Naturalmente, isso levanta questões sobre o significado e a importância que damos às aclamações, reconhecimento e recompensas. Eu acredito que somos muitas vezes recompensados de formas imperceptíveis para um público mais amplo, mas sem dúvida as recompensas tradicionais costumam ser negadas à intelectualidade insurgente.

Muitas pessoas acham, pelo sucesso do meu trabalho, que devo ter colegas e universidades pelo país todo ansiosos por me oferecer cargos docentes, que devo receber muitas ofertas de emprego e que ganho um salário exorbitante, mas não é o caso. E é justamente nesse nível que sinto não receber reconhecimento ou recompensas materiais suficientes pelo meu trabalho. Um outro exemplo foi todo o processo racista pelo qual passei para ser efetivada. Pessoas brancas da academia, algumas delas com poucas publicações, exigiram provas de minha intenção de continuar a escrever. Algo como um leilão escravocrata pré-guerra civil, em que o novo senhor exigia provas da fertilidade da mulher escravizada. Patricia Williams* testemunha esse processo em sua obra perspicaz e transgressora, *Alchemy of Race and Rights* [Alquimia da raça e dos direitos].

cw: Provas? De que outras "provas" essas pessoas precisavam?

---

* Patricia J. Williams (Boston, Estados Unidos, 1951), jurista e intelectual. [N. do T.]

bh: Eu acho que é perigoso subestimar a importância do reconhecimento e da recompensa, porque o reconhecimento e a recompensa inspiram as pessoas a seguirem em frente, a continuar escrevendo, e confirma a existência de um público. Então, quando o trabalho de uma pessoa é subestimado ou não reconhecido, isso pode ameaçar a noção de agência da ou do artista. Ainda em 1892, Anna Julia Cooper, em *A Voice from the South* [Uma voz do Sul], apontava para o fato de que as mulheres negras costumam ser silenciadas pela ideia de que não haveria um público receptivo para suas vozes.

Quando penso em pessoas negras que têm qualidades que poderíamos definir como um gênio ou uma criatividade distinta, eu me pergunto por que muitas delas não continuam a produzir no nível em que sua promessa inicial poderia sugerir. Grande parte disso sem dúvida tem a ver com uma falta de reconhecimento, apoio (emocional e material) e/ou estímulo. Compreender isso faz eu me sentir muito sortuda, abençoada até, porque, quando a academia não reconhecia o valor e a legitimidade do meu trabalho, muitas pessoas não acadêmicas – negras, brancas, asiáticas – me escreviam dizendo o quanto valorizavam e apreciavam o meu trabalho, o que me surpreendeu e me motivou. Foi uma grande honra, porque fui criada para acreditar que "um profeta nunca é recebido em seu próprio lar". Eu cresci com a ideia de que é possível que você não receba o reconhecimento de sua própria comunidade de origem. Mas felizmente minha experiência tem sido o oposto disso.

Houve um momento depois da publicação do meu primeiro livro quando senti que não poderia continuar porque havia sido tão duramente e violentamente criticada por feministas consagradas. E foram as pessoas da minha comunidade que me apoiaram. Isso, mais do que qualquer outra coisa, me mostrou a importância das grandes recompensas.

Quando Shahrazad Ali* começou a aparecer na *Newsweek* e na *Time*, fiquei muito ressentida. Eu pensei: ela é uma mulher que escreveu um livro totalmente prejudicial para as pessoas negras e para a comunidade negra e está recebendo toda essa atenção da imprensa enquanto tantas pessoas negras não conhecem uma bell hooks, um Cornel West, uma Michele Wallace, uma Patricia Hill Collins, um Stuart Hall**, uma Toni Cade Bambara, uma Audre Lorde, nem sabem quem são todos os homens e mulheres negras pensadoras e acadêmicas que trabalham em prol de uma luta pela libertação negra renovada. Isso pode ser desanimador.

CW: Justamente. Nossa influência poderia ser muito maior se, de fato, a intelectualidade negra tivesse uma visibilidade maior nos grandes periódicos, revistas etc. Mas eu acho significativo que ainda tenhamos tantos leitores e leitoras fervorosas sem o reconhecimento do sistema vigente.

E agora uma perguntinha rápida sobre a ficção. Poucas pessoas sabem que você escreve bastante ficção. Quem é bell hooks, a escritora de ficção?

bh: Minha ficção é muito mais experimental e abstrata do que minha crítica social e minha escrita feminista, e isso me deixa muito tímida.

Uma das ideias sobre as quais eu sempre falo é a alegria de nossas vozes. O fato de que podemos falar de muitas formas. Mas esse recurso rapidamente se torna uma desvantagem dentro de uma economia de mercado como esta.

---

* Shahrazad Ali (Geórgia, Estados Unidos, 1954), escritora. [N. do T.]

** Michele Wallace (Nova York, Estados Unidos, 1952), pensadora feminista negra; Patricia Hill Collins (Pensilvânia, Estados Unidos, 1948), acadêmica e socióloga; Stuart Hall (Kingston, Jamaica, 1932 – Londres, Reino Unido, 2014), sociólogo. [N. do T.]

Uma vez que uma corporação ou mesmo uma editora independente pode comercializar uma autoria com um tipo específico de voz, essa voz se torna um rótulo imposto a você. Na verdade, não é muito diferente de Hollywood, onde os atores e atrizes lutam para não serem estereotipados. Vamos assumir, nessa cultura é difícil até para os escritores e escritoras reconhecidas escreverem com vozes diferentes. Vamos falar sobre uma escritora tão reconhecida como Toni Morrison: as pessoas tendem a esperar um certo tipo de prosa lírica e ficariam chocadas e decepcionadas se Morrison alterasse dramaticamente o estilo de sua ficção ou se ela escrevesse não ficção. Ou Alice Walker. O grande sucesso de um romance como A cor púrpura, de linguagem bem simples, foi seguido por um livro tão verborrágico e complexo como O templo dos meus familiares, e muita gente não aceitou isso. Então o público criou uma expectativa sobre Alice Walker, sobre a voz dela. O fato é que nós, pessoas negras de origem pobre e trabalhadora, falamos em muitas vozes; temos o discurso vernacular e também podemos usar um discurso mais padronizado. O que queremos é ter a capacidade de usar todas essas vozes da mesma forma que os grandes músicos de jazz, como Cecil Taylor, fazem em sua música.

Eu li uma entrevista dele na Downbeat em que Taylor fala sobre tocar música clássica branca ocidental e também uma série de outras coisas. A alegria de sua vida como músico tem sido essa capacidade de exercer sua diversidade. Infelizmente, na sociedade estadunidense, nós não chegamos ao ponto de permitir que as escritoras e escritores negros, independentemente de status ou fama, escrevam com a voz que quiserem e/ou com a voz em que são capazes de escrever.

cw: Você vai assinar sua ficção como bell hooks? Por que você não publica com o seu nome mesmo, Gloria Watkins?

bh: Agora eu assino tudo como bell hooks, mas gostaria de publicar com um outro nome também. Gosto de brincar.

cw: Me conta de novo por que você escolheu o nome bell hooks em vez do nome dado pela sua mãe e pelo seu pai?

bh: Eu era uma criança de língua afiada. (E algumas pessoas ainda pensam que sou uma mulher de língua afiada.)
    bell hooks, de quem eu não me lembro muito bem, era minha bisavó. Ela ainda estava viva quando eu era pequena e me lembro de ir até o mercado um dia, como sempre, respondendo para a minha mãe, e o cara do mercadinho disse: você deve ser neta da bell hooks. Ele reconheceu a língua afiada.
    bell hooks entrou na minha cabeça como aquela figura da minha infância que pavimentou o caminho para eu falar. Eu tenho plena consciência de que, na tradição africana e na tradição religiosa africano-estadunidense, o reconhecimento da nossa ancestralidade é crucial para o nosso bem-estar como povo. Quando penso no passado, na mãe do meu pai, Irmã Ray, em Bell Hooks, minha bisavó, e em Sarah Oldham, a mãe da minha mãe, eu penso nas mulheres que abriram os meus caminhos. Alice Walker, em seu ensaio "Em busca dos jardins de nossas mães", escreve que as mulheres negras vêm de um legado de mulheres que abriram o caminho para nós. Lembre-se do título da antologia editada por Beverly Guy-Sheftall[*], *Sturdy Black*

---

[*] Beverly Guy-Sheftall (Tennessee, Estados Unidos, 1946), acadêmica, escritora e editora feminista. [N. do T.]

Bridges: Visions of Black Women in Literature [Sólidas pontes negras: visões de mulheres negras na literatura], na qual ela diz que nossas mães têm sido pontes pelas quais atravessamos. O mundo nunca ouviu falar de Bell Blair Hooks, mas foi essa mulher de língua afiada que transmitiu para sua filha Sarah e para sua neta Rosa o dom da fala firme. Essas mulheres são as ancestrais que permitiram que eu estivesse onde estou hoje.

Quando eu era criança, nós tínhamos que entrar na casa da minha avó do jeito africano, então, quando levávamos amigos com a gente, nós tínhamos primeiro que apresentar essa amiga ou amigo para a minha avó, que com certeza perguntaria: "Quem é o povo dela?". E então essa amiga apresentaria toda a linhagem dela. Se a gente entrasse na casa dela sem cumprimentar os mais velhos primeiro, nós éramos punidos. Mais tarde, eu pensaria muito nisso, quando frequentei aulas de estudos feministas em que fazíamos um exercício de testar nosso conhecimento sobre nossa linhagem ancestral materna. Muitas vezes as mulheres nem sabiam o nome da bisavó delas. Foi seguindo esse espírito que escolhi o nome bell hooks.

O que mais gosto nas minhas entrevistas no fim de *Yearning* é que tento transmitir meu lado mais brincalhão. Eu uso Brincadeira aqui com B maiúsculo. Eu acho que há um elemento na Brincadeira que é quase ritualístico na vida do povo negro. A brincadeira serve para mediar as tensões, o estresse e a dor da exploração e da opressão constantes. A Brincadeira, em certo sentido, se torna um bálsamo; em termos religiosos, dizemos que há um bálsamo em Gileade.

As pessoas negras aliviam o estresse e as tensões em suas vidas através de Brincadeiras construtivas, e venho tentando manter esse elemento vivo na minha vida.

Mas isso também nos faz questionar o que significa para nós, como pessoas negras, estarmos em instituições predominantemente brancas onde esse espírito da Brincadeira é um dos elementos da consciência negra que ameaça o mundo branco supremacista. E é um elemento ameaçador justamente porque esse espírito da Brincadeira é positivo, permite que você se anime quando as coisas não vão bem, que você dê risada e até faça piada sobre alguma coisa muito séria.

Nós falamos bastante sobre o niilismo nas comunidades negras, mas uma das forças que o niilismo ameaça é nossa capacidade de Brincar. Se olharmos para os livros mais novos como *Love, Medicine and Miracles* [Amor, medicina e milagres], de Bernie Siegel*, e para outros livros mais novos sobre saúde, vemos psicólogos e gurus da autoajuda brancos reconhecendo que o pensamento positivo pode ajudar uma pessoa a sobreviver, reconhecendo que abordagens positivas da doença e do sofrimento podem ajudar uma pessoa a transcender e se curar. O niilismo ameaça tanto a vida negra porque interfere em nossa capacidade de pensar positivamente, de criar momentos de Brincadeira.

Quando eu era jovem, meu irmão nos contava histórias ou encenava uma peça e nos animava, nos tirava do marasmo. Agora a televisão e a mídia de massa intervieram, roubando nossa capacidade de compartilhar e interagir para criarmos nossas próprias formas de diversão.

Eu dou um curso sobre Zora Neale Hurston**, e minhas alunas e alunos sempre se aborrecem quando tento

---

* Bernie S. Siegel (Nova York, Estados Unidos, 1932), médico e escritor. [N. do T.]

** Zora Neale Hurston (Alabama, Estados Unidos, 1891 – Flórida, Estados Unidos, 1960), escritora, antropóloga e cineasta. [N. do T.]

mostrar para eles como a popularidade de Arsenio Hall e Eddie Murphy* é baseada no uso que eles fazem dos mesmos jogos verbais** e brincadeiras tradicionais da comunidade negra. O que eles costumam fazer é pegar um assunto sério e encontrar nele um elemento que faz as pessoas rirem, que anima as pessoas. E gosto disso em Arsenio, embora as políticas dele costumem ser retrógradas.

Uma cena daquele filme péssimo, *Os donos da noite*, captura bem o que estou dizendo. Arsenio está dentro do carro chorando pela morte de seu amigo e seu luto é representado de uma forma cômica. A comédia anima a gente, permeando um filme que de outra forma seria tedioso. E foi uma forma particularmente negra de lidar com o absurdo das nossas vidas.

O que também tem nos incapacitado historicamente é que os elementos da Brincadeira não fazem parte do modo discursivo branco supremacista e eurocêntrico dentro da academia. Então, até certo ponto, a mobilidade social exigiu nossa entrada em um contrato social em que suprimimos nossa capacidade e nosso desejo de nos envolvermos em rituais culturais da Brincadeira. Os jogos verbais são uma habilidade, uma forma de desembaraço que nos permite relaxar. Eu penso nisso como o *breakdancing*, uma arte em que vemos o corpo se desconstruindo, por assim

---

* Arsenio Hall (Ohio, Estados Unidos, 1956), apresentador, comediante e ator; Eddie Murphy (Nova York, Estados Unidos, 1961), comediante, ator e produtor. [N. do T.]

** No original, *signifying*. "Jogos verbais" é apenas uma tradução possível para essa forma popular e múltipla de resistência própria das comunidades africano-estadunidenses e afrodiaspóricas no geral, que pode envolver provocações, humor, ironia ou "dizer nas entrelinhas" e que toma suas variadas formas em contextos mais cotidianos ou literários. [N. do T.]

dizer, nos mostrando como podemos nos mexer e controlar partes do corpo de uma forma impossível na dimensão da autodisciplina e do controle.

cw: Sim, temos uma maravilhosa união transgressora de um lado, mas também uma forma de conter os demônios da falta de sentido, que você está chamando de absurdo.

Olhando para o caso de Spike Lee, eu sempre me surpreendo que seu grande talento, sua quase genialidade se devem à sua noção perspicaz da Brincadeira e do cômico. Infelizmente isso vem junto com uma política sexual retrógrada e uma orientação neonacionalista limitada.

bh: Eu devo concordar, Cornel, que Spike é um gênio quando se trata de documentar esse elemento da Brincadeira.

cw: E é um dos grandes motivos que ainda me fazem assistir aos filmes dele. Essa questão da Brincadeira é crucial para as discussões sobre a identidade cultural e a sobrevivência negra. Que bom que você tocou nesse assunto.

Vamos voltar a falar do seu trabalho. Da forma como você infunde um tipo de espiritualidade integrando questões existenciais, questões de sobrevivência psíquica, do absurdo, de engajamento político e uma profunda noção histórica. Esses níveis estão entrelaçados de tantas formas geniais no seu trabalho. Podemos falar, por exemplo, na desvalorização das mulheres negras, algo que foi ignorado pela supremacia branca, mas também foi ignorado pela política nacionalista negra dominada por homens. De que forma nós, como um povo, podemos falar seriamente sobre espiritualidade e engajamento político de forma a projetar um futuro e ao mesmo tempo entrar em um acordo com o passado?

bh: É interessante você combinar a discussão sobre a espiritualidade negra com a desvalorização das mulheres negras porque uma das coisas que eu tenho tentado dizer em meu trabalho, quando falo de religião, é que, embora possa sofrer críticas, a igreja negra sempre foi um lugar onde as mulheres negras encontraram dignidade e respeito. Eu cresci com essa noção do valor da mulheridade negra, uma noção que em parte veio do lugar que eu via as mulheres negras ocupando na igreja. Eu acho que é difícil para muitas pessoas entenderem que, apesar do sexismo, a igreja negra sempre foi um lugar onde muitas mulheres negras podiam tirar a máscara que usavam o dia todo na casa da sra. Annie; elas podiam se livrar da necessidade de servir os outros. A igreja era um lugar onde você podia ser e dizer: "Pai, eu estendo a ti as minhas mãos", e se deixar levar. Em certo sentido, você podia deixar de lado as camadas da existência cotidiana e alcançar a essência de si mesma.

A degradação que as mulheres negras podiam vivenciar no cotidiano se desfazia na igreja. Quando notei essa diferença ainda jovem, comecei a pensar na forma como a sociedade mais ampla desvaloriza a mulher negra – uma desvalorização que é perpetuada em nossas próprias comunidades.

O que me dá alguma esperança é ver Shahrazad Ali no programa de Phil Donahue com Haki Madhubuti* e ouvir Madhubuti dizendo que não vendia *The Blackman's Guide to Understanding the Blackwoman* [O guia do homem negro para entender a mulher negra] em sua livraria porque o livro defendia a violência contra as mulheres negras. Foi um momento subversivo e importante que foi vulgarizado

---

* Phillip John Donahue (Ohio, Estados Unidos, 1935 – Nova York, Estados Unidos, 2024), apresentador, produtor e escritor; Haki Madhubuti (Arkansas, Estados Unidos, 1942), autor, educador, poeta e livreiro. [N. do T.]

quando Donahue se adiantou e disse: "Isso é censura". Quer dizer, um branco "liberal" pode transformar a censura em um assunto mais importante que a violência contra as mulheres negras. Nós ainda vivemos em uma sociedade na qual a violência contra as mulheres negras é vista como algo sem importância, que não merece preocupação. O livro de ensaios de Pearl Cleage*, *Mad at Miles* [Furiosa com Miles], aborda a forma como a violência contra as mulheres negras não costuma ser levada a sério em nossas comunidades – particularmente pelos homens.

Em meu primeiro livro, foi meu desejo dizer que uma determinada história produziu essa circunstância de desvalorização. Não é inerente às mulheres negras esse sentimento de desconforto sobre nós mesmas, nem o auto-ódio. Não, essa experiência é socialmente circunscrita, criada por mecanismos históricos. Devo reconhecer, Cornel, que escrever *E eu não sou uma mulher?* foi uma expressão de devoção espiritual às mulheres negras.

cw: Você diria que sua identidade política estava emergindo nessa época?

bh: Sim, eu lia Browning e Yeats**, como Baraka quando ele moldava sua sensibilidade literária. Lia Wordsworth e Dickinson***, e até tinha essa noção de que o escritor podia

---

* Pearl Cleage (Massachusetts, Estados Unidos, 1948), dramaturga, escritora e ativista política. [N. do T.]

** William Butler Yeats (Sandymount, Irlanda, 1865 – Roquebrune-Cap-Martin, França, 1939), poeta, dramaturgo e político. [N. do T.]

*** William Wordsworth (Cockermouth, Reino Unido, 1770 – Rydal, Reino Unido, 1850), poeta romântico; Emily Elizabeth Dickinson (Massachusetts, Estados Unidos, 1830-1886), poeta. [N. do T.]

ser tirado de cena, podia ser mais "objetivo". Quando comecei a confrontar a realidade de viver como uma mulher negra em um patriarcado capitalista supremacista branco, essa noção de "objetividade" desapareceu. Eu escrevi *E eu não sou uma mulher?* porque me senti chamada para iluminar algo que mudaria a forma como as pessoas percebiam as mulheres negras. A passagem bíblica que me acompanhou nessa época foi aquela de Jacó lutando com o anjo. Quando recebi esse chamado interior para escrever o livro, foi como um anjo com o qual eu tinha que lutar.

Um dos livros mais importantes de minha transformação como universitária foi *Autobiografia de Malcolm X*. Parte do motivo que me levou a escrever o ensaio "Sitting at the Feet of the Messenger" [Sentada aos pés do mensageiro] é porque as pessoas se esquecem de que, enquanto alcançava sua consciência crítica em torno de questões relacionadas ao capitalismo e à supremacia branca, Malcolm também lidava consigo mesmo como um ser humano espiritualizado e com sua noção de busca espiritual. Então faz sentido que ele tenha sido um grande mentor para mim, porque Malcolm lidava com a história e com o seu lugar pessoal na história.

Nós vemos aquele tipo de intelectualidade orgânica da qual você tanto fala no compromisso de Malcolm com a autoeducação na prisão. Também foi uma ocasião para ele repensar sua relação com a religiosidade e a espiritualidade. As pessoas não falam das passagens em que Malcolm nos diz que não conseguia ficar de joelhos e rezar no começo, e sobre o processo de conversão e enfraquecimento pelo qual ele passou e que permitiu que ele vivesse uma experiência de humildade.

CW: É isso o que eu acho único no seu trabalho. Em seus quatro livros que criticam o imperialismo europeu, o patriarcado, a exploração de classe, a misoginia e a homofobia, eu também percebo uma preocupação com as dinâmicas espirituais e com a mudança pessoal, então há uma política da conversão que atravessa as críticas políticas, econômicas e sociais.

Quando você fala sobre Malcolm dessa maneira (dificilmente as pessoas falam de Malcolm assim), eu penso na forma como tantos jovens que foram politizados nos últimos anos por Chuck D*, pelo Public Enemy e outros, perderam essa dimensão de Malcolm, desconsideraram ou compreenderam mal as políticas de conversão dele. Como africano-estadunidenses, nós ainda não falamos o bastante sobre a forma com as pessoas realmente mudam, sobre a conversão da alma que deve ocorrer antes de podermos falar significativamente sobre o papel do amor, do cuidado e da intimidade.

bh: Eu começaria falando sobre a questão da devoção e da disciplina porque, quando olho para a evolução da minha identidade de escritora, eu vejo essa evolução intimamente relacionada com a minha evolução espiritual. Nós podemos pensar nas pessoas escravizadas trazendo para o cristianismo do novo mundo uma noção de relação pessoal com Deus, evidenciada em spirituals negros como aquele que diz: "*When I die tomorrow I will say to the Lord, Oh Lord you been my friend*"**. Nós também podemos

---

*   Carlton Douglas Ridenhour (Nova York, Estados Unidos, 1960), rapper, escritor e produtor. [N. do T.]

** Trecho de "When I Die Tomorrow" (1985), hino do grupo Sweet Honey in The Rock, um conjunto musical formado exclusivamente por mulheres negras, fundado em 1973 por Bernice Johnson Reagon (1942-2024) em Washington, D. C., Estados Unidos. "Quando morrer amanhã, eu direi ao Senhor: oh, Senhor, foste meu amigo". [N. do T.]

encontrar essa noção de conexão imediata em experiências religiosas místicas no mundo todo – no sufismo, o misticismo islâmico. A ideia de que não é a nossa relação coletiva com Deus que traz a iluminação e a transformação, mas nossa relação pessoal com Deus. Isso se relaciona intimamente com a minha disciplina de escritora. Também por isso é importante entender o papel da solidão e da contemplação na vida de Malcolm.

Um aspecto que diferencia muito a minha vida e a vida dos meus irmãos é minha habilidade de ficar sozinha, de ficar com o meu eu interior. Quando falamos sobre se tornar uma pessoa intelectual, no sentido verdadeiro e positivo da palavra, nós estamos falando realmente em nos sentar com nossas ideias, quando nossa mente se torna um local de trabalho, quando passamos muito, muito tempo contemplando e refletindo criticamente sobre as coisas. Essa experiência de solidão fortalece minha prática intelectual e tem raízes na disciplina espiritual, quando busco estar sozinha com Deus para ouvir a voz interior de Deus que fala comigo na quietude. Eu penso muito nos jovens negros comprometidos com produções intelectuais e artísticas, e me pergunto se eles entendem a história de Cristo no deserto, se conhecem esse espaço de ausência interior no qual podem ser renovados e onde podem vivenciar uma iluminação espiritual.

cw: Como você reconcilia esses pontos cruciais sobre a solidão com a comunidade e com a ênfase que as pessoas negras dão à comunidade?

bh: Eu já me envolvi plenamente com algumas tradições religiosas, e em todas elas há a noção de que, quando você é realmente capaz de ficar sozinha, no sentido de Cristo indo para o jardim de Getsêmani ou para o deserto, ou Buda sentando embaixo da árvore Bodhi, isso, na verdade, permite que você reingresse de forma mais plena na comunidade. Eu lido com isso, com a noção de experiência coletiva comunitária. A grande dádiva da iluminação para quem a alcança é o sentimento de que só depois que conseguimos nos experimentar em um contexto de autonomia, solidão, independência, é que somos capazes de participar da comunidade reconhecendo o nosso lugar e sentindo que o que temos a oferecer é para o bem de todos. Pense, por exemplo, no que significa salvar a vida de alguém, uma questão que é tratada em *Mais e melhores blues**. Para intervir e salvar a vida de alguém, nós precisamos primeiro aprender a nos responsabilizar individualmente por quem somos, pelas escolhas de vida que fazemos. Eu percebo como questões de responsabilidade afetam minha própria relação com a comunidade porque, conforme me desenvolvo intelectualmente e espiritualmente, eu preciso de mais tempo sozinha. E me parece que quanto maior a minha necessidade de ficar sozinha, maior é a minha necessidade de reingressar na comunidade.

CW: Sim, esse é o paradoxo da escrita.

Eu queria falar um pouco sobre a sua quebra de silêncio, por assim dizer, em relação à homofobia na comunidade negra. E com isso eu não quero dizer que a homofobia não tem sido discutida porque há vários trabalhos publicados por gays negros e lésbicas negras. O que eu quero dizer é que você quebrou o silêncio como uma intelectual heterossexual que leva a sério questões de marginalização e desvalorização sexual.

---

* Filme dirigido por Spike Lee, lançado em 1990. [N. do T.]

O que envolveu essa sua decisão política de quebrar o silêncio?

bh: Eu gostaria de contextualizar isso. Como muitas pessoas de comunidades negras tradicionais, eu cresci sabendo, digamos, que o professor do outro lado da rua era gay e fui ensinada a respeitar esse professor.

Uma das coisas que mais me magoaram quando *E eu não sou uma mulher?* foi publicado pela primeira vez sem nenhum comentário sobre a lesbianidade foi que muitas lésbicas negras, como Barbara Smith e Cheryl Clarke*, decidiram me rotular de homofóbica. Isso doeu muito porque eu sempre vivi em solidariedade com gays negros e lésbicas negras. Mas não fui silenciada pela crítica delas; em vez disso, fui desafiada a me perguntar se é ou não suficiente nos comprometermos com atos de solidariedade com as pessoas gays no dia a dia se não falamos publicamente de forma a refletir esses atos de solidariedade. Isso me fez sentir que é importante para mim falar abertamente e publicamente sobre a solidariedade com as pessoas gays, sobre a solidariedade em torno da questão das sexualidades radicais no geral. Nós temos, por exemplo, o artigo de Harlon Dalton**, *AIDS in Blackface* [Aids em blackface], que é um dos artigos em que mais nos vemos falando abertamente, não apenas assistindo de longe a questão da homofobia, analisando o que torna a comunidade negra tão homofóbica. O que está tornando a cultura negra popular e jovem tão homofóbica? Por que as pessoas gays são alvo dos

---

* Barbara Smith (Ohio, Estados Unidos, 1946), ativista feminista e socióloga; Cheryl Clarke (Washington, D. C., Estados Unidos, 1947), poeta e ativista feminista. [N. do T.]

** Harlon Dalton, professor de direito em Yale. [N. do T.]

rappers jovens e da comédia negra hoje? Nós precisamos estudar essas questões mais profundamente para entender a questão da homossexualidade na comunidade negra como um aspecto que sempre esteve presente na nossa vida. Na verdade, eu sinto que, à medida que nos integramos mais à sociedade branca, nós acabamos adotando certos conceitos homofóbicos que eram nocivos às formas mais antigas da vida cultural negra. Sem dúvida, Toni Morrison, enquanto editava *The Black Book* [O livro negro], pensou nisso. Certas formas de perseguição do "outro" baseadas nas diferenças e que faziam parte da vida negra tradicional foram postas em questão. Havia uma noção real de solidariedade com qualquer pessoa destituída de direitos. E eu nos vejo alterando essa perspectiva conforme adentramos uma posição e uma sensibilidade próprias da classe média.

cw: Quando pensamos, por exemplo, nas instituições negras, na família e na igreja, nós vemos que essas instituições são sobretudo patriarcais. Isso significa que deve existir uma noção do "outro" e uma subjugação desse "outro" para a manutenção do poder.

bh: Mas nunca pensamos no fato de que, até a integração racial, todas as pessoas negras gays do país viviam no interior dessas famílias, dentro dessas instituições, e o que estou dizendo é que, embora não houvesse uma aceitação pública, as pessoas gays eram integradas na comunidade. Ninguém levantava domingo de manhã para agredir ou tirar satisfação com o pianista negro gay.

cw: Verdade, mas também não vamos glorificar esse passado. Havia sermões contra a homossexualidade, e o organista gay ou a cantora lésbica não podiam viver uma vida "assumida". Era um contrato implícito: se guardasse isso para você e ficasse ali sentado em silêncio ouvindo o pastor aviltando a homossexualidade, então você podia participar plenamente da vida em comunidade. Havia integração e um respeito pela humanidade dos gays e das lésbicas, mas não por seu estilo de vida, e o preço para a aceitação da comunidade era o silêncio.

bh: Nós temos que distinguir entre o respeito pela humanidade de um indivíduo e o respeito pela preferência sexual* de um indivíduo. Mas o que eu estou tentando sugerir é que, agora, não existe nem mesmo o respeito pela humanidade gay.

Um ensaio muito comovente publicado na edição da *Spin* de Spike Lee** sobre gays e aids contava a história de um homem negro que foi evitado e banido pela comunidade negra, relatando toda a dor dessa situação. Nós temos que recorrer a um sistema de valor negro e tradicional que realmente mantinha a ideia de que não importa qual seja a sua enfermidade (e aqui estamos falando sobre doença e sobre as abordagens tradicionais de doenças como a tuberculose e a hanseníase), você ainda é um membro da comunidade e, portanto, merece cuidado e dignidade. Havia uma magnitude e uma generosidade no amor cristão que podia

---

* No original, *sexual preference*, termo equivocado e considerado ofensivo por caracterizar e resumir a sexualidade (sobretudo as sexualidades dissidentes, não heterossexuais) como uma mera questão de escolha ou preferência. A tradução optou por manter conforme original por se tratar de uma terminologia datada e que foi discutida e modificada nas décadas seguintes à época desta conversa. [N. do T.]

** Referência ao artigo "AIDS: Words From the Front" [Aids: palavras do front], de Celia Farber, publicado no número da revista musical *Spin* (vol. 6, n. 4, out. 1990), em que Spike Lee atuou como editor convidado. [N. do T.]

fazer as pessoas cuidarem umas das outras. O que vemos hoje é a completa degradação de uma ética do cuidado e da responsabilidade. Hoje vemos nas comunidades negras uma ética imbuída de noções de "perseguir o forasteiro", de "perseguir o diferente", e algo disso é resultado da integração racial, onde tivemos que tolerar e aceitar níveis de perseguição cotidiana que seriam impensáveis em outros momentos históricos.

cw: Concordo.

bh: Por exemplo, por que uma pessoa negra em uma instituição predominantemente branca fica ali sentada em um coquetel ouvindo declarações depreciativas sobre as pessoas negras sem fazer nada, sem se levantar e brigar? Mas há quarenta anos seria impensável para uma pessoa branca dizer, na presença de pessoas negras, algumas das mesmas coisas que são ditas para nós hoje. Pense, por exemplo em *Na cama com Madonna**. Isso significa que, até certo ponto em nossa sociedade do consumo, temos sido levados a sentir que, se formos pagos, deveríamos nos dispor a nos submeter a certas formas de degradação em troca desse pagamento. Essa cooptação econômica nos desestabiliza e diminui nossos vínculos com todas as pessoas oprimidas e que sofrem abusos. Essa cooptação nos torna mais inclinados a perseguir as pessoas oprimidas porque nós mesmos estamos nos submetendo cotidianamente a certas formas de abuso.

---

* Documentário de 1991 dirigido por Alek Keshishian, que mostra os bastidores da turnê *Blond Ambition World Tour* (1990), de Madonna. [N. do T.]

cw: Novamente concordo, mas eu gostaria de voltar para a questão da sexualidade, porque falar sobre a homofobia na comunidade negra levantou a questão mais profunda da sexualidade no geral, me faz perguntar por que historicamente para as pessoas negras estadunidenses têm havido uma recusa, incapacidade e ou/medo de se envolver em uma reflexão pública e compartilhada sobre a sexualidade. Seria por que, ao lidar com a sexualidade, as pessoas percebem uma ameaça a um certo tipo de concepção limitada de comunidade que uniu tradicionalmente as pessoas negras?

bh: Algo de que necessitamos muito é um discurso que lide com a representação dos corpos negros. Não é por acaso que um dos principais temas do livro de Shahrazad Ali seja o corpo. Pondo em questão a forma como confrontamos os corpos negros femininos, Ali nos leva de volta àqueles temas da supremacia branca do século XIX: a iconografia dos corpos negros conforme representada na imaginação branca supremacista. Seremos condenados ao silêncio e a certas formas de repressão sexual até que, como um povo, sejamos capazes de falar mais abertamente sobre nossos próprios corpos e sobre nossas noções do corpo no geral.

É doloroso para mim ouvir mulheres negras dizendo, por exemplo: "Bom, o que Shahrazad Ali diz tem alguma verdade". Para responder e intervir eu entendi que devia entrar diretamente no discurso de Ali e falar sobre, digamos, a questão das mulheres negras e dos odores corporais. Eu respondo dizendo que, embora saibamos que o medo e o estresse produzem certos tipos de odores corporais, seria uma coisa bem diferente se Shahrazad Ali problematizasse a questão do odor em sua crítica. Talvez dizendo que muitas mulheres negras têm um odor corporal particular porque vivemos em uma sociedade onde lidamos continuamente com um grande estresse. E lidamos com um grande estresse, realmente, diante das representações negativas e branco-supremacistas dos nossos corpos.

Que acadêmico ou acadêmica negra fizeram algum trabalho antropológico significativo em torno da limpeza obsessiva na vida negra?

Eu estava visitando uma amiga, uma mulher negra, no fim de semana passado e nós rimos falando da forma como as pessoas negra sempre dizem: "Não sente essa bunda na minha cama". Nós não podemos entender por que achamos tão difícil discutir a sexualidade publicamente se não consideramos algumas das nossas relações com o corpo e com a doença. O que nós achamos que vai acontecer se alguém "sentar a bunda" na nossa cama?

cw: Você acha que isso levanta a questão do tabu sexual?

bh: A predominância da aids em nossa comunidade requer que tenhamos algumas conversas francas sobre a forma como fazemos sexo, com quem fazemos e sobre o significado da sexualidade em nossas vidas. Muitos homens negros se sentem dessexualizados quando lhes pedem que usem camisinha. O que isso nos diz sobre a sexualidade negra masculina? De que formas de sexualidade nós estamos falando quando os homens negros se sentem intimidados sexualmente por qualquer forma de contraceptivo? Nós podemos considerar essas noções de sexualidade quase arcaicas na cultura ocidental de hoje, e é imperativo para a nossa saúde que procuremos entender a origem dessas crenças.

Uma das grandes ironias de grupos como o 2 Live Crew é a representação de uma suposta abertura em relação ao corpo e à sexualidade explícita que contradiz a realidade da vida negra. Nós sabemos que até uma nudez discreta ainda é vista por muitas pessoas negras como uma afronta e uma ofensa. Na maioria dos lares negros de todas as classes, há um grande desconforto em relação ao corpo, à nudez e a representação da negritude.

cw: Parte disso vem do discurso branco-supremacista que associa o ser negro com os corpos negros, como se não tivéssemos mentes nem inteligência e fôssemos apenas a soma de nossa fisicalidade visível, então a questão do amor que as pessoas negras sentem ou não pelos seus corpos, se gostamos ou não deles, torna-se crucial. Eu estou pensando especificamente sobre o sermão em *Amada* que você mencionou antes.

bh: Ah, com certeza, esse sermão fala totalmente do corpo.

cw: Sim, e é fascinante porque Toni Morrison disse: "Você tem que se amar não apenas de forma abstrata; você tem que amar seus lábios grandes; você tem que amar seu nariz achatado; você tem que amar sua pele, suas mãos, tem que amar tudo em você". A questão da autoimagem, da autoestima e do respeito próprio se reflete corporalmente.

bh: É interessante porque, quando eu falo sobre *De passagem*, o romance de Nella Larsen[*], na introdução da minha aula sobre literatura africano-estadunidense, percebo que minhas alunas e alunos se mostram muito resistentes

---

[*] Nella Larsen (Illinois, Estados Unidos, 1891 – Nova York, Estados Unidos, 1964), escritora, um dos principais nomes da Renascença do Harlem. [N. do T.]

quando peço que pensem sobre o fato de Claire, que se passava por um mulher branca da classe alta, mas que retorna para a negritude, ser a única personagem que realmente diz: "Eu quero tanto ser negra que estou disposta a sacrificar meu marido, minha filha, minha fortuna, para viver no Harlem". Eu pergunto para eles se Claire encontra a morte porque, em um país branco-supremacista, a pessoa negra mais ameaçadora é aquela que ama a negritude, que ama incorporar a negritude, a marca da negritude na pele, no corpo. Cornel, meus alunos não conseguiam lidar com isso. Era como se eu estivesse falando de um tabu.

Nós realmente vivemos em uma cultura em que a pessoa negra que ama profundamente a negritude está em completo desacordo com a cultura como um todo? Não há lugar para a autoestima negra nesta cultura? Nós vivemos um momento histórico estranho, no qual a negritude é tão abertamente comercializada e, ao mesmo tempo, desprezada. O que nos leva a pensar se a negritude é comercializada de uma forma que nos permite celebrar a autoestima negra ou se essa comercialização reduz mais uma vez a negritude ao espetáculo. O que torna a comercialização pela cultura branca ou negra não um gesto de amor, mas um gesto de desdém.

Eu acredito que estamos atualmente nos envolvendo em uma reinscrição do menestrel, particularmente na cultura hip-hop, onde certas formas artísticas sugerem uma celebração da negritude. Mas, uma vez que essas expressões são comercializadas e vendidas para nós de certas formas, elas continuam levando uma mensagem de "Ser negro é bom, ser negro é maravilhoso"? – ou carregam uma noção de espetáculo em que as pessoas podem querer um envolvimento com a negritude como um momento de prazer transgressor sem querer de fato incorporar a negritude em suas vidas?

cw: Essa é uma questão crucial, que tem a ver com a forma como nos relacionamos com um Garvey tradicional, com Malcolm X, Elijah Muhammad* e outros radicais que, apesar de suas falhas e pontos fracos, tinham um profundo amor pelas pessoas negras e pela própria negritude. Também por isso eles estão sendo apropriados em um gesto de modismo político e reduzidos a objetos que não mais representam esse amor descompromissado pela negritude.

Isso também nos leva à questão das relações entre homens negros e mulheres negras. Temos ouvido muito sobre a crise que os homens negros e as mulheres negras enfrentam, sobre o niilismo que hoje ocupa o centro das relações negras. Você poderia relacionar essas questões de autoestima e de respeito próprio, na medida em que integram a formação e a manutenção das relações amorosas entre os homens negros e as mulheres negras?

bh: Em *Irmãs do inhame: mulheres negras e autorrecuperação* (um manuscrito que acabei de finalizar), eu falo bastante sobre a forma como a autorrecuperação das mulheres negras demonstra em um nível maior nossa capacidade de escolher parceiros psicologicamente saudáveis e manter relações com eles. Eu acredito que, para dois indivíduos não comprometidos com o bem-estar um do outro, é impossível manter uma relação saudável e duradoura. Eu também estou trabalhando em um livro que chamo provisoriamente de *Black Revolutionary Consciousness* [Consciência negra revolucionária], no qual afirmo que a saúde mental é uma frente crucial na nova luta pela libertação negra. A chave para a noção

---

* Elijah Muhammad (Geórgia, Estados Unidos, 1897 – Illinois, Estados Unidos, 1975), ativista e antigo líder do grupo negro estadunidense Nação do Islã. [N. do T.]

daquilo que significa afirmar criticamente a negritude, o amor pela negritude, está na boa saúde psicológica.

Uma das coisas mais perturbadoras que já ouvi foi a fala de uma acadêmica branca, Barbara Bowen, sobre panfletos misóginos do século XVI que eram escritos como tratados para definir o lugar das mulheres. Ela leu um panfleto sobre línguas que dizia que se uma mulher falava muito, ela era considerada menos casta ou menos digna. Então percebi como isso se ligava historicamente ao livro de Shahrazad Ali, pois os panfletos e os livros representam tratados misóginos de diferentes períodos históricos.

Eu também fiquei fascinada pela forma como o livro de Ali é representado para nós como um livro que se opõe a uma perspectiva eurocêntrica, quando, na verdade, o livro é completamente enraizado em uma noção eurocêntrica do corpo. Há poucas diferenças entre aqueles panfletos do renascimento do século XVI sobre o corpo feminino e o trabalho de Ali. Isso nos mostra que, sem uma exploração psicanalítica do corpo, não pode haver nenhuma discussão libertadora sobre as relações de gênero na comunidade negra.

Em *Olhares negros*, escrevo um ensaio sobre os homens negros, dizendo que o que me comoveu em *Os donos da noite* foi a forma como Quick, interpretado por Eddie Murphy, só revela seu verdadeiro nome para a mulher que ele deseja. Nesse momento, vemos, representada no cinema, a queda da máscara da masculinidade e vemos o reconhecimento amoroso. Ela repete o nome dele e ele diz que seu nome tem um som maravilhoso quando ela diz em voz alta. Eu escolhi interpretar esse momento como uma cena que diz para as pessoas negras que, no ato de reconhecermos, nós também podemos nos aceitar. Mas essa mensagem libertadora é prejudicada porque a personagem trai Quick. Isso nos deixa com uma visão desoladora da heterossexualidade negra, que nos diz que, quando deixamos cair a máscara do nosso falso eu para revelar nosso autêntico eu, nosso sentido autêntico de ser, seremos traídos, seremos abandonados.

Nós realmente precisamos começar a olhar para essas noções psicanalíticas do modo como o eu se forma em um contexto de reconhecimento e interação, quando somos vistos e amados como realmente somos. Como pessoas negras, nós somos muito obcecados pelas aparências, pela superfície, então de onde vem aquele reconhecimento íntimo e profundo? Nós vemos essa dissonância emocional na parentalidade negra, com os adultos obcecados por vestir as crianças negras com roupas da moda. É assim que dizemos às crianças que a nossa representação superficial é o que mais importa, enquanto o eu interior fica a desejar, carece de uma noção segura de identidade. Meus novos trabalhos se concentram nisso.

Mais e melhores blues é um filme deprimente porque termina com uma noção de que tudo o que podemos reproduzir é aquilo que nos feriu no passado. Não há uma noção de que podemos revisar o passado.

Morrison também nos fez relembrar o passado e reinterpretá-lo de formas que nos permitam buscar nossa cura psíquica.

Um dos meus discos favoritos é *Sexual Healing*, de Marvin Gaye. Gaye também parecia ter um noção de que o corpo é adoecido internamente, uma doença que afeta as políticas do corpo. Nós podemos ler a "cura sexual" não apenas na chave do desejo literal, do sexo. Marvin Gaye estava tentando comunicar às pessoas negras que há uma doença em nossas políticas do corpo. A política do corpo da negritude precisa de cura e Marvin relaciona isso com a noção de Cristo nos ofertando a capacidade de regozijo, algo parecido com o sermão de Baby Suggs em *Amada*, em que ela diz que devemos ser gratos pelo corpo que habitamos.

cw: Verdade, mas eu penso que o outro lado da tentativa de Marvin de unir a espiritualidade e a sexualidade, o lado negativo, é que a sexualidade se torna uma fuga do enfrentamento da doença da alma. O corpo substitui o nosso enfrentamento do niilismo e da desesperança, fazendo da sexualidade a única forma de sentirmos que estamos vivos diante da mortificação de nossa própria existência.

bh: Essa é a tensão crítica; é justamente disso que estamos falando. Em meu ensaio sobre os homens negros, eu digo que não é por acaso que os jovens negros representam os limites extremos da transgressão, por exemplo, em *Nasty As You Wanna Be, In Living Color** etc. O corpo masculino negro jovem se torna por excelência o símbolo da transgressão de todos os limites. Talvez isso aconteça hoje porque os jovens negros são ameaçados diariamente pela morte violenta e pela doença.

Elaine Scarry**, em seu livro *The Body in Pain* [O corpo em sofrimento], diz que essa cultura não possui uma linguagem para articular a dor. Um ponto interessante quando o aplicamos na representação pública do corpo masculino negro jovem através do rap, da dança, dos esportes, um corpo que tem alegria de viver, embora os homens negros nos Estados Unidos não encontrem alegria no dia a dia, mas a ameaça e a sedução constantes da morte. É essa a tensão

---

* *Nasty As You Wanna Be*: terceiro álbum do grupo de hip-hop 2 Live Crew, lançado em 1989; *In Living Color*: série criada por Keenan Ivory Wayans, que foi ao ar nos Estados Unidos de 1990 a 1994. [N. do T.]

** Elaine Scarry (Estados Unidos, 1946), ensaísta e acadêmica. [N. do T.]

que vemos em uma figura como Marvin Gaye, que tem uma série de problemas, incluindo o abuso de substâncias, mas que ainda identifica a questão espiritual/sexual como algo crucial para a cura como a reconciliação com o corpo. O que, é claro, sabemos que ele não conseguiu fazer em vida.

cw: Sim, mais um gênio negro privado de sua habilidade de viver, nas suas palavras, "a promessa desse gênio".

Agora uma pergunta sobre a sua vida. Eu penso muito, de forma incessante e obsessiva, no título do livro de James Baldwin, *The Price of the Ticket* [O preço da entrada]. Uma das coisas fundamentais na vida intelectual negra é o custo que temos de pagar por nossa vocação profética, e sabemos que James Baldwin pagou um preço muito alto por isso. Como você falaria sobre esse valor da entrada, sobre o preço que temos que pagar por sermos intelectuais proféticos?

bh: Bem, eu já respondi isso quando falamos antes sobre disciplina, solidão e comunidade. O monge budista Thich Nhat Hanh* diz que quando uma pessoa decide ser ela mesma, essa pessoa vai acabar se vendo sozinha. Eu penso muito na decisão de Martin Luther King de se opor à Guerra do Vietnã e em como os discursos deles vinham com um certo sentimento de isolamento. Em seu sermão King diz que muitos pastores não concordarão com ele e que ele ficará sozinho, e aí ele cita aquela famosa passagem de Romanos: "Não sede conformados com este mundo, mas sede transformados para que experimenteis a boa, agradável e perfeita vontade de Deus". Eu tenho lidado com

---

* Thich Nhat Hanh (Huế, Vietnã, 1926-2022), monge budista, pacifista e escritor. [N. do T.]

um grande sentimento de isolamento. Nós temos muitas acadêmicas negras hoje, mas, até certo ponto, somos uma nova geração. Nós representamos a primeira geração de pensadoras negras que tiveram a opção de não ter filhos ou gerenciar uma casa. Molly Haskell*, uma crítica de cinema branca, diz: "Reivindicar sua própria força como mulher é assustador. É mais fácil idealizar o homem e depreciá-lo ou adorar aos pés da autoridade masculina do que explorar e expor a própria alma, do que desfrutar do próprio poder e arriscar a solidão. Quando nos responsabilizamos por nossos processos mentais, nós nos responsabilizamos por nossas vidas. É isto o que o feminismo se tornou para mim: encarar com ímpeto e coragem, e não de forma passiva ou defensiva, o padrão de nossas vidas e reconhecer que não somos vítimas, mas responsáveis pela forma como conectamos o passado ao presente". Essas palavras me comoveram muito porque eu penso que um dos preços que pagamos por uma busca intelectual descompromissada é o isolamento, algumas formas de isolamento, e se não cuidamos para encontrar a comunidade, isso pode ser muito prejudicial para nós.

CW: Em que tipo de comunidade nós reingressamos com esse tipo de consciência crítica, esse tipo de vocação profética?

bh: O que também me alegra nessas conversas com você é que elas são uma forma de reingressar na comunidade. Uma das coisas que costumo dizer para me provocar é que eu assumo a minha comunidade onde encontro comuni-

---

* Molly Clark Haskell (Carolina do Norte, Estados Unidos, 1939), crítica de cinema. [N. do T.]

dade. Eu costumava ter uma noção muito utópica e idealizada de comunidade, um desejo pela relação perfeita – eu e outros intelectuais negros boêmios, dentro da comunidade perfeita de almas afins. Agora estou aprendendo a ser nutrida por essa noção de comunidade, não importa de onde esse sentimento venha, e essa forma de pensar ampliou minha comunidade. Nós conceitualizamos a comunidade em termos limitados por muito tempo. Nós conceitualizamos a comunidade negra como um bairro totalmente negro, de forma bem superficial mesmo. E na verdade me parece que, quando amplio minha noção de comunidade, eu sou capaz de me nutrir, sou capaz de pensar essa conversa com você como um tipo de comunhão.

Volto a pensar no motivo que nos fez chamar nossos diálogos de *Partindo o pão* – a ideia de nos nutrirmos onde quer que encontremos alimento.

6

DIÁLOGO ENTRE BELL HOOKS E CORNEL WEST

Em uma sociedade cada vez mais povoada por pessoas racializadas, por pessoas que conheceram o desdém e a dominação do mundo euro-estadunidense, seria fascinante pensar no amor-próprio como um chamado religioso. Como as pessoas são ensinadas, desde cedo, a agir com autorrespeito e autorresponsabilidade? Como elas são encorajadas a caminhar pelo mundo com um espírito que desafie sem moralismos tudo o que ameaça acabar com o espírito humano, com a capacidade humana de amar a nós mesmos e aos outros? Nós podemos explorar essas questões tão fundamentais com os nossos alunos, imaginando em voz alta com eles as conexões espirituais possíveis e fascinantes entre a capacidade de nos amar e a disposição de amar e servir aos outros?

Vincent Harding
Hope and History [Esperança e história]

bh: Você acha que o ressurgimento de um nacionalismo negro limitado é em parte uma resposta ao sentimento que muitas pessoas negras têm de que perdemos uma noção real de comunidade? Nós estamos buscando o nacionalismo para retomar alguma noção de vínculo e parentesco?

cw: Por um lado, é um movimento positivo, que pode voltar a pôr as reflexões e ações política sérias no palco principal. Por outro lado, você tem razão, o neonacionalismo negro é muito limitado e tende a querer recuperar ícones históricos sem recuperar com seriedade o contexto histórico no qual esses ícones surgiram. Mas o mais importante é que isso é sintomático da necessidade de comunidade e de todos os seus significados: vínculo, apoio, sustento, a projeção de um futuro e, é claro, a preservação da esperança. Você vê esse desejo manifestado no nacionalismo de Spike Lee, e ouve esse desejo nas músicas de vários rappers do país inteiro.

bh: Vamos discutir mais a fundo a edição da *Spin* na qual Spike Lee colaborou como editor convidado, pois nós dois tivemos uma resposta similar a essa edição. Como nos filmes dele, eu fiquei impressionada pela diversidade da negritude. Spike sempre cria esse espaço onde podemos ver e reconhecer plenamente nossa beleza, a glória de nossa presença coletiva. *Mais e melhores blues* apresentou um panorama da elegância negra e só essa visão já é esteticamente inspiradora.

cw: Concordo.

bh: Mas o que decepcionou nessa edição da *Spin* foi a falta de um viés político significativo. A edição evocou uma solidariedade negra *mainstream* e superficial. Houve a reunião de muitas vozes negras, mas não pudemos ter uma noção das orientações políticas dos escritores, de suas identidades políticas.

cw: De algumas formas, a entrevista com Al Sharpton exemplifica o seu ponto. Na entrevista, vemos retratada a própria noção de Sharpton de um compromisso abnegado com a luta negra, então podemos admirar Sharpton porque ele está disposto a morrer pelo povo negro, mas, por outro lado, podemos levantar críticas sérias aqui porque Sharpton não incorpora ativamente críticas ao capitalismo, ao patriarcado, à misoginia, à homofobia em seu projeto ideológico. Ele se concentra principalmente na supremacia branca, e a supremacia branca precisa ser criticada, precisa ser combatida, e Sharpton luta à sua maneira, mas ele não tem uma visão inclusiva, nem uma análise social.

O fim dos anos 1980 e início dos anos 1990 viram uma reemergência do ativismo negro. Novamente as pessoas estão dispostas a se arriscar, e isso é muito importante, e um ativista como Sharpton realmente vive sob ameaça de morte e nunca devemos nos esquecer disso. Mas, por outro lado, existe uma noção muito real de que alguém como Sharpton não tem os recursos necessários para projetar uma visão nem o potencial para exercer uma liderança efetiva em uma variedade de questões. Eu não digo isso para prejudicar ninguém, minha intenção é apresentar uma crítica do meu próprio ponto de vista. Essas questões tornaram sua entrevista muito reveladora.

bh: Uma das questões com a qual nós, como pessoas negras, temos mais dificuldade de lidar é nossa resposta ao capitalismo, mais particularmente a nossa resposta coletiva à forma como o capitalismo de consumo tem mudado a natureza daquilo que podemos chamar de vida negra ou experiência negra. Nós queremos agir como se tivéssemos conseguido preservar a experiência tradicional do povo negro, com seu sistema ético de valor, enquanto participamos totalmente do capitalismo de consumo. Como um povo, temos nos mostrado relutantes em dizer que o capitalismo ameaça diretamente a sobrevivência de um sistema de crenças éticas na vida negra.

cw: Muito do niilismo na América Negra, e no país como um todo, se deve em parte às forças do mercado, mas com isso eu também me refiro às mentalidades de mercado que fazem as pessoas pensarem que a única forma de prosperar é passando por cima dos outros, tratando as pessoas como se elas fossem apenas objetos que dificultam ou beneficiam o avanço próprio.

Nós encenamos mais e mais o paradigma da moralidade de mercado na qual entendemos que vivemos para consumir, e isso cria uma cultura de mercado na qual a identidade cultural e comunitária das pessoas é moldada pela adoração e cultivo de imagens, da celebridade e da visibilidade, e não do caráter, da disciplina e de uma luta substantiva. E isso está transformando fundamentalmente a comunidade negra das piores formas.

bh: Cornel, me parece que uma das questões que surgem em nossa crítica ao neonacionalismo negro e à luta renovada pela libertação negra é a evocação de ícones sem a noção do tipo de luta que deveria acontecer para que a missão desses ícones seja levada adiante.

A questão crucial é: o que nós vamos fazer? Não que imagem vamos passar ou que slogan político vamos usar, mas em quais formas substantivas de luta comprometeremos nossas mentes e corpos? Eu acho que há uma perda real da noção do que devemos fazer. Ser um povo sem uma noção imediata de direcionamento agrava os sentimentos já existentes de impotência. Esse é provavelmente o maior fator que contribui para o vício entre as pessoas negras, a falta de capacidade de investirmos em um projeto maior que nós mesmos que traga reconhecimento e sentimentos de autovalor.

cw: A cultura de mercado promove e dissemina o vício da estimulação, evidencia a visão de que, para estar viva, uma pessoa precisa de estímulo e a pessoa mais viva é aquela que é mais estimulada. Nós vemos a estimulação corporal projetada na comercialização da sexualidade, o mercado da estimulação sexual sendo o principal meio pelo qual construímos o desejo. Junto com as forças do mercado também tem havido um certo colapso das estruturas de significado e sentimento, reforçando a noção de que o significado da vida reside apenas naquilo que produzimos. Mas o que nos entendemos capazes de produzir se molda pelas forças do mercado, por meio das formas de estimulação. Ironicamente, as verdades antigas, como só se pode viver uma vida baseada no amor, no cuidado e no serviço, voltam para nós com um caráter revolucionário porque só podemos lidar efetivamente com o vício através de algumas formas de conversão. Mas as pessoas só podem ser convertidas quando se convencem que se importam com elas, quando se sentem amadas, quando sentem que as outras pessoas acreditam tanto nelas que elas podem começar a se cuidar, a se amar e acreditar em si mesmas.

bh: O que mais me perturbou no livro de Shelby Steele*, *The Content of our Character* [O conteúdo do nosso caráter], é que ele tenta tirar das pessoas negras o nível de apoio oferecido pela população branca liberal em uma tentativa de responder à dor negra. Ele rejeita esse apoio trivializando a

---

* Shelby Steele (Illinois, Estados Unidos, 1946), autor, colunista e documentarista. [N. do T.]

dor e o sofrimento das pessoas negras para confundir esse sofrimento com uma vitimização egoísta. Agora, você e eu seríamos os primeiros a reconhecer que em todas as comunidades haverá pessoas que abraçam a vitimização como uma forma de não assumir responsabilidade pelas suas vidas. Mas confundir, como Steele faz, uma vitimização egoísta com a dor e o sofrimento causados pelo desemprego, pela pobreza, pelo vício, pela aids, pela falta de moradia e pela violência policial como se essas duas formas de desespero fossem a mesma coisa é evocar uma espécie de miopia em massa na cultura dominante. Esse posicionamento ideológico pode levar as pessoas a dizerem que a intensidade do sofrimento negro é irrelevante porque esse sofrimento é, na verdade, nada mais que uma desculpa conveniente, um desejo indolente de receber algo sem dar nada em troca.

cw: No nível psicológico, o livro de Shelby Steele traz algumas percepções. Infelizmente, seu pensamento pode ser facilmente apropriado de uma forma bem insidiosa pelas forças conservadoras desta sociedade. A própria noção de ser uma vítima se torna um tabu. A própria ideia de que podemos falar sobre o passado e o presente do povo negro estadunidense sem considerar a vitimização é ridícula. Mas com certeza podemos falar de vitimização sem nos vermos apenas como vítimas. Agora, Steele quer falar de uma coisa e ignorar a outra, então nossa vitimização econômica, social, política e sexual, que é real e é responsável por grande parte do sofrimento negro, fica fora de questão.

bh: O que é incrível e fascinante no trabalho dele é a forma como busca retirar o ônus da responsabilidade da branquitude e das estruturas de poder brancas, e essa remoção é algo estranho e novo na crítica atual. Desde a escravidão, as pessoas negras tiveram que apelar para as pessoas brancas com uma sensibilidade moral que permitiria que elas compreendessem e buscassem reparar os males impostos contra nós. Alguém como ele chegar e dizer que não existe isso de assumir responsabilidade pela dor negra é algo moralmente perigoso. Ele deve tocar a sensibilidade branca contemporânea simplesmente por sua disposição de negar a importância histórica das reparações.

cw: O que acontece é que ele tem uma visão tudo ou nada do mundo, de forma que, quando falamos de vitimização, fica parecendo que de alguma forma estamos absolvendo as pessoas negras de qualquer responsabilidade, agência e ambição. Mas o que estamos tentando fazer é situar historicamente essa agência e essa responsabilidade dentro do contexto em que as pessoas negras se encontram – geralmente em circunstâncias que elas não escolheram e que estão de muitas formas além de seu controle. Então o indivíduo faz a diferença, sim, mas nunca uma diferença independente do contexto que produziu essa pessoa.

bh: Mas, apesar de sua trivialização da dor negra, ele reconhece que as pessoas negras foram traumatizadas e feridas psicologicamente. É um assunto inesgotável neste momento histórico. Porque o que testemunhamos agora são os estragos de não termos conseguido cuidar coletivamente das feridas psíquicas do racismo, feridas que tomam a forma, como Steele aponta, de paranoia, de você ser incapaz de saber se alguém está realmente contra você ou se está só imaginando isso. Mas, diferente de Steele, eu considero isso como uma das consequências da vitimização racista, que a nossa compreensão da realidade é distorcida e corrompida, mas eu também não considero que esse seja um espaço psíquico no qual escolhemos habitar.

cw: Nós sempre tivemos que lidar com o trauma, mas tivemos nossas proteções. Tivemos a sociedade civil negra, a família negra, as igrejas negras, as escolas negras, as sororidades negras e assim por diante. O que as forças do mercado fizeram nos últimos vinte e cinco anos foi enfraquecer completamente essas instituições da sociedade civil negra de forma que se torna mais difícil lidar com o trauma porque temos menos bases. Nossas proteções foram enfraquecidas, nós perdemos nossas raízes, nos tornamos mais desprovidos, o que significa que somos desapropriados culturalmente. E, para um povo oprimido, essa desapropriação cultural significa viver em um reino de nada.

bh: Em que estágio da integração social e da nossa participação na economia dominante nós realmente começamos a considerar os bens de consumo como um consolo para a dor psíquica? Em parte, qualquer análise sobre o lugar do vício na vida negra tem que começar não com as substâncias como o álcool e as drogas, mas com os bens de consumo.

Por muito tempo, as pessoas negras sentiram que nosso desejo pelos bens materiais seria justificável porque o desejo pelo bem-estar material é a essência do sonho americano. Todo "estadunidense" quer ter um bom carro, um bom lugar para morar. Mas o perigo dessa lógica reside na supervalorização dos bens, o que nos leva a formas de consumo similares ao vício.

Nós lidamos com as agressões branco-supremacistas comprando algo para compensar os sentimentos de orgulho e de autoestima feridos. Quando não recebemos um respeito racial, tentamos recuperar sentimentos de dignidade competindo economicamente e por meio da posse material. Os bens materiais funcionam como um equalizador, permitindo que uma pessoa acredite falsamente que há oportunidades na escolha de consumo. Nós também não falamos sobre o vício em comida por si só ou como um prelúdio para o vício em álcool e drogas. Mas muitos de nós crescemos em casas onde a comida é outra forma de encontrarmos consolo.

Pense na proliferação da comida processada nas comunidades negras. Você pode ir a qualquer comunidade negra e ver pessoas negras de todas as idades devorando comida processada de manhã, de tarde e de noite. Eu sugeriria que o que aquelas crianças sentem engolindo Big Macs, Pepsis e batatinhas é similar ao momento de êxtase vivenciado pelo viciado em narcóticos. Então, se quisermos falar sobre formas de lidar com o vício nas comunidades negras, temos que falar sobre o consumo em todos os níveis, sobre a construção do desejo e sobre os problemas de um desejo não mediado e não realizado.

Eu me lembro de que, quando era jovem – e acho que muitas pessoas negras que cresceram em lares não privilegiados materialmente viveram situações parecidas –, depois que saí de casa e comecei a ganhar um salário de verdade pela primeira vez, sempre que me sentia mal eu buscava consolo comprando uma roupa nova. Comprar em alguma medida me dava uma noção de agência e consolo. Nós tentamos atender nossas necessidades e desejos com bens materiais porque comprar é o único meio legítimo pelo qual essa cultura nos permite reconhecer ou atender nossas necessidades emocionais. Até essa nova cultura da autoajuda que nos cerca de todos os lados se baseia em comprar o livro certo ou poder arcar com o tipo certo de terapia.

Muitas mulheres negras de todas as idades brincam sobre seu vício "secreto" de comprar. Mas elas não percebem que, embora sejamos bem-sucedidas, poderosas e bonitas, ainda carregamos um desejo íntimo e desesperado por um sentimento de bem-estar, de valorização e respeito, que são tão frequentemente negados a nós nesta sociedade.

cw: Sim, isso está no centro do dilema em que as pessoas negras se veem hoje: nos tornamos pessoas feridas que continuam de pé, pessoas que são atacadas psicologicamente. O vício fundamental é um vício em *status*, um vício em visibilidade porque sempre fomos invisíveis. Nunca tivemos nomes e agora buscamos o reconhecimento de um nome. Jesse Jackson fala em nome de grande parte da América Negra quando diz: "Eu sou alguém". Precisamos dizer isso em voz alta várias e várias vezes porque a concretização de ser alguém tem sofrido muitos ataques. Nós somos viciados em *status*, o que significa – e isso se aplica à nossa classe média e às lideranças brancas – que faremos tudo por *status*.

bh: Se as lideranças negras querem tanto *status*, pense na forma como isso afeta a classe baixa. Nós temos tanta consciência do *status* que as pessoas podem se sentir desvalorizadas por não ter a marca certa de tênis, e esses sentimentos são tão pervertidos pela impotência política e econômica que o assassinato pode ser justificado nessa busca pelo símbolo de *status* correto, ou seja, um par de tênis. As pessoas estão por aí dizendo a si mesmas que a única forma de se sentirem vivas e valorizadas é possuindo esse símbolo, e o que fazem para conseguir isso não importa.

Michael Dyson diz que essa é a expressão mais pura do empreendedorismo capitalista, em que as pessoas entendem o sonho americano como a disposição de fazer o que for necessário para adquirir os recursos para o avanço individual porque a noção de identidade depende da habilidade de controlar a representação individual pública e privada.

Quando pensamos em vício e intervenção, devemos nos lembrar de que o vício em crack/cocaína é novidade na vida negra; então, nós temos poucos mecanismos disponíveis, em particular quando esses vícios afetam a classe baixa negra. Para onde devemos enviar um jovem negro pobre e viciado em crack? Onde podemos buscar a cura? Por onde devemos começar para atender as necessidades dele, as necessidades de qualquer pessoa viciada? Ainda temos dificuldade de responder a essas questões cruciais, mas, diante dos vários centros e métodos de tratamento disponíveis para as pessoas brancas, por que não estamos criando paradigmas e lugares de cura afrocentrados?

Também vale dizer que as pessoas negras "afortunadas" o suficiente para acessar programas de habilitação liderados por pessoas brancas costumam sofrer discriminações e perseguições racistas nesses centros, o que torna a questão da reabilitação negra ainda mais urgente.

Eu antevejo que um movimento pela reabilitação das pessoas negras poderia enfrentar problemas com o nacionalismo negro limitado que se propaga hoje em dia na cultura popular e que insiste em confundir autodeterminação com separatismo. Um estabelecimento de propriedade negra e operado por pessoas negras não necessariamente significa que, em meio a uma supremacia branca, as políticas que ditam como esse estabelecimento é tocado – como é conduzido o cuidado com os indivíduos nesse estabelecimento – realmente intervenham de forma crítica nas forças coloniais que nos atacam. Nós não podemos ser tão míopes a ponto de considerar um lugar bom só porque esse lugar foi fundado por pessoas negras e é tocado por pessoas negras. O separatismo sem uma agenda política não gera autodeterminação.

CW: Eu concordo, mas nós só podemos fazer um julgamento relativo, quer dizer, nós julgamos uma clínica de saúde negra ou uma creche negra relacionando esses estabelecimentos com as alternativas que temos no momento. Então não podemos confundir autodeterminação com separatismo, e ao mesmo tempo devemos reconhecer que é melhor ter um estabelecimento negro problemático do que não ter estabelecimento negro nenhum, ou um estabelecimento que prejudique a identidade das pessoas negras. Assim como é melhor ter a 40 Acres and a Mule* de Spike Lee do que não ter, mesmo que a produtora mereça ser seriamente criticada em muitos níveis. Nós, como povo, somos tão encurralados, tão ameaçados, e recebemos tão pouca recompensa ou alívio, que qualquer sinal de esperança deve ser destacado.

bh: Se queremos sinais de esperança, nós precisamos olhar para os anos 1960 como uma época de transformações poderosas, ainda que vejamos suas fraquezas. Para mim, esse seria um projeto que vale a pena. Esse tipo de questionamento crítico seria crucial para aprofundar nossa compreensão da autodeterminação negra e sua relação com a consciência crítica, que capacita as pessoas a lutarem para transformar o *status quo*. O que mais me perturba na promoção do capitalismo negro desde os anos 1970 como uma forma legítima de luta e realização é a relutância das

---

*   Produtora de Spike Lee, fundada em 1979. [N. do T.]

pessoas negras de se envolverem em qualquer crítica ao capitalismo hoje. Apoiando o capitalismo negro, nós endossamos as estruturas econômicas ativamente comprometidas em desestabilizar as comunidades do Terceiro Mundo no exterior e os estadunidenses negros aqui.

Nossa capacidade de fazer escolhas saudáveis também tem sido prejudicada pela propaganda capitalista. Nós chegamos a um ponto no qual uma mulher negra pode escolher gastar seus últimos dólares em um alisador, e não comprando as camisinhas que poderiam salvar a vida dela.

CW: Há um problema em falar do capitalismo *per se* porque a coisa se torna uma espécie de abstração onde muito facilmente nós poderíamos localizar a culpa. E, diante da realidade política internacional, em que é tão difícil visualizar alternativas viáveis e não capitalistas, simplesmente criticar o capitalismo não nos levará a lugar nenhum. A questão, então, é: de que forma podemos promover valores não comerciais, como igualdade, justiça, amor, cuidado e sacrifício em uma sociedade, cultura, em um mundo no qual é quase impossível conceber uma alternativa não capitalista?

Aqui temos algo a aprender com Elijah Muhammad; temos de reconhecer e apoiar a expansão da classe empreendedora. Como precisamos ter acesso ao capital para sobreviver, torna-se imperativo que os Earl Graves* e outros sejam criticamente apoiados. Essas pessoas precisam saber usar seus lucros e constituir seus negócios sendo influenciadas e conduzidas a uma responsabilidade comunitária por valores não comerciais. E o que eu quero dizer com isso? Eu

---

* Earl Gilbert Graves (Nova York, Estados Unidos, 1935-2020), empresário e defensor do empreendedorismo africano-estadunidense. [N. do T.]

quero dizer que as pessoas ainda podem lucrar, mas então elas podem destinar uma porção adequada desses lucros para o desenvolvimento da comunidade negra. As pessoas ainda terão seus negócios, mas as decisões quanto aos investimentos são mais operacionais que hierárquicas. Porque, como Elijah compreendeu, é uma verdadeira luta fazer iniciativas não capitalistas na sociedade estadunidense.

bh: Carol Stack*, uma antropóloga branca, escreveu um livro chamado *All Our Kin* [Todos os nossos parentes], um estudo sobre estruturas de parentesco entre pessoas negras pobres. Ela escreveu o livro em um contexto capitalista, mas documentou valores anticapitalistas que operavam na comunidade. Esses valores exigiam que indivíduos com recursos compartilhassem esses recursos de forma que a riqueza, por mais relativa que fosse em determinada comunidade, não ficasse apenas nas mãos de um indivíduo ou concentrada em apenas um lar.

Então, quando falamos sobre a forma como os africano-estadunidenses mudaram, o que acontece é que agora visualizamos poucas formas de manter vivo um sentimento de comunidade em meio à luta.

Eu, por exemplo, tenho agora uma vida de classe média.

cw: Em termos de existência material. Sim, eu também.

bh: Mas eu faço parte de uma família e de uma comunidade de pessoas negras que não têm o mesmo nível de conforto material que eu consigo ter. Diante dessa realidade,

---

* Carol B. Stack (Nova York, Estados Unidos, 1940), antropóloga especialista em estudos de redes africano-estadunidenses. [N. do T.]

quando é a minha responsabilidade por aquelas e aqueles que são menos afortunados do que eu? Quais são os limites da responsabilidade que eu tenho com a minha família? Como pessoas que saíram dos anos 1960 e 1970 com um maior potencial, relativamente falando, de mobilidade social, nós não respondemos a essas perguntas. Então temos uma classe média negra emergente desprovida de instituições cívicas negras e uma comunidade negra inclusiva que vê a mobilidade social como um rompimento das conexões familiares quando essas conexões não pertencem à classe média. A classe média negra tem se tornado mais e mais exclusiva, desesperada para proteger sua "fatia do bolo", então preferimos guardar nosso dinheiro do que ajudar a família. Talvez a classe média negra esteja em um ponto no qual precisa começar a tentar recuperar alguns desses valores de partilha e serviço que parecem tão perdidos para nós agora.

CW: Mas, ironicamente, nós podemos aprender alguma coisa desse renascimento do nacionalismo negro. Por exemplo, quando você ouve músicas dos anos 1970 e compara com as músicas dos anos 1980, a última década, apesar de sua retórica limitada, enfatiza a partilha e o cuidado, além de destacar a luta das pessoas menos favorecidas. Essas letras indicam tanto uma necessidade quanto um potencial para um renascimento cultural. Uma transformação de valores que pode eventualmente evoluir em organizações renovadas, organizações reativadas ou novas organizações e, o mais importante, talvez possa dar origem a um novo grupo de lideranças. Muito do que estamos falando aqui não tem só a ver com o niilismo na comunidade negra – a falta de sentido não tem fim –, mas com o fato de não termos lideranças que possam realmente convencer as pessoas a acreditarem nelas mesmas. Em parte isso acontece porque as lideranças se veem dentro de um sistema que não permite que elas falem com potência suficiente para afirmar as próprias pessoas com as quais dizem se preocupar. Isso é uma coisa nova na comunidade negra. Dadas as circunstâncias da segregação, nossas lideranças tinham que ser capazes de falar não simplesmente uma linguagem liberal ou conservadora; tinham que falar uma linguagem espiritual capaz de fortalecer um povo oprimido. Agora o que nós temos são análises políticas ou uma retórica de políticos com as mesmas preocupações de todos os políticos, vencer a próxima eleição e ganhar dinheiro dos lobistas. Então nós temos um vácuo. E o que é interessante sobre os Al Sharptons, sobre os Farrakhans e todos os outros que tentaram preencher o vácuo, é que eles reconhecem que há um nível que não está sendo alcançado, tocado ou nem sequer tateado pelos políticos negros.

Por isso muitas pessoas da classe média negra não entendem sua responsabilidade moral com a classe trabalhadora, e também por isso muitos indivíduos negros com privilégios econômicos identificam a desconexão como a marca do sucesso.

bh: Eu incluiria Shahrazad Ali em sua lista de lideranças autoproclamadas.

cw: Com certeza. O livro dela aborda mais diretamente essas questões do que Farrakhan ou Sharpton.

bh: O livro dela é antiético de acordo com muitos valores dos quais estamos falando. É contra o serviço e contra a partilha, valores que são manifestados mais claramente quando ela defende que os homens negros não deviam pagar pensão alimentícia, que deveriam gastar seu dinheiro com eles mesmos.

Há uma profunda correlação entre um livro como *Blackman's Guide to Understanding the Blackwoman* e *The Content of our Character* de Shelby Steele. Os dois livros compreendem a família em termos patriarcais e individualistas; os dois livros veem o homem como o chefe da família e como o principal provedor do lar. Essa visão é perigosamente a-histórica. Além do mais, estamos vendo que esse modelo não funciona para as pessoas brancas, e muitas delas, neste momento histórico, estão se resolvendo com o fracasso do modelo patriarcal no sustento da família. Quando olhamos para o aumento das taxas de violência doméstica nas famílias brancas, para as condenações de estupro marital, para as taxas de estupro e incesto, tudo isso indica que a estrutura familiar supremacista branca patriarcal como conhecemos historicamente está desmoronando, e tem sido destrutiva desde o início. Sempre me parece irônico e doloroso que pessoas negras conservadoras que querem se estabelecer como porta-vozes como Steele e Ali estejam realmente pegando esse modelo e sugerindo para nós, pessoas negras, que podemos de alguma forma nos redimir com isso. Quando eu penso naquele trecho do livro de Ali: "Erga-se homem negro, tome o seu lugar de direito como soberano do universo", essa frase evoca uma doutrina fascista e autocrática que foi responsável pelas mais terríveis instituições de repressão dos últimos cinco séculos – a escravidão, os massacres, os campos de concentração, o genocídio de povos indígenas –, uma doutrina que hoje enfrenta um lento colapso ideológico e material.

Enquanto pessoas negras, nós faríamos bem em notar com que frequência as pessoas brancas utilizam hoje a mídia de massa para promover noções de parceria igualitária na vida familiar branca. Nós vemos dezenas de comédias, novelas e filmes brancos com a esposa trabalhadora e o "dono de casa", o homem sensibilizado da geração de 1980. Essas representações têm preparado as pessoas brancas para aceitarem a complexidade das relações de gênero contemporâneas. A América Branca parece muito preocupada em abrir a área das relações de gênero, em que os homens e as mulheres podem ser livres para dizer que os velhos paradigmas não funcionam mais. Então é assustador reconhecer que uma estrutura de poder branca é o que promove um Shelby Steele, uma Shahrazad Ali, porque com certeza não são as pessoas negras que estão colocando Ali nos programas de Donahue, Geraldo e Sally Jessy Raphael*.

Como críticos culturais, nos perguntamos que interesses a mídia branca tem de promover a noção de que as falhas evidentes e tangíveis na vida negra se devem ao fracasso dos homens negros em exercer um controle patriarcal. Por que as pessoas brancas querem perpetuar o mito de que os homens negros ascendem através da subordinação das mulheres negras? Nós devemos questionar essas mensagens transmitidas pelas pessoas negras quando sabemos que a estrutura de poder branca percebe a família amorosa e a comunidade como a fórmula mais potente para a resistência à tirania.

---

* Geraldo: referência ao *talk show The Geraldo Rivera Show*, que foi ao ar nos Estados Unidos de 1987 a 1996, apresentado por Geraldo Rivera (Nova York, Estados Unidos, 1943), jornalista e comentarista político; Sally Jessy Raphael (Pensilvânia, Estados Unidos, 1935), apresentadora do *talk show The Sally Jessy Raphael Show*, que foi ao ar nos Estados Unidos de 1983 a 2002. [N. do T.]

cw: No caso de Shahrazad Ali, tem mais coisa. Ela se torna, aos olhos dos homens negros, um antídoto da imagem que eles fazem do feminismo negro.

bh: Com certeza.

cw: A imagem predominante na cabeça deles é uma espécie de leitura vulgar de *A cor púrpura*, na qual o homem negro é o misógino violento. E de repente você tem uma mulher negra muito simpática à causa deles. Isso anda de mãos dadas com o renascimento desse nacionalismo negro limitado porque o nacionalismo, em qualquer forma, costuma ser um movimento profundamente sexista, embora possa fortalecer um grupo social representado apenas por imagens negativas, que é o caso do homem negro. Então a presença de Ali, independentemente de Donahue e companhia, ainda cresceria na comunidade negra.

bh: Sim, mas a comunidade negra não estava lendo *Wealth and Poverty* [Riqueza e pobreza], do reaganista George Gilder*, mas ele dizia as mesmas coisas que Ali estava dizendo. Então o que estou tentando fazer é expor a ligação entre o conservadorismo de um nacionalismo negro que busca reafirmar o patriarcado e a estrutura de poder branca, ao mesmo tempo concordando que o trabalho de Ali entra em um contexto específico dentro da comunidade negra autônoma. Nessa cultura, os homens negros se sentem coletivamente incapazes de articular as variadas formas pelas quais eles têm sido prejudicados por esse sistema, e Ali se adianta para falar, de uma forma reacionária e separatista, com a realidade da dor do homem negro.

---

* George Franklin Gilder (Nova York, Estados Unidos, 1939), investidor, economista e autor. [N. do T.]

cw: Sim. É o que vemos em Ishmael Reed*, um dos nossos maiores talentos literários, um conservador ferrenho quando o assunto são as políticas sexuais. Então temos esses homens reclamando amargamente que a dor deles é ignorada pelas feministas negras, e então a sra. Ali vem para confirmar as ideias deles como uma mulher negra. Como ela faz isso? Retratando a dor dos homens negros como se fosse causada pelo empoderamento das mulheres negras. Então temos os homens negros e as mulheres negras navegando no mesmo barco furado em um contexto capitalista e branco-supremacista, mas agora temos licença para nos atacar durante a jornada. Eu me pergunto quantos de nós conseguiremos sair desse barco, prontos para resistir a esse contexto capitalista e branco-supremacista.

bh: Se considerarmos *Black Macho and The Myth of the Superwoman* [O macho negro e o mito da supermulher] de Michele Wallace, um livro influente embora problemático, que vendeu mais que qualquer outro livro escrito por uma feminista negra...

cw: Entre os livros de não ficção.

bh: Sim, entre os livros de crítica social feminista. Se relacionarmos o livro de Michele Wallace e o livro de Shahrazad Ali, podemos ver que o livro de Ali invoca um nacionalismo negro limitado e sexista da mesma forma que o livro de Wallace representou um feminismo radical limitado que se recusou a considerar a dor dos homens. E naquele momento histórico o movimento feminista, dominado pelas

---

* Ishmael Scott Reed (Tennessee, Estados Unidos, 1938), escritor e editor. [N. do T.]

mulheres brancas, dizia que a missão mais importante era reconhecer o sexismo dos homens. E até certo ponto, a proposta de *Black Macho* era fazer as pessoas negras reconhecerem o sexismo na vida negra, e, infelizmente, isso foi feito sem levar em conta as formas pelas quais os homens negros são potencialmente vitimizados e traumatizados pelo patriarcado. Nesse sentido, sem dúvida, a própria Michele Wallace criticou essa mesma vertente analítica em *Black Macho*. Mas essa é a imagem do feminismo negro que continua a perdurar no imaginário das pessoas negras, que o feminismo negro é sobretudo um ataque ao homem negro, não um ataque ao sexismo, porque o sexismo não parece entrar em discussão. O que parece estar em discussão é um ataque contra o homem negro arquitetado pela mulher negra como um agente em conluio com os homens brancos e as mulheres brancas.

Os donos da noite e *Mais e melhores blues* trazem imagens da pessoa negra ambiciosa, que simboliza o que podemos considerar como uma mulher negra emancipada. Mas essas mulheres são consideradas traidoras, como mulheres que traem os homens por interesse próprio.

Por que não há mais acadêmicas feministas intervindo nessas percepções? Como uma crítica feminista, até que ponto eu me responsabilizo por intervir em representações negativas?

Uma das maiores mudanças que percebo no meu trabalho nos últimos dez anos é que abordo muito mais diretamente a comunidade negra e a vida negra. A teoria feminista não surge de um discurso baseado em qualquer tipo de discussão da negritude, então, até certo ponto, as mulheres negras como eu, que entram nesse discurso, não fazem isso pela porta do gênero, da raça e da classe. Nós entramos nesse discurso em termos de gênero apenas, e desde sempre estamos lutando pelo reconhecimento da raça e da classe.

A questão que me preocupa agora é: como podemos falar sobre o sexismo na vida negra? Meu ensaio "Black Men: Reconstructing Black Masculinity" [Homens negros: reconstruindo a masculinidade negra] é bem diferente de "O imperialismo do patriarcado", publicado em *E eu não sou uma mulher?* Essa diferença reflete dez anos de desenvolvimento de minha própria consciência crítica e teórica. E agora eu vejo o que eu não via quando era uma jovem estudando e se desenvolvendo intelectualmente em instituições predominantemente brancas: que se queremos intervir seriamente nas tendências destrutivas da comunidade negra, temos que produzir textos e narrativas que abordem diretamente as questões enfrentadas pelas comunidades negras.

CW: Concordo, mas, como críticos, nós também temos que nos questionar sobre o público que estaremos alcançando. Mais importante que os breves espaços na televisão, como o programa de Arsenio Hall ou o de Oprah Winfrey, são os grupos e organizações que promovem fóruns de debate públicos e privados. As igrejas negras proféticas são tão importantes porque representam uma entre as poucas esferas públicas que ainda restam onde as ideias podem ser discutidas e disseminadas entre pessoas comuns que enfrentam essas questões em seu cotidiano. Muitas pessoas preferem pegar o caminho fácil e depender apenas da TV para acessar informações e debates. Essas pessoas acreditam que uma grande visibilidade alcança uma comunicação e mudanças efetivas sem precisar se organizar na base. Nós temos que tomar as duas direções – a televisão e a base. No nível da base, garantimos uma mudança em potencial, e no nível televisivo, nós transmitimos informações rápidas e resumidas sobre os movimentos sociais.

bh: A escrita tem sido o principal meio pelo qual as questões de gênero são discutidas publicamente em todos os níveis da vida negra, e os trabalhos mais difundidos são *Black Macho*, *A cor púrpura* e *Blackman's Guide*. Mas esses debates não são subversivos, críticos, nem teoricamente sofisticados. Na verdade, mais do que qualquer outra coisa, esses trabalhos se tornaram um espetáculo público, representando e reforçando o espírito da divisão entre os homens negros e as mulheres negras. Por um lado, mais mulheres negras estão começando a falar sobre sexismo, estão começando a se identificar como vítimas da dominação masculina em várias áreas da vida. *The Black Women's Health Book* [O livro da saúde das mulheres negras], editado por Evelyn White*, sinaliza o impacto e o poder do movimento pela autorrecuperação feminista branco na conscientização das mulheres negras sobre essas questões, transpondo seus princípios teóricos para um contexto negro. As mulheres negras estão tentando estabelecer bases mais saudáveis para afirmar sua agência. Mas os homens negros respondem a isso dizendo que, quanto mais as mulheres negras afirmam sua agência, mais eles são rebaixados.

cw: Era dessa tragédia que eu estava falando quando disse que nós temos licença para nos atacar. Infelizmente, na sociedade estadunidense, uma das principais formas de poder concedida aos homens negros é o poder sobre as mulheres negras. Para um povo que já se sente relativa-

---

* Evelyn C. White (Illinois, Estados Unidos, 1954), escritora e editora. [N. do T.]

mente desprovido de poder, já se torna uma forma de competição não ocupar a base da pirâmide. Nós vemos isso em relação à casta de cor e também em relação ao gênero. A questão é: como acabar com essa noção de que os homens negros podem ser empoderados pela ativa subordinação das mulheres negras? Não são apenas os homens negros que têm subordinado as mulheres negras. A mulher negra tem sido subordinada por elites brancas e não brancas em quase todas as sociedades em que vive. Então como podemos fazer com que a maioria dos homens negros abandone essa definição de poder que requer a subordinação das mulheres negras? Nós temos que refletir substantivamente sobre a agência masculina negra de forma saudável e empoderadora. Precisamos ter uma forma de conceitualizar e implementar códigos de conduta que beneficiem a comunidade negra. Mas o que estamos vendo é que a comunidade está se tornando uma terra árida e uma zona de combate. Nossa única forma de nos livrarmos dessa síndrome viciosa de desesperança dos oprimidos é ter uma nova liderança que resista aos indivíduos e estruturas que usam seu poder para subordinar e subjugar.

bh: Historicamente, quando surgiram conflitos de gênero entre homens e mulheres negras, particularmente entre homens negros e mulheres negras heterossexuais, havia a noção de que, apesar dos desentendimentos, era importante manter os laços de afeto, uma conexão amorosa. Essa ética do cuidado mútuo pode ser vista nas letras de música dessa época. Aquela música de Otis Redding, *"this is my lover's prayer, I hope it reaches out to you, my love"**, é um

---

*   "esta é a minha oração de amante, espero que ela te alcance, meu amor". Paráfrase de um trecho de "My Lover's Prayer" (1966). [N. do T.]

bom exemplo da humanidade sobre a qual estamos falando. Uma música que une uma objetificação mútua com uma mentalidade consumista é "Ain't Nothin' Goin' on but the Rent"*. A mensagem dessa música é totalmente oposta àquela da música negra antiga, que invocava uma relação romântica entre as pessoas negras em que se buscava caminhos ou formas de reconciliação em momentos nos quais nos prejudicávamos mutuamente.

CW: Isso é verdade. Hoje mais cedo estávamos ouvindo Kenneth Gamble e Leon Huff**. A letra das The Jones Girls diz: *"There will not be peace on Earth until man makes peace with woman"****. Essa letra, embora fale da família patriarcal, faz um chamado para a reconciliação.

Mas eu devo dizer que, quando ouvimos mais atentamente as músicas de dois dos maiores produtores do país hoje, L. A. Reid e Babyface, captamos uma sensibilidade feminista em defesa das mulheres negras. Quando ouvimos "Superwoman" e uma série de outras músicas deles, podemos de fato encontrar uma crítica ao patriarcado negro. Embora haja uma predominância do amor romântico. Não há dúvidas de que Babyface se liga profundamente a uma

---

* Música de Gwen Guthrie (Nova Jersey, Estados Unidos, 1950-1999), lançada em 1986. [N. do T.]

** Kenneth Gamble (Pensilvânia, Estados Unidos, 1943) e Leon Huff (Nova Jersey, Estados Unidos, 1942), dupla de compositores e produtores. [N. do T.]

*** The Jones Girls: trio de cantoras de R&B de Michigan, Estados Unidos, formado em 1970. West parafraseia "At Peace With Woman" (1980), composta por James Herb Smith, Joel Bryant e Kenneth Gamble. A música integra o segundo álbum do trio, homônimo, produzido por Kenneth Gamble e Leon Huff. "Não haverá paz na terra até o homem fazer as pazes com a mulher". [N. do T.]

ética do amor romântico. Então há sinais de esperança, e talvez devêssemos buscar esses sinais de esperança que são tão raros hoje em dia.

bh: Bem, quero falar um pouco mais sobre isso. Eu penso que esses conflitos de gênero entre os homens negros e as mulheres negras são intensificados pelo livro de Shahrazad Ali.

Eu estava em uma loja africana em Nova York e havia dois homens negros lá discutindo como era importante bater nas mulheres negras. Sem dúvida, a mensagem mais perigosa de *Blackman's Guide to Understanding the Blackwoman* é a defesa do uso da violência física para controlar, subjugar e subordinar as mulheres negras. Quando penso nisso, eu acho que Ali não inventou essa ideologia. Ela está apenas reproduzindo a ideologia que já opera no interior de comunidades negras de todas as classes. Nós também devemos deixar claro que o problema da dominação patriarcal negra é um problema de todas as classes negras. Não é só um problema da classe baixa. Me parece, Cornel, que a situação é tão grave porque é uma distorção da noção do amor romântico querer ver a obediência como a expressão mais pura de respeito. Parte daquilo que certas expressões sectárias do islamismo e certas formas de pensamento afrocentrado limitado defendem é a obediência, em particular a obediência da mulher em relação ao homem. Em parte, temos que entender como começar a repensar nossas noções das relações heterossexuais, nossas noções de respeito. Uma das coisas que valorizo em nossa amizade, em nosso vínculo político, é o sentimento de que nos respeitamos plenamente. Que eu respeito você por seus compromissos intelectuais, por seus compromissos espirituais, por suas crenças éticas. Venho pensando muito em veículos através dos quais podemos transmitir essa forma de pensar as relações entre os homens negros e as mulheres negras para um grupo maior de pessoas negras.

cw: Aí está o desafio. Aqui precisamos ser muito críticos com os esquerdistas como nós, que acham muito fácil repensar e reconceitualizar, mas acham muito difícil colocar nossas críticas em prática no dia a dia. Por exemplo, quando criticamos a família patriarcal, que tipos de relações existem? Como realmente vivemos essas relações? Porque as pessoas também estão interessadas em novos modos de vida, não só em novos modos de pensar.

bh: Fale mais sobre isso.

cw: Que novos modos de vida podemos apresentar para que as outras pessoas sigam nosso próprio exemplo moral? Agora, por um lado, nós de fato conhecemos relações familiares negras igualitárias, não muitas, mas há algumas. O que acontece nessas relações? O que fez essas pessoas não só repensarem, mas se comprometerem com um novo modo de vida?

Nós precisamos de organizações que exemplifiquem para as pessoas em um nível cotidiano o que pode ser feito em termos de novas famílias, novas igrejas, igrejas despatriarcalizadas. Como seria uma igreja negra sem o patriarcado? Como seria uma família negra?

bh: Uma das minhas alegrias quando lecionávamos juntos em Yale era quando íamos à igreja lá. E o que eu mais gostava nos sermões era a ênfase no antissexismo, a ênfase na necessidade de repensar e reinterpretar as escrituras de forma a não reinscrever e reforçar o patriarcado. Dwight

Andrews* fez sermões progressistas muito importantes no Dia das Mães. Ele tentou olhar de uma nova forma para as escrituras, procurando entender como o cristianismo defende a dignidade das mulheres, como o cristianismo pode defender a dignidade das mulheres quando não é usado a serviço do patriarcado.

Em certo sentido, é uma coisa nova para nós, intelectuais negros, tentar abordar o gênero apenas através dos nossos livros, mas também por meio do nosso comportamento no dia a dia. Essas questões vão além do assistencialismo politicamente correto.

Quando eu e você falamos juntos pela primeira vez no Centro Cultural Africano-Estadunidense de Yale, eu não estava preparada para a quantidade de pessoas que vieram até mim para dizer que aquela era a primeira vez na vida delas em que viam um homem negro e uma mulher negra ter esse tipo de diálogo. E isso confirma uma coisa que digo para as minhas alunas e alunos: "Se você não consegue imaginar uma coisa, essa coisa não pode se tornar realidade". Mas, creio eu, o impacto mais poderoso que produzimos nesse dia não foram tanto as palavras que dissemos, mas a forma como nos conduzimos – dois indivíduos em solidariedade.

---

* Dwight Andrews (Michigan, Estados Unidos, 1951), músico, compositor e pastor. [N. do T.]

7

DIÁLOGO ENTRE BELL HOOKS E CORNEL WEST

Veja, acontece que estamos muito perto dos horrores do gueto para romantizar... A mãe negra realmente gostaria de ter um bebê sem tuberculose – mais que o poderoso blues! Esse é um dos segredos da nossa grandeza como povo; ao contrário das lendas, nós temos nossos pés fincados nesta terra verde. Ah, sim, querido! Nossa afirmação espiritual da vida tem uma base mais materialista. De que outra forma poderíamos ter criado uma música como "Oh, Lord, I Don't Fell Noways Tired"?

Não – eu disse – não se preocupe conosco, criança. Nós sabemos para onde estamos indo e sabemos como chegar lá. E eu comecei a bater o pé de leve, lembrando da música que acabei de mencionar e em seu espírito triunfante. Ah, sim! Tudo virá com suavidade e beleza, doce como nossas tradições antigas; e transbordará e se espalhará pelo mundo através da nossa arte como as poderosas ondas de um grande spiritual...

Lorraine Hansberry
***Young, Gifted, and Black* [Jovem, talentosa e negra]**

bh: Voltando a falar do Spike Lee, vamos conversar sobre o impacto que ele tem nos jovens negros. Eu fui ver *Mais e melhores blues* em um cinema com um público predominantemente negro. Fora do cinema havia jovens negras e negros entre onze e dezesseis anos pedindo para entrar com a gente. É inegável que essa faixa etária, entre dez e dezoito anos, é profundamente influenciada pelo cinema em seu entendimento das relações. Se você olhar para a nossa infância, fomos influenciados pelo que víamos na igreja. Não éramos influenciados pelas relações negras retratadas na mídia porque essas relações não eram representadas.

cw: Sim, nossos modelos estavam no bairro, na igreja, na nossa família.

bh: Trabalhando com jovens negros, vejo cada vez mais que, mesmo entre as nossas famílias, nós não vemos os adultos negros, homens e mulheres, conversando entre si. Nós vemos homens negros e mulheres negras falando coisas uns aos outros, atravessando-se, dando ordens, fazendo exigências, mas não conversando realmente. Um aspecto de *Mais e melhores blues* que me perturbou e poderia ter sido alterado muito facilmente foi Bleek voltando para Indigo e dizendo: "Salve a minha vida". Foi parecido com o momento em *Os donos da noite* quando o homem negro se vira para a mulher negra e diz: "Me ajude a ser o melhor que posso ser; me ajude a evoluir". Mas em vez de eles conversarem, explorando sua dor individual e mútua, a dor verbalizada se torna uma precursora para o sexo. Bleek não sentiu a necessidade de falar para ela onde ele esteve por um ano, o que aconteceu com ele, perguntar como ia a vida dela etc. Então mais uma vez a questão do processo é descartada, a comunicação íntima é substituída pelo sexo superficial.

cw: Naturalmente, eu acredito que só podemos pedir para uma pessoa salvar nossa vida: o salvador. Então sempre que escolhemos um ser humano, especialmente uma mulher, para nos salvar, estamos pedindo que essa pessoa se comprometa com um nível de sacrifício que muito provavelmente será manipulado pela pessoa que busca a salvação.

Agora, trinta segundos depois de entrar pela porta, Bleek já está carregando a mulher pelas escadas e segundos depois já estava em cima dela. Ela já não é mais a salvadora. Está sendo subordinada e envolvida na produção de prazer. Então, quando ele pede que ela salve sua vida, não é nada mais que uma típica manipulação patriarcal.

Quando Bleek está com as costas na parede, ele vê duas opções: pôr a mulher em um pedestal como uma salvadora que será subordinada e manipulada, ou abusar dela com violência.

bh: É a violência que vemos em *Os donos da noite*. Uma das visões mais trágicas da heterossexualidade negra que já vi no cinema negro contemporâneo. Imagine, um homem negro e uma mulher negra fazem amor e então um mata o outro. Estamos falando de uma violação da nossa noção do sagrado. Se falarmos do sexo como uma metáfora para o ato de se entregar e compartilhar, vemos esses dois personagens se compartilhando genuinamente antes do sexo e ainda assim eles são capazes e estão preparados para se matar depois desse ato de partilha genuína. O amor negro é assim, trágico e desolador? Para quem estamos produzindo essa imagem? Eu pensei muito nisso.

Eddie Murphy é muito diferente de Spike Lee. Nós vemos isso em *Eddie Murphy – Sem censura*, que evoca um erotismo violento. Quando Murphy diz: "A mulher não quer que você diga que a ama, ela quer ser fodida até a morte". Não existe uma noção mais violenta de erotismo, uma política mais anticorpo.

cw: E anti-humana.

bh: Essencialmente antivida. E o que eu acho fascinante é que muitas dessas mensagens vêm de jovens negros. Homens negros que nunca nem tiveram a oportunidade de experimentar relações românticas intensas e profundas. Pensemos no Murphy como um homem na faixa dos vinte anos filmando *Sem censura*, um homem ficando rico e famoso por meio da produção de imagens. O quanto podemos esperar que esse homem jovem seja responsável e experiente com as imagens que escolhe criar?

Nós também somos responsáveis porque temos que falar entre nós, pessoas negras, sobre o que consiste uma relação. *Black Men* [Homens negros], de Haki Madhubuti, por mais falho que seja, o livro anuncia um momento histórico onde há pessoas negras, nacionalistas negros, pensadores afrocentrados tentando confrontar a realidade do sexismo. Uma das melhores partes de *Black Men* é quando ele nos diz que os homens negros não podem mais esperar que as mulheres negras saiam para trabalhar o dia todo e voltem para casa para "servir" as necessidades deles, nem as necessidades domésticas nem as necessidades sexuais. E é incrível que em um momento de tamanho avanço crítico – e eu realmente acho que estamos em um momento de avanço crítico no pensamento afrocentrado – tenhamos um livro como o de Ali, que literalmente acaba com o livro de Madhubuti. Também é incrível ver essa noção reforçada quando Ali acaba com o pensamento de Madhubuti sobre a masculinidade negra, o incentivo que ele dá aos homens negros para repensarem quem são no mundo, no programa de Donahue. Foi muito, muito doloroso assistir isso porque eu vejo alguns homens negros tentando falar sobre gênero e sexualidade, mas eles não estão recebendo a atenção, o respeito e o reconhecimento que esperaríamos. Homens negros como você e Madhubuti estão tentando assumir a responsabilidade pelo sexismo, estão tentando dizer que a violência não pode mais continuar, que não é mais aceitável.

cw: É muito interessante que sempre fazemos alusões aos filmes e à cultura popular porque, quando consideramos a literatura e as várias formas como os personagens respondem aos relacionamentos na literatura, vemos principalmente homens negros e mulheres brancas. Um motivo que poderia explicar isso é que, na cultura popular, as relações inter-raciais ainda são muito controversas, a margem de lucro em potencial não está garantida. Então não vemos relações inter-raciais retratadas, mas sabemos que os homens negros "escapam" desses problemas com as mulheres negras se apaixonado, às vezes verdadeiramente, por mulheres brancas.

Pense nos primeiros romances de John Wideman*, por exemplo, em que o intelectual negro está sempre interagindo com mulheres brancas, tentando se resolver com ele mesmo e com as mulheres brancas. E como isso de fato impacta a realidade que estamos discutindo, as relações inter-raciais.

bh: Quando analisamos criticamente os relacionamentos entre homens negros e mulheres brancas, descobrimos que com frequência os homens negros que vivem essas relações aderem a noções sexistas e patriarcais de virgindade/promiscuidade. Quer dizer, eles veem a mulher branca como

---

* John Edgar Wideman (Washington, D. C., Estados Unidos, 1941), escritor e ensaísta. [N. do T.]

símbolo de uma expressão de feminilidade mais inocente e menos agressiva. E se justapormos essa noção sexista com a insistência de Shahrazad Ali de que a mulher negra é agressiva, exigente, que fala demais, percebemos como é fácil comprar essa mitologia que opera em torno da feminilidade branca como a incorporação da submissão, da falta de assertividade, da pureza.

É importante interrogarmos os relacionamentos inter-raciais nesse nível, e não em um nível mais superficial que rotularia de forma simplista qualquer homem negro que se relaciona com uma mulher branca como alguém que não se identifica como negro. Eu acho muito mais interessante falar sobre a forma como os homens negros que aderem a formas de pensar convencionais sexistas e patriarcais parecem ser os melhores candidatos para também comprar a noção de que as mulheres brancas simbolizam um tipo diferente de feminilidade. Eu penso, por exemplo, no artigo da *New York Woman* que Brent Staples* intitulou como "The White Girl Problem" [O problema da garota branca]. Staples essencialmente fala da raiva que ele, como um homem negro, percebe nas mulheres negras que o veem com mulheres brancas. E o que fica claro no artigo é sua completa falta de interesse nas mulheres negras.

Eu perguntaria a qualquer homem negro do mundo se ele realmente está interessado em si mesmo quando não se interessa pelas mulheres negras, e isso não necessariamente significa que ele tenha que ser amigo, namorar ou casar apenas com mulheres negras. Para um homem negro que escolheu uma parceira branca, não há motivos para ele não oferecer seu cuidado, sua gentileza e consideração para

---

* Brent Staples (Pensilvânia, Estados Unidos, 1951), autor e editor. [N. do T.]

as mulheres negras. Mas costumamos ver o contrário. Não consigo nem dizer quantas mulheres negras já me disseram que haviam dado um homem negro como perdido porque ele estava com uma mulher branca. Agora, ouvir isso superficialmente poderia levar alguém a pensar, ah, a mulher negra está mais uma vez expressando sua raiva e seu ciúme das mulheres brancas. Mas o que está sendo evocado aqui é a dor da negação.

Quando estou andando na rua, vejo um homem negro com uma mulher branca e ele me olha nos olhos com um reconhecimento respeitoso, não me sinto traída. Eu não sinto que a escolha dele é alimentada por um desprezo pela negritude, mas se ele me ignora, então penso que o irmão deve ter algum problema com o amor-próprio, com a autoimagem e com sua identidade racial.

cw: Concordo. Estou pensando no grande St. Clair Drake, que tinha um casamento exogâmico, mas tinha um interesse pelos homens negros e pelas mulheres negras mais evidente que a maioria dos homens negros casados com mulheres negras. Eu também posso dizer isso de alguns amigos próximos que têm um casamento exogâmico, mas, ao mesmo tempo, acredito que lá no fundo, nas profundezas da psique negra masculina, há um esforço de considerar seriamente a beleza das mulheres negras. Os ideais de beleza brancos, quando se trata de mulheres, são tão profundamente inscritos na psique masculina, negra e branca, que muitos irmãos de fato têm dificuldade de reconhecer a beleza negra, e eu não me refiro apenas à beleza física.

Uma das coisas que se refletem em nós quando crescemos em uma comunidade negra é estarmos sintonizados com certos estilos e maneirismos que podemos achar atrativos e desejáveis. Por um lado, eu diria que, tendo crescido em uma comunidade negra, foi um presente da minha infância eu poder me sentir profundamente atraído pelos estilos particulares das mulheres negras. Em outros sentidos, isso é arbitrário porque uma pessoa pode ter crescido em um bairro branco e aprendido a ver esses estilos de forma negativa. Mas se aprendemos que esses estilos são atrativos, então essa é uma forma de entender o que é a beleza física e estilística das mulheres negras. Eu vejo muitos irmãos tendo problemas com isso.

bh: Eu iria mais fundo, Cornel, e diria que tudo começa com os problemas que os homens enfrentam com eles mesmos. Tenho uma paixão antiga, a distância, por Kareem Abdul-Jabbar, e uma das coisas que mais gosto em seus escritos autobiográficos é que ele é tão honesto sobre a forma como se enxergava, sobre seu corpo. Quando olhamos para atletas negros como Michael Jordan, presumimos que essa pessoa que estamos vendo em sua magnificência também se vê como uma pessoa magnífica, mas sabemos que nesta sociedade os homens negros altos e fortes, os homens negros que podem ter o pênis grande, muitas vezes não se veem como pessoas maravilhosas e magníficas, mas como a incorporação daquilo que é mais odiado, desprezado e desvalorizado nesta sociedade. Então alguns homens negros buscam nas mulheres brancas a afirmação da própria negritude que eles não conseguem afirmar para si mesmos. Eles buscam a validação das mulheres brancas porque não possuem um sentimento interior de validação.

Se você tem uma mulher branca dizendo que ama seus músculos, então você pode ter uma relação diferente com os seus músculos e com o valor deles na sociedade branca. Parte da angústia que enfrentamos como homens negros e mulheres negras é que os homens negros não amam seus corpos. Mesmo os homens negros de sucesso, cujos corpos são em parte responsáveis por sua fama e glória. Eles não conseguem enxergar a glória de seus corpos porque sempre são percebidos como uma ameaça.

cw: Eu acredito que muitos homens negros se percebem como pessoas maravilhosas e magníficas, mas apenas em certas esferas.

Então, por causa do mito da proeza sexual dos homens negros, eles se vêm maravilhosos e magníficos através de suas interações com as mulheres. E, em sua construção do prazer, eles internalizaram a noção de que as mulheres brancas proporcionam mais prazer que as mulheres negras. É profundo. Quando um irmão fica preso nisso, ele começa a ser levado por um caminho perigoso, mas muitos de nós fazemos isso porque o mito é perpetuado todos os dias.

Os The Last Poets* costumavam falar sobre coxas negras versus coxas brancas, e falavam sobre irmãos que sonhavam com coxas brancas. Eu me pergunto quantos deles sonhavam com coxas negras. Nós estamos ficando vulgares aqui, mas é bom falar disso. Eu falo dos Last Poets para demonstrar uma forma como o prazer é construído na psique negra masculina.

bh: Com certeza. Quando Alice Walker escreveu seu primeiro conto sobre pornografia, publicado em *You Can't Keep a Good Woman Down* [Uma boa mulher não se deixa vencer], muitas pessoas criticaram. Elas disseram que os

---

* Grupo de poetas e músicos do Harlem (Nova York, Estados Unidos), fundado em 1968, considerado um dos precursores do hip-hop. [N. do T.]

homens negros não liam pornografia, mas em sua autobiografia Kareem Abdul-Jabbar fala das revistas pornográficas que ele tinha em casa.

cw: Quando ele era criança?

bh: Sim, e o corpo idealizado nessas revistas era o corpo feminino branco.

cw: Hoje a TV é pornográfica em muitas instâncias se considerarmos a objetificação sexual do corpo humano como uma forma de pornografia. E o objeto sexual idealizado segue sendo a mulher branca.

bh: Em termos da construção da feminilidade negra em revistas de moda como a *Vogue*, a *Elle* e a *Mirabella*, os corpos das mulheres negras costumam ser representados de uma forma estranha, distorcida. As mulheres negras usam perucas artificiais e aparecem em posições contorcidas, então o corpo feminino branco sempre parece ser um significante da beleza "natural". A mulher negra, por outro lado, é tratada como essa figura cuja beleza é de alguma forma construída, artificial, desprovida de beleza inerente. Essa ainda é uma grande questão para as mulheres negras em termos do desenvolvimento de nossas identidades sexuais.

cw: A estética tem consequências políticas substanciais. A forma como as pessoas veem a si mesmas, considerando-se bonitas ou não, desejáveis ou não, tem consequências profundas nos sentimentos de autovalor e na capacidade de ser um agente político. Marcus Garvey entendeu isso. Uma de suas grandes percepções foi o reconhecimento de que a aparência estética tinha de ser revertida antes de as pessoas negras poderem exercer plenamente sua agência política. Mais uma vez o problema tem a ver com reversões simples. Nós não podemos ter uma inversão que resulte em uma supremacia negra. Garvey nunca promoveu a supremacia negra, mas Elijah sim. Porém o que precisamos como povo é uma apreciação sincera da beleza africana que permaneça intacta em nossas interações com outros povos. Assim podemos nos afirmar sem rebaixar outras pessoas. Esse é um sinal de maturidade moral.

bh: Isso também significa que temos que aprofundar nossa compreensão da beleza. E temos que aprender que uma pessoa negra que se ama é infinitamente mais bonita que uma pessoa negra que se odeia. Nós falamos muito sobre as superficialidades da cor da pele e da textura do cabelo sem considerar que são apenas sintomas. Quantas pessoas negras de pele clara nós conhecemos que se afundam em um auto-ódio incapacitante, ainda que sejam consideradas "mais bonitas" entre as pessoas negras e as pessoas no geral? Então, ao repensar a luta pela libertação negra, é importante compreender que essa luta começa pelo eu. Como Toni Cade Bambara disse em seu ensaio, "On the Issue of Roles" [Sobre a questão dos papéis], isso envolve uma conversão de nossas noções de beleza.

Toni Morrison fala sobre como é doloroso para nós tolerar certas noções de beleza, perpetuar e impor essas noções. Por exemplo, uma dor psíquica que muitos homens negros sentem – e acho que vemos essa dor representada nos filmes de Spike – tem a ver com o sentimento de que eles não atendem aos ideais de beleza das mulheres negras.

A priorização do físico em detrimento de tudo o mais permite que uma mulher acredite que, se ela tem um homem que não é bonito, então vai dar um golpe nele para obter bens materiais. Sistemas de valores desse tipo produziram uma visão corrompida da heterossexualidade negra e das relações negras.

cw: Essa dificuldade de nutrir o amor-próprio nos impede de sermos gentis, amorosos e cuidadosos porque, quando falamos sobre relacionamentos, nós não estamos falando da beleza apenas nos termos do amor-próprio. Estamos falando sobre uma beleza que pode ser manifestada em termos de como tratamos nossos parceiros e parceiras, como levamos suas necessidades em consideração.

bh: O que torna o final de *Mais e melhores blues* tão superficial... são precisamente todas as coisas que não são levadas em consideração. O que mais me doeu como espectadora foi a escolha de Lee de *A Love Supreme* na última cena, quando o objetivo musical de Coltrane foi evocar justamente um alto nível de consideração, mostrar que o cuidado é divino e sagrado. Não uma noção rasa de cuidado, mas um profundo sentimento de respeito que é realmente olhar para outra pessoa e reconhecer o que ela precisa, o que você pode oferecer para ela para nutrir seu bem-estar geral, seu bem-estar espiritual, físico e emocional. Essa noção em *A Love Supreme* é uma combinação de todas essas forças, e foi um afastamento, quando consideramos a carreira de Coltrane, de noções românticas do amor que sugerem que o amor não é um ato de boa vontade. Coltrane estava falando dessa união com o divino que nos permite amar mais profundamente e plenamente aqui na terra.

cw: Sim, isso faz parte do gênio de Coltrane. Suas percepções da vida são inseparáveis de seu gênio musical, mas não reduzem sua genialidade.

Mas vamos voltar a falar das relações inter-raciais e das mulheres negras. Essa discussão costuma esquentar bastante quando falamos sobre as mulheres negras profissionais e seus parceiros em potencial.

E sobre a questão dos parceiros negros intelectuais? Você, por exemplo, como uma intelectual negra, tem que ter um parceiro intelectual? Ou como seria para uma mulher negra profissional estar com um irmão que não tem uma profissão, ou vice-versa? Uma mulher negra profissional tem que se relacionar com um homem negro profissional?

bh: Bom, falando especificamente sobre pessoas negras heterossexuais, eu diria que é muito importante diferenciar a intelectualidade do profissionalismo, de fazer parte de uma classe profissional. Embora para mim seja muito importante estar na companhia de um intelectual, eu não acho importante estar com alguém que faça parte de uma classe profissional.

cw: Por que é importante estar com um "intelectual"?

bh: Para mim, é importante estar com pessoas que têm um pensamento político semelhante ao meu. Eu uso o termo intelectual em um sentido mais amplo. Quero dizer que desejo estar com um pensador crítico. Nós sabemos que há muitas, muitas pessoas negras da classe baixa, desempregadas etc., que são pensadoras críticas, que possuem grandes habilidades analíticas, então eu diria que, para mim, é importante estar na companhia de indivíduos criticamente engajados. Cornel, neste momento da minha vida, me sinto muito abençoada em relação ao meu trabalho. Eu considero o meu trabalho como um dom concedido a mim pelo divino e sinto que um dos padrões que estou tentando seguir na vida é que não posso me ver na companhia de alguém que não respeite o meu trabalho e o meu processo. A vida nos mostra que é muito difícil para nós, mulheres, encontrarmos alguém que não entenda, mas ainda assim respeite nosso processo de trabalho. Nós temos muitos exemplos de homens intelectuais de todas as raças que podem estar com uma mulher que nem gosta muito de ler, mas que pode ter profunda admiração e respeito por ele e apoia esse homem. Eu não acho que temos muitos exemplos de homens que querem dar esse apoio para as mulheres, principalmente quando eles sentem que de alguma forma não conseguem acessar o trabalho delas. As intelectuais negras acabam desejando estar com parceiros similares a elas, pessoas com processos similares que têm esse entendimento. Enquanto vivermos no patriarcado, as relações de gênero serão em grande parte baseadas em uma noção do serviço vinculada à mulher. Eu, por exemplo. Escrever é uma atividade solitária; passo muito tempo sozinha. Como poderia ter um homem na minha vida que pensa que o papel da mulher no lar seria atender todas as necessidades dele? Parte da beleza do longo relacionamento que tive com um outro intelectual negro é que ele nunca desrespeitou a minha necessidade de ficar sozinha e trabalhar. Eu acho que o feminismo não teve um impacto significativo na forma como pensamos as políticas cotidianas das relações heterossexuais. Tem um livro chamado *The Second Shift* [A segunda mudança], escrito por uma socióloga branca*, que nos diz que as mulheres ainda estão fazendo a maior parte do trabalho doméstico. Quanto mais estudado o homem é, mais ele pensa que está trabalhando, mas na verdade não está.

---

* Arlie Russell Hochschild (Massachusetts, Estados Unidos, 1940), socióloga e professora feminista. [N. do T.]

cw: Então, independentemente da classe e da raça, ainda fica a expectativa de que as mulheres farão todo o trabalho?

bh: Sim. Uma das coisas que diferenciam o trabalho intelectual do trabalho acadêmico é que o trabalho intelectual não se confina a um lugar. Eu deito na cama à noite e penso nos problemas teóricos que estou tentando resolver. Quando eu vivia com o meu parceiro, durante catorze anos, em muitas noites eu o acordava para falar sobre essa ideia que martelava na minha cabeça sobre os homens negros e as mulheres negras na escravidão, e queria compartilhar com ele.

Recentemente li uma coisa bem interessante sobre Arsenio Hall explicando por que ele não estava comprometido em um relacionamento. Ele contou uma piada dizendo que estava fazendo sexo com uma mulher e os dois estavam fazendo muito barulho, então de repente ele pensou que os vizinhos estavam ouvindo e dizendo: "Ele não é assim tão bom". Então toda uma esquete ocorreu a ele e Arsenio teve que sair da cama para trabalhar nela. Para manter esse tipo de processo criativo, que é basicamente se comprometer com o processo vinte e quatro horas por dia, você tem que estar com alguém que respeita esse processo. E a utilidade desse processo para o seu parceiro ou parceira não é tão importante quanto o respeito que dedicam ao seu trabalho.

cw: Sim, mas eu não acho que as pessoas precisam ser intelectuais profissionais para respeitar.

bh: Concordo.

cw: Mas eu acho que você está fazendo uma reivindicação bem forte. Você está dizendo que a outra pessoa tem que entender de alguma forma como é estar no meio desse processo.

bh: Eu estou dizendo que, no patriarcado, os homens são menos propensos a se identificar com os processos das mulheres.

cw: Verdade, verdade. Nós sempre ouvimos como as mulheres talentosas são ameaçadoras e intimidadoras para os homens no geral e para os homens negros em particular. Então, acho que você tem razão; no patriarcado, é mais difícil para uma mulher talentosa do que para um homem encontrar alguém que vai respeitar e entender seu processo trabalho.

Eu sempre tive a sensação de que há uma espécie de padrão duplo (e vou me encrenar por falar isso) por parte das mulheres negras profissionais que tendem a quase excluir os homens negros não profissionais que respeitariam o trabalho delas, que seriam igualitários, que as amariam profundamente.

bh: Bem, Cornel, nesse sentido, estamos falando de um certo tipo de mulher negra burguesa que tem noções muito convencionais e conservadoras sobre as relações e politicamente falando. Uma coisa que eu diria enquanto uma mulher negra radical que sente que mais mulheres negras precisam se engajar com o pensamento negro feminista revolucionário é que um livro como o de Shahrazad Ali ganha notoriedade justamente porque, em parte, o livro é poderoso porque faz alusões a certas verdades e, como o livro de Shelby Steele, usa essas verdades contra nós.

Uma das grandes críticas que ela faz em *Blackman's Guide* é em relação à mulher burguesa que possui uma noção idealizada dos relacionamentos, uma expectativa idealizada em relação aos bens materiais e que é consciente de seu *status*. Essas críticas são verdadeiramente relevantes. Ali diz que essa mulher vê mulheres brancas na TV, em programas desde *Mary Tyler Moore* até *L.A. Law*, e decide que essa feminilidade deveria ser universal. No cerne desse dilema está a ideia de que as mulheres negras comecem a repensar, sobretudo, nossa própria relação com a feminilidade negra, para que não desejemos nos tornar meras cópias da mulher branca de classe média ou de classe alta. As representações midiáticas do romance branco nos fazem idealizar relações que não são nem baseadas em relacionamentos da vida real com um homem real, mas em um tipo de mito da Cinderela em que se constrói a ideia de um herói idealizado. Eu acho que, para as mulheres negras profissionais presas nessas idealizações, é impossível ter uma relação autêntica com um homem negro ou com qualquer homem.

cw: Aqui a realidade entra mais uma vez. Nós podemos de fato viver a vida depois de criticar as instituições dominantes como a família etc.? Como uma mulher negra pode evitar o isolamento e a solidão se, depois de apresentar essas críticas profundas, não há nenhum irmão por aí? Nenhum irmão que possa se comprometer em relações igualitárias, nenhum irmão que possa respeitar o processo dela, nenhum irmão que entenda o seu próprio processo? Elas vão simplesmente passar a vida sozinhas e nos fornecendo suas críticas poderosas enquanto elas mesmas não conseguem alcançar a realização que merecem?

bh: Eu acho que duas alternativas de relação que muitas mulheres negras não consideraram no passado e que agora estão aí são: um, relações com homens brancos e homens de outras etnias; e dois, relações com mulheres. Eu acho que há muitos motivos para as pessoas viverem a lesbianidade. Muitas mulheres dirão que nasceram lésbicas, mas eu também vejo um grupo de mulheres, muitas das quais já foram casadas e tiveram filhos, que se consideram bissexuais ou que podem se considerar heterossexuais, mas se cansaram da solidão e do isolamento romântico enquanto esperavam ter essas "boas" relações com homens. As mulheres negras estão se abrindo cada vez mais para essas alternativas. Justamente porque não queremos passar o resto da vida sozinhas.

Para mim, *A cor púrpura* foi a primeira obra de ficção a trazer essa possibilidade à tona de forma explícita.

cw: Na cultura popular?

bh: Sim. E eu acho que isso abalou muitas pessoas negras. Eu acho que muitas pessoas negras ficaram ressentidas com a relação entre Shug e Celie. Nós vemos um ataque violento contra a lesbianidade negra no livro de Shahrazad Ali, quando ela tenta argumentar que todas as lésbicas estão, na verdade, querendo ser homens. E isso nega para muitas mulheres negras que escolher viver com uma outra mulher negra não tem a ver com uma atitude anti-homem, mas com o desejo de participar de uma espécie de celebração da própria feminilidade. É isso o que eu acho que Walker tentou exemplificar em *A cor púrpura*: que é em sua relação com Shug que Celie começa a se aceitar como uma pessoa digna de amor. E o que é tão crucial em *A cor púrpura* é que ela vive essa relação e passa a criar um vínculo afetivo poderoso com Albert. Então Walker não representa a lesbianidade como uma alternativa anti-homem, mas diz que quando uma pessoa se ama mais, essa pessoa é mais capaz de amar, compreender e perdoar outras pessoas. Então, no fim do romance, nós vemos Celie e Albert, ambos amadurecidos em seu amor-próprio, dizendo um ao outro que então eram verdadeiros companheiros de alma. Eu me comovi quando Albert disse para Celie: "Somos só dois velhos bobos sob as estrelas". Eles entram em um tipo de harmonia justamente porque passaram por uma conversão. A relação amorosa de Celie com o mesmo sexo permitiu que eles se amassem mais plenamente.

cw: Eu entendo, mas um dos perigos dessas duas alternativas (a lesbianidade e relações com homens que não são de descendência africana) é pensar que de alguma forma as relações de dominação também não podem ser reproduzidas nesses relacionamentos. É falho pensar que de alguma forma mudar do homem negro para o homem branco pode fornecer um contexto menos abusivo. Mesmo no caso das relações lésbicas, é ingênuo pensar que essas relações são de alguma forma livres da dominação, do racismo, do sexismo internalizado, de tensão, ansiedade e abuso. As tensões nesses relacionamentos alternativos não necessariamente se manifestam da mesma forma, mas também não desaparecem.

bh: Mas as mulheres negras estão se afastando dos homens negros porque há poucos homens negros dispostos a assumir que vivem uma vida comprometida com os princípios feministas?

cw: Por que você tem que ter um companheiro que acredita nos seus próprios princípios? Por que você não pode ter um companheiro que diga: eu estou comprometido com essa pessoa que se compromete com os princípios feministas?

Pensando no meu próprio relacionamento, eu não peço para a minha esposa se comprometer com as minhas práticas socialistas democráticas.

bh: Mas é totalmente diferente porque ela, como indivíduo, não é uma capitalista que oprime você. Se conceitualizarmos o patriarcado como um sistema de dominação que se reafirma principalmente na esfera doméstica, então uma pessoa se comprometer ou não com o feminismo determina como podemos viver juntos como duas pessoas heterossexuais.

Eu amei e vivi com homens que não se consideravam religiosos, embora a religião faça parte do meu cotidiano, e eles não me oprimiram por ser religiosa. Mas estar com um homem que não se comprometa com o feminismo poderia significar que eu estou com alguém que é contra mim ou que prejudica o meu compromisso feminista.

cw: Mas existe um meio-termo. Eu não consigo imaginar um homem que nunca oprimiria você porque te ama, mas não necessariamente ele se comprometeria com os princípios do feminismo.

bh: E eu diria que qualquer homem que não oprime uma mulher no patriarcado já está se comprometendo com os princípios feministas.

cw: Sim, entendo.

bh: Ele não tem que adotar a linguagem, mas já é um homem transformado dentro do contexto patriarcal. Porque o patriarcado está sempre ali para recompensar esse homem por subjugar as mulheres. Também não seria satisfatório para mim estar com um homem que, embora não queira me subordinar, trate outras mulheres com desprezo.

Quando você é uma mulher negra bem conhecida, você acaba deparando com homens que pensam que você é diferente de alguma forma e merece mais respeito e adoração que as outras mulheres, e isso não é aceitável para mim, nem politicamente nem pessoalmente.

É muito traiçoeiro prestigiar uma mulher quando você se dispõe a explorar e oprimir outras mulheres no dia a dia.

cw: É uma questão difícil porque eu acho que todos os homens, incluindo eu mesmo, somos moldados pelos valores patriarcais, então, ainda que nos proclamemos feministas, nós somos inevitavelmente contaminados.

bh: É por isso que eu falei do compromisso.

Quando falamos sobre possibilidades transformadoras para os homens negros e as mulheres negras, precisamos explorar mais que as relações românticas; precisamos falar seriamente sobre amizade. Para mim, tem sido uma grande forma de cura reconhecer que somos feridos. Nós somos feridos em tantas áreas que eu acho mágico e maravilhoso quando encontro uma outra pessoa negra que está tentando curar suas feridas. Isso significa que essa pessoa não precisa ser perfeita, não precisa ter limpado todos os traços de sexismo, homofobia, classicismo e de racismo internalizado. Mas é o compromisso com o processo de mudança e convergência que abre as possibilidades de amor, renovação e reconciliação.

cw: Mas deve ser um compromisso que tenha algumas manifestações concretas. Para muitas pessoas, a consciência libertadora não é apenas uma moda, mas também é bem lucrativa.

bh: Eu penso muito sobre a natureza do processo. Trabalho aqui na Oberlin College com Calvin Hernton*. Se considerarmos os primeiros livros de Hernton, como *Sex and Racism in America* [Sexo e racismo na América], vemos como eram obras profundamente negativas e sexistas na forma como falavam sobre as mulheres negras. Então o Hernton de alguns anos depois – e eu realmente acredito que ele teve uma experiência de conversão pelo caminho – começa a criticar sua própria misoginia e a misoginia de outros homens negros. Ele escreve um ensaio como "Black Women Writers and the Sexual Mountain" [Escritoras negras e a montanha sexual] e é desprezado por homens negros e mulheres negras que o consideram um oportunista. Agora eu paro e penso: não é perigoso para nós querer rotular essa pessoa de oportunista tão rápido quando o que ele está tentando fazer é subverter a norma patriarcal e criar um espaço de intervenção? Eu estou menos tentada a julgá-lo como um oportunista do que em aceitar a positividade em potencial dessa intervenção. Eu acho perigoso querer que os homens mudem, mas então perceber que um homem está mudando muito rápido ou conseguindo alguns benefícios com essa mudança e falar mal dessa transformação. Nós precisamos tomar cuidado com isso ou faremos parecer que os homens negros são um caso perdido, que os homens no geral são um caso perdido. Ao mesmo tempo, você está muito certo em esperar manifestações concretas.

---

* Calvin Coolidge Hernton (Tennessee, Estados Unidos, 1932 – Ohio, Estados Unidos, 2001), poeta e sociólogo. [N. do T.]

Eu olho para a nossa amizade no decorrer dos anos e houve momentos em que eu pensei que você não estava fazendo tudo o que podia para combater o sexismo. Então olho para as áreas onde vi você crescer em pensamento e ação. Por exemplo, nossa entrevista publicada na *Emerge*. Uma das coisas que nos preocupou era o nosso reconhecimento de que as leitoras negras da *Emerge* costumavam ser alienadas pela revista, que às vezes tinha uma perspectiva exclusivamente negra e masculina. Eu não sei se o Cornel West que conheci anos atrás teria reconhecido isso, mas *eu* estava entrevistando *você* e fui colocada como a voz subordinada na entrevista. A primeira coisa que você disse quando o representante da *Emerge* chegou era que a entrevista deveria ser um diálogo porque nós éramos iguais no contexto da intelectualidade negra. Esse não foi apenas um gesto de solidariedade feminista, mas uma manifestação concreta do seu compromisso com os princípios feministas.

CW: Eu cresci em uma cultura patriarcal negra tradicional e sem dúvida levarei para o túmulo muitas cumplicidades patriarcais inconscientes mas presentes, porque estão muito enraizadas na forma como vejo o mundo. Então, como o alcoolismo, o vício em drogas ou o racismo, o patriarcado é uma doença e nós estamos sempre em recuperação e passando por recaídas. Nós temos que nos levantar todo dia e lutar contra o patriarcado.

bh: Isso me faz lembrar novamente o programa de Donahue com Shahrazad Ali e a forma como ela chamou Haki Madhubuti de fraco. E lá estava ele: um homem gentil, respeitoso, nada rude nem opressor. As mulheres negras e os homens negros, juntos, devem começar a repensar o que nós consideramos como masculino se queremos ver um tipo de revolução de gênero na comunidade negra e nas relações negras. Madhubuti incorporou um homem negro demonstrando respeito por uma mulher negra. E o desprezo que ela demonstrou por esse respeito tentando sugerir que ele não era um homem de verdade revelou o horror total de uma mulher que se orienta pelo masculino. Às vezes, nas minhas classes, alguns irmãos jovens comprometidos com o pensamento feminista me procuram para dizer: minha namorada quer que eu seja mais dominador porque é isso o que ela pensa que um homem é.

Uma das formas pelas quais sofremos a perda de Malcolm X é que muitas pessoas não sabem, tendo visto apenas sua participação na vida pública, em que ele era um homem muito enérgico, que em sua vida particular ele foi uma presença acolhedora, gentil e cuidadosa segundo seus filhos. Nós precisamos entender que não existe uma construção rígida da masculinidade, que as pessoas são capazes de ser fortes naqueles momentos da vida que pedem assertividade e força, mas também são capazes de ser generosas, calmas e acolhedoras em outras áreas. Esse é o trabalho crucial nas relações de gênero que não tem sido feito pelas pessoas negras: criar modelos de masculinidade negra que diferem da norma machista. E nós, mulheres negras, devemos passar por uma experiência de conversão para apreciar e apoiar os homens negros. Porque, sim, parte da mitologia sexual estadunidense se define por aquele ditado: "os mocinhos ficam para trás". Então por que um irmão trataria bem as irmãs se elas escolhem sempre o sr. Mau-caráter?

cw: O sr. Maneiro.

bh: As mulheres compram a mística do comportamento de macho e criam um homem fantasioso que é macho e agressivo, mas não usa esse machismo contra elas. Essa tentativa de negar a violência inerente do caráter machista põe a vida e a psique das mulheres negras em perigo. As mulheres negras ainda não começaram a criticar coletivamente as noções convencionais de feminilidade, então nós ainda precisamos afirmar nossa feminilidade construída com seu suposto equivalente, o machismo. Apenas quando começarmos a criticar mais essas noções, quando começarmos a nos transformar, é que poderemos nos abrir totalmente para os homens negros radicais que estão repensando a masculinidade.

CW: Isso deve ter a ver com o medo da intimidade que as pessoas negras sentem. O íntimo pressupõe uma vulnerabilidade.

Há muitas mulheres negras que se permitiram ser vulneráveis e sofreram por isso, então elas desistem de viver uma intimidade genuína e investem em formas de *status* superficiais e em noções superficiais de beleza.

Muitas vezes, quando as mulheres negras falam de um homem forte, elas não se referem à dominação em um sentido negativo, mas falam de um homem seguro, fiel e confiável. A metáfora tem mais a ver com uma rocha do que com um chicote. Agora, não há nada de errado com uma rocha, todo mundo precisa de uma rocha. As mulheres negras sempre tiveram menos acesso às rochas, menos acesso à segurança, à fidelidade e à confiança. Então, a interpretação da necessidade das mulheres negras de ter algo em que se apoiar em momentos de necessidade, desespero e luto, e seu consequente desejo de que os homens sejam dominadores, pode ser reformulada em termos muito mais saudáveis.

bh: Eu venho de um ambiente familiar disfuncional, então tive que aprender a confiar em mim mesma para ter certos tipos de autocuidado, e sabendo que eu era capaz de fornecer esses cuidados, aprendi a confiar na capacidade das pessoas de fornecerem esses cuidados. Se estou sempre "perdendo a cabeça" em momentos de crise, então vou precisar que você expresse de forma exagerada que é capaz de me apoiar em momentos de crise. Então, conforme desenvolvo minha capacidade de autocuidado, conforme aprendo a ser uma rocha para mim mesma, também posso ser uma rocha para você, e ao mesmo tempo não vou precisar que você se prove para mim o tempo todo.

Muitos homens negros sentem que estão sendo levados para o túmulo por ataques do coração e derrames enquanto tentam parecer essa rocha para os indivíduos em sua vida – filhos, esposa, amante, um parceiro gay, que não querem nem ver esse homem desmoronando. Esses indivíduos não querem ver a pessoa que rotularam como "o provedor" passando por momentos de vulnerabilidade. E isso reafirma a importância de criticar as noções convencionais do patriarcado. Porque esse modelo de masculinidade nega a humanidade dos homens, nega que há momentos na vida em que eles precisam dizer: "Eu não posso mais sair de casa e fazer aquilo que está acabando comigo". Os homens negros, principalmente aqueles que têm sido provedores, que sempre tiveram que representar uma masculinidade negra forte e digna, não sentem que precisam de um espaço para articular sua vulnerabilidade emocional.

cw: Sim, não pode haver intimidade se não houver uma vulnerabilidade mútua.

Com "rocha", eu também quis dizer...

bh: Constância. Não pode haver uma intimidade real sem compromisso, e o compromisso é formado em relações de constância. Eu penso em você e eu como amigos e na forma como nutrimos nossa amizade ao longo dos anos. Se nos víssemos apenas uma vez por ano, o que aconteceria com o nosso nível de confiança, como criaríamos uma história juntos capaz de nos sustentar nos momentos difíceis da nossa vida e em nossa amizade? Não que eu acredite que a distância necessariamente impede a intimidade, mas a intimidade requer cultivo, e o cultivo requer compromisso e constância.

cw: Então vemos nossa comunidade lidando em larga escala com um sentimento de traição mútua. Desde a integração, nós não cultivamos relações compromissadas o suficiente com nós mesmos, com a nossa comunidade e, por extensão, com pessoas de descendência africana. Esse cultivo interno do amor e do apoio nos permite interagir com povos não africanos de uma forma mais humana.

bh: Como você acha que isso se relaciona com questões de compromisso e fidelidade sexual? Com certeza um dos grandes problemas da comunidade negra é a prevenção e educação sobre a aids. As pessoas negras tendem a negar a realidade da homossexualidade, da bissexualidade ou da promiscuidade em qualquer orientação. Consequentemente, nossos estigmas sexuais não nos permitem tomar medidas apropriadas para iniciar campanhas de prevenção e tratamento dentro da comunidade. Se vamos falar, como Ali faz, sobre relações não monogâmicas, nós também temos que falar sobre um discurso mais público sobre sexualidade, como forma de autopreservação. E eu não me refiro apenas à aids, mas às muitas ISTs que sabemos que acometem a sociedade como um todo.

Uma das grandes questões que enfrentamos como um povo é nossa luta para criar uma sexualidade conectada com relações de compromisso e cuidado. Diferente da cultura branca dominante, as pessoas negras vieram de condições afrodiaspóricas em que o prazer sexual pode não ser visto no mesmo lugar ocupado pela satisfação emocional. Claramente, se olharmos para as taxas de divórcios entre as pessoas negras heterossexuais, para as relações dos gays negros e das lésbicas negras, veremos muitos indicativos de que precisamos revisar o lugar da sexualidade nas relações amorosas – precisamos criticar o sexo casual. Entre nossas diversas preferências e práticas sexuais, questões de poder e desejo são encenadas na arena da sedução e da conquista sexual. Um homem negro que se sente impotente na maioria das áreas de sua vida, no trabalho, em relação a sua autoimagem, pode sentir que o único lugar onde ele pode superar esse sentimento de impotência e se experimentar como uma pessoa poderosa e dominadora é a arena sexual, onde ele manipula e põe parceiras umas contra as outras, ou enlouquece uma mulher com enganos e mentiras. E quando falo em criticar o sexo casual e esse exercício de poder destrutivo e desumanizante, não quero sugerir que todas as formas de não monogamia sejam absolutamente negativas.

Eu nunca acreditei que a monogamia seria a única solução. Como M. Scott Peck* diz em seu famoso livro *A trilha menos percorrida*, você pode amar mais de uma pessoa se for capaz. Isso significa que precisa ter tempo, espaço e generosidade, e a maioria de nós não tem. A maioria de nós não consegue viver verdadeiramente uma relação amorosa.

---

* Morgan Scott Peck (Nova York, Estados Unidos, 1936 – Connecticut, Estados Unidos, 2005), psicoterapeuta e autor. [N. do T.]

cw: Muita gente mal consegue amar uma pessoa só.

bh: Com certeza.

cw: Ou se amar.

bh: E são essas as questões que enfrentamos quando temos movimentos populares forçando a poligamia na vida negra comunitária. As condições de quem somos, a forma como somos arrasados diariamente torna difícil para nós dizermos que podemos amar mais de uma pessoa. Com certeza nós transamos com mais de uma pessoa. E precisamos fazer uma distinção aqui.

cw: Você não pode levar a sério um homem que fala sobre poligamia a menos que ele aplique isso às mulheres também. A sexualidade faz parte do exercício de poder na sociedade patriarcal, então você sempre vai ver esse padrão duplo aparecendo no nível da prática.

bh: Cornel, eu me interesso muito pela relação entre a capacidade de se amar das pessoas negras e nossas noções de espiritualidade. Algo que me preocupa muito é que muitas pessoas negras não se comprometem mais com a experiência religiosa negra. Isso tem sido muito prejudicial para as nossas psiques coletivas porque uma das principais áreas de nossa vida em que temos um sentimento de esperança vem da experiência religiosa negra. O sentimento de que, não importa o quão oprimido você seja, não importa o quão derrotado você esteja, ainda há a possibilidade de redenção e salvação. Essa mensagem de esperança era uma força de sobrevivência na vida negra. Então, como podemos falar sobre noções revitalizadas da espiritualidade na vida negra? Isso é possível?

CW: Sim, eu acho que é possível e penso que é importante entender a espiritualidade aqui como aquilo que mantém a esperança. Uma forma de falar disso é dizer que a única esperança que as pessoas negras têm é que as pessoas negras com esperança nunca perdem a esperança. No passado, é bem verdade que o cristianismo foi o maior canal de esperança. Mas eu não acho que o cristianismo monopolizou a esperança na comunidade negra, pois há formas seculares, outras religiões, como o islamismo, o judaísmo e o budismo, na comunidade negra. Mas em nossa presente situação, em que a falta de esperança domina cada vez mais, me parece que nós temos que revitalizar não apenas o cristianismo, mas todos os canais de esperança. Como cristão, falo da condição cristã, mas o que tenho a dizer deveria ser relevante para todas as diferentes tradições religiosas. O mais difícil é que o niilismo que percorre nossas comunidades acaba com a esperança. Uma das piores coisas que podem acontecer na comunidade negra é que aqueles cujo trabalho invoca a esperança acabem se tornando religiosos vigaristas e charlatões, destruindo a confiança. Esse é um dos dilemas em que nos encontramos hoje: que as pessoas – especialmente as lideranças – que falam sobre esperança tendem a ser manipuladoras.

8

O DILEMA DA INTELECTUALIDADE NEGRA

POR CORNEL WEST

> *As peculiaridades da estrutura social estadunidense e a posição da classe intelectual em seu interior tornam o papel do intelectual negro algo especial. O intelectual negro deve lidar intimamente com as estruturas e os aparatos culturais do poder branco e com as realidades íntimas do mundo negro ao mesmo tempo. Mas para ser bem-sucedido nesse papel, ele deve ter plena consciência da natureza da dinâmica social estadunidense e da forma como essa dinâmica monitora os ingredientes da estratificação de classe nessa sociedade. [...] Portanto, para cumprir seu papel funcional, o intelectual negro não pode, absolutamente, estar separado do mundo negro ou do mundo branco.*
>
> **Harold Cruse**
> ***The Crisis of the Negro Intellectual***
> **[A crise do intelectual negro] (1967)**

O intelectual negro contemporâneo enfrenta um grave impasse. Capturado entre uma sociedade estadunidense insolente e uma comunidade negra indiferente, o afro-estadunidense que leva a vida intelectual a sério habita um mundo isolado e insulado. Essas condições condizem pouco com as motivações e intenções da intelectualidade negra, sendo uma situação objetiva criada por circunstâncias que fogem de sua escolha. Neste ensaio meditativo, explorarei esse dilema do intelectual negro, sugerindo vários formas de entendê-lo e transformá-lo.

Tornando-se um intelectual negro

A escolha de se tornar um intelectual negro é um ato de autoimposição da marginalidade, garantindo um *status* periférico dentro e para a comunidade negra. A busca pela erudição é de fato um tema fundamental na história afro-estadunidense e um impulso básico na comunidade negra. Mas as pessoas negras e a maioria dos estadunidenses costumam considerar a erudição como um meio de obter benefícios pecuniários mais substantivos do que os ganhos obtidos por escritores, artistas ou professores. São diversos os motivos que levam algumas pessoas negras a se tornarem intelectuais. Mas na maioria dos casos esses motivos podem encontrar uma raiz comum: uma experiência parecida com a conversão conduzida por um professor ou par influente que convenceu uma pessoa a dedicar sua vida às atividades de leitura, escrita e diálogo com os propósitos de prazer individual, validação pessoal e avanço político das pessoas negras (e, muitas vezes, de outros povos oprimidos).

Os caminhos para uma pessoa negra se tornar intelectual são problemáticos. E isso acontece porque as rotas tradicionais que as pessoas tomam para se tornar intelectuais na sociedade estadunidense se abriram apenas recentemente – e permanecem difíceis. Os caminhos principais são a academia ou as subculturas eruditas no campo das artes, da cultura e da política. Antes da admissão de estudantes negros em universidades e faculdades brancas de elite no fim dos anos 1960, algumas instituições educacionais negras serviram de estímulo inicial para os intelectuais negros em potencial. E, honestamente, havia mais e melhores intelectuais negros nessa época do que agora. Após adquirir uma boa base nas faculdades negras, onde o autovalor e a autoconfiança eram afirmados, os alunos negros brilhantes se matriculavam nas melhores instituições brancas para serem treinados por acadêmicos liberais e solidários renomados. Grandes figuras como W. E. B. Du Bois, E. Franklin Frazier e John Hope Franklin* foram produtos desse sistema. Para os futuros intelectuais negros que não tinham acesso à academia por motivos financeiros ou pessoais, havia as subculturas eruditas – sobretudo nos grandes centros urbanos – dos escritores, pintores, músicos e políticos, onde eles poderiam buscar uma formação não convencional. Grandes personagens como Richard Wright, Ralph Ellison e James Baldwin foram produtos desse processo.

Ironicamente, a academia e as subculturas eruditas contemporâneas apresentam hoje mais obstáculos para os jovens intelectuais negros do que nas décadas passadas. Isso acontece por três motivos. Primeiro, a atitude dos acadêmicos brancos mudou muito. Hoje é muito mais difícil para os estudantes negros, especialmente os graduados, serem levados a sério como *acadêmicos e intelectuais em potencial*, e isso se deve ao *éthos* gerencial de nossas universidades e faculdades (em que se passa menos tempo com os alunos) e às percepções vulgares (racistas!) alimentadas por

---

* John Hope Franklin (Oklahoma, Estados Unidos, 1915 – Carolina do Norte, Estados Unidos, 2009), historiador e professor. [N. do T.]

programas de ações afirmativas que poluem muitas das relações entre alunos negros e professores brancos.

Segundo: as subculturas eruditas são menos abertas às pessoas negras agora do que eram há quatro décadas, e não porque os periódicos brancos de vanguarda ou grupos da esquerda sejam mais racistas hoje, mas porque as questões políticas e culturais mais aquecidas, como o legado do movimento Black Power, o conflito Israel-Palestina, a invisibilidade da África no discurso político estadunidense, criaram um distanciamento e linhas de demarcação rígidas entre a intelectualidade negra e a branca. É desnecessário dizer que a presença negra é insignificante nos principais periódicos como *The New York Review of Books* e *The New York Times Book Review* – quase inexistente. E os periódicos mais esquerdistas como a *Dissent*, a *Socialist Review*, *The Nation* e a *Telos*, ou os periódicos acadêmicos de vanguarda como a *Diacritics*, a *Salmagundi*, a *Partisan Review* e a *Raritan* não fazem muito melhor. Apenas a *Monthly Review*, *The Massachusetts Review*, a *Boundary 2* e o *Social Text* se esforçam para cobrir questões negras e manter colaboradores negros regularmente. A ideia aqui não é apenas apontar periódicos negligentes (embora não faça mal!), mas tentar sublinhar os padrões editoriais de segregação racial e as práticas da vida intelectual estadunidense que caracterizam o abismo entre os intelectuais negros e brancos.

Terceiro: a politização geral da vida intelectual estadunidense (dentro e fora da academia), somada a uma tendência ideológica para a direita, criam um clima hostil para a formação dos intelectuais negros. Até certo ponto, sempre foi assim, mas a rendição de ex-liberais de esquerda diante de um novo conservadorismo e do velho imperialismo deixou os alunos e professores negros com poucos aliados na academia e nos periódicos mais influentes. Esse clima hostil faz com que os intelectuais negros tenham que lançar mão de recursos próprios – instituições, publicações e periódicos –, o que, por sua vez, reafirma o fato das práticas de segregação racial na vida intelectual estadunidense.

A tragédia da intelectualidade negra é o péssimo apoio institucional. A quantidade e a qualidade das trocas intelectuais negras estão em sua pior forma desde a Guerra Civil. Não existe um grande periódico acadêmico negro; nenhuma grande revista intelectual negra; nenhum grande periódico negro que preze por um jornalismo intelectual; não existe nem mesmo um grande jornal negro de escopo nacional. Em suma, a infraestrutura negra para o discurso e o diálogo intelectuais é quase inexistente. Em parte, essa tragédia é o preço pago pela integração – que resultou em grupos negros marginalizados no interior de disciplinas profissionais de uma comunidade acadêmica fragmentada. Mas essa tragédia também tem a ver com a recusa dos intelectuais negros de estabelecer seus próprios mecanismos institucionais de crítica e autocrítica, organizados de forma que pessoas de qualquer cor possam contribuir. Essa recusa foi significativa na última década, na medida em que diminuiu o apetite e a capacidade de manter uma crítica mais afiada entre os intelectuais negros, cujos anos de formação se passaram em uma espécie de vácuo intelectual. Então, além do clima externo hostil, a tradição da atividade intelectual negra também é ameaçada desde seu interior.

A criação de uma intelectualidade é uma tarefa monumental. Ainda assim, as igrejas e instituições de ensino negras, com um significativo apoio de pessoas brancas, serviram de recursos para a educação formal dos primeiros intelectuais negros. A formação de hábitos de crítica de qualidade e redes internacionais de trocas intelectuais sérias entre uma intelectualidade relativamente isolada e insulada é um esforço gigantesco. Contudo, a intelectualidade negra tem pouca escolha: persistir em uma letargia intelectual nas margens da academia e das subculturas eruditas despercebidas pela comunidade negra ou se aventurar em uma atividade insurgente e criativa nas margens do *mainstream*, inserida em novas infraestruturas impactantes.

Intelectualidade negra e comunidade negra

Essa escassez de infraestruturas negras para a atividade intelectual resulta, em parte, da incapacidade dos intelectuais negros de ganharem o apoio e o respeito da comunidade negra – especialmente a classe média negra. Além do tom anti-intelectual da sociedade estadunidense, há uma profunda desconfiança e suspeita da comunidade negra em direção à intelectualidade negra. Essa desconfiança não resulta apenas da postura arrogante e soberba dos intelectuais diante das pessoas comuns, mas sobretudo da recusa generalizada dos intelectuais negros de permanecer, de alguma forma visível, organicamente vinculados à vida cultural negra. As taxas relativamente altas de casamentos exogâmicos, o abandono das instituições negras e as preocupações com os produtos intelectuais euro-estadunidenses costumam ser percebidos pela comunidade negra como esforços intencionais de escapar do estigma negativo da negritude ou vistos como sintomas do auto-ódio. E o impacto imediato mínimo da atividade intelectual negra na comunidade negra e na sociedade estadunidense reforça o senso comum de impotência, e até inutilidade, dos intelectuais negros. Conforme a moda estadunidense, a comunidade negra louva os intelectuais negros que se destacam como *ativistas políticos* e *artistas*, e não considera que a vida intelectual seja dotada de virtudes intrínsecas nem de possibilidades emancipatórias, buscando apenas ganhos políticos de curto prazo e *status* social.

Essa percepção truncada da atividade intelectual é amplamente sustentada pelos próprios intelectuais negros. Diante das restrições à mobilidade social e as pressões por *status* e afluência entre seus pares de classe média, muitos intelectuais negros buscam principalmente ganhos materiais e prestígio cultural. Sendo membros de uma classe média negra ansiosa e ávida por *status*, as inclinações dos intelectuais negros são compreensíveis e até certo ponto justificáveis, uma vez que a maioria dos intelectuais busca reconhecimento, *status*, poder e, muitas vezes, riqueza. Para os intelectuais negros, essa busca demanda uma imersão e um compromisso com a própria cultura e a própria sociedade que degradam e desvalorizam sua comunidade negra de origem. E, falando cruamente, a maioria dos intelectuais negros tende a cair nos dois grupos criados por esse dilema: o grupo dos "bem-sucedidos", distantes da (e geralmente condescendentes com) a comunidade negra, e o grupo dos "malsucedidos", que desdenham do mundo intelectual branco. Os dois grupos permanecem marginalizados para a comunidade negra – suspensos entre dois mundos com pouca ou nenhuma base infraestrutural negra. Portanto, o intelectual negro "bem-sucedido" se entrega, muitas vezes de forma acrítica, aos paradigmas e aos programas de pesquisa da academia burguesa branca, e o intelectual negro "malsucedido" permanece encapsulado dentro dos discursos provincianos da vida intelectual afro-estadunidense. As alternativas de um pseudocosmopolitismo superficial e de um provincialismo tendencioso e catártico dominam a vida dos intelectuais negros. E a comunidade negra considera ambas as alternativas com desconfiança e desdém – e com razão. Nenhuma dessas alternativas tem um impacto positivo na comunidade negra. Os grandes intelectuais, de W. E. B. Du Bois e St. Clair Drake até Ralph Ellison e Toni Morrison, evitaram as duas.

Essa situação resultou no maior obstáculo que a intelectualidade negra enfrenta: a incapacidade de manter e requisitar mecanismos institucionais para a persistência de uma tradição intelectual discernível. O racismo da sociedade estadunidense, a relativa falta de apoio da comunidade negra e, portanto, o *status* instável dos intelectuais negros, impediram a criação de uma rica herança de trocas, comunicações e diálogos intelectuais. De fato houve grandes realizações intelectuais, mas essas realizações não substituem uma tradição.

Eu sugeriria que há duas tradições intelectuais *orgânicas* na vida afro-estadunidense: a *tradição cristã negra da pregação* e a *tradição musical negra da performance*. Ambas as tradições, embora indubitavelmente vinculadas à vida intelectual, são orais, performativas e de improviso. As duas tradições encontram raízes na vida negra e possuem justamente aquilo de que as atividades intelectuais negras eruditas carecem: matrizes institucionais que se desenvolveram ao longo do tempo, que possuem regras, critério de julgamento, cânones para a avaliação de performances, modelos de sucesso e grandes realizações passadas. A riqueza, diversidade e vitalidade dessas tradições negras contrastam fortemente com a parcimônia, e mesmo pobreza, da produção negra intelectual erudita. Simplesmente nunca houve intelectuais negros eruditos que tenham dominado seu trabalho de forma comparável às realizações de Louis Armstrong, de Charlie Parker ou do reverendo Manuel Scott* – como hoje não há intelectuais negros que se comparem a Miles Davis, Sarah Vaughan ou ao reverendo Gardner Taylor**. Isso acontece não porque nunca houve nem há intelectuais negros de primeira, mas porque, sem fortes canais institucionais para sustentar as tradições, é impossível realizar grandes feitos. E, para ser honesto, a América Negra ainda está para produzir um grande intelectual erudito, com a única exceção de Toni Morrison. De fato houve intelectuais negros extraordinários – Du Bois, Frazier, Ellison, Baldwin, Hurston. Mas nenhum se compara com as alturas alçadas pelos pregadores e músicos negros.

O mais preocupante sobre a atividade intelectual negra erudita é que, conforme essa intelectualidade evoluía lentamente da tradição cristã negra e interagia mais intimamente com os estilos e formas seculares euro-estadunidenses, parecia que, no fim do século XX, sua maturidade seria alcançada. Mas, conforme nos aproximamos dos últimos anos deste século, a atividade intelectual negra erudita declinou em quantidade e qualidade. Como já mencionei, isso se deve principalmente à maior integração das pessoas negras na sociedade estadunidense pós-industrial e capitalista, com suas universidades de elite burocratizadas, faculdades medianas e conservadoras e escolas decadentes, que têm pouca ou nenhuma preocupação ou confiança nos

---

* Charles Parker (Kansas, Estados Unidos, 1920 – Nova York, Estados Unidos, 1955), saxofonista e compositor; Manuel L. Scott (Texas, Estados Unidos, 1926 – Los Angeles, Estados Unidos, 2001), renomado pregador e pastor. [N. do T.]

** Miles Davis (Illinois, Estados Unidos, 1926 - Califórnia, Estados Unidos, 1991), trompetista e compositor de jazz; Gardner Calvin Taylor (Louisiana, Estados Unidos, 1918 – Carolina do Norte, Estados Unidos, 2015), pastor e defensor dos direitos civis. [N. do T.]

alunos negros como intelectuais em potencial. Desnecessário dizer que o dilema do intelectual negro é inseparável do dilema da comunidade negra – especialmente a classe média negra – na sociedade estadunidense. E apenas uma transformação fundamental da sociedade estadunidense poderia mudar a situação da comunidade negra e do intelectual negro. E embora meu ceticismo cristão diante de esquemas de mudança totalizantes modere meus profundos sentimentos socialistas em relação a arranjos socioeconômicos e culturais radicalmente democráticos e libertários, devo me abster dessas questões maiores e me concentrar em formas mais específicas de melhorar a quantidade e qualidade da atividade intelectual negra nos Estados Unidos. Assim, esboçarei quatro modelos para a atividade intelectual negra com o intuito de promover a cristalização de infraestruturas para essa atividade.

O modelo burguês: o intelectual negro humanista

Para os intelectuais negros, o modelo burguês de atividade intelectual é problemático. Por um lado, a herança racista – aspectos dos efeitos excludentes e repressivos das instituições acadêmicas brancas e dos estudos humanísticos – põe os intelectuais negros na defensiva: há sempre a necessidade de afirmar e defender a humanidade das pessoas negras, inclusive sua habilidade e capacidade de pensar logicamente, de forma coerente e escrever com lucidez. O peso desse inescapável fardo que os estudantes negros carregam na academia branca tem determinado com frequência o conteúdo e o caráter da atividade negra intelectual. De fato, a vida intelectual negra permanece muito preocupada com essa defensiva, com os intelectuais negros "bem-sucedidos" muitas vezes orgulhosos da aprovação branca e os "malsucedidos" geralmente desdenhando da rejeição branca. Essa foi uma grave preocupação entre a primeira geração de intelectuais negros admitidos como professores e acadêmicos por faculdades e universidades brancas de elite, um fenômeno pós-1968. Apenas com a publicação das memórias íntimas desses intelectuais negros e de seus alunos é que teremos acesso às histórias que contarão como essa defensiva afetava profundamente sua atividade intelectual e sua criatividade no interior de contextos acadêmicos brancos. Mas por mais pessoais e dolorosas, essas batalhas tiveram que ser travadas diante do racismo da vida intelectual estadunidense e do meio acadêmico. Essas batalhas continuarão, mas com menos consequências negativas para as novas gerações graças às lutas da intelectualidade negra pioneira.

Por outro lado, o estado de sítio que assola a comunidade negra requer que os intelectuais negros acentuem a dimensão prática de seu trabalho. E o prestígio e *status*, além das habilidades e técnicas fornecidas pela academia burguesa branca, tornam-na atraente para a tarefa em questão. A acentuação da dimensão prática vale para a maioria dos intelectuais negros, independentemente de suas tendências ideológicas – e mais ainda para o estereótipo do intelectual estadunidense pragmático. E isso não apenas por causa da busca pelo poder e das disposições orientadas pelo *status* que vemos em muitos intelectuais negros, mas também por causa de seu número relativamente reduzido, o que os força a desempenhar múltiplos papéis frente a frente com a comunidade negra e, além disso, intensifica sua necessidade de autojustificativa – a tentativa de justificar a si mesmos que, com todas as suas oportunidades e privilégios únicos, eles estão gastando seu tempo como deveriam – o que costuma resultar em interesses ativistas e pragmáticos.

As chaves do modelo burguês são a legitimidade e a posição acadêmica. Sem o certificado, diploma e posição certas, o modelo burguês perde sua *raison d'être*. A influência e a atratividade do modelo burguês domina o sistema acadêmico estadunidense; mas a efetividade do modelo burguês só é possível para os intelectuais negros se eles tiverem legitimidade e uma posição. Essa legitimidade e essa posição darão acesso a uma rede de contatos selecionada que pode facilitar o impacto negro nas políticas públicas. Esse parece ter sido o objetivo da primeira geração de acadêmicos negros educados em instituições brancas de elite (embora não pudessem lecionar nelas), considerando seu interesse predominante nas ciências sociais.

O problema básico do modelo burguês é que se trata de um modelo essencialmente e intelectualmente entorpecedor para os intelectuais negros. É muito debilitante porque não apenas cria ansiedades diante da defensiva dos intelectuais negros, mas também se aproveita deles. A necessidade de níveis hierárquicos e o racismo profundamente enraizado que permeia os estudos humanistas burgueses não podem fornecer aos intelectuais negros o *éthos* adequado nem a estrutura conceitual para superar uma postura defensiva. E as acusações de inferioridade intelectual nunca podem ser combatidas no terreno do oponente – tentar fazer isso só aumenta a ansiedade. Em vez disso, o próprio terreno deve ser considerado como parte de uma forma de vida antiquada indigna de abrigar os termos do discurso contemporâneo.

O modelo burguês impõe limites intelectuais, então as pessoas são inclinadas a adotar de forma acrítica os paradigmas predominantes na academia burguesa diante das pressões das tarefas práticas e da imitação respeitosa. Todo intelectual passa por um tipo de fase de aprendizagem em que ela/e aprende a linguagem e o estilo das autoridades, mas quando ela/e já tem seu talento marginalizado, ela/e pode ser excessivamente encorajada/o ou enganosamente desencorajada/o a criticar paradigmas considerados marginais pelas autoridades. Esse ambiente hostil resulta na supressão da análise crítica da ou do intelectual e no uso limitado de suas habilidades de certa forma consideradas legítimas e práticas.

Apesar de suas limitações, o modelo burguês é inescapável para a maioria dos intelectuais negros. Isso acontece porque grande parte dos discursos mais reveladores do país acontece em instituições acadêmicas brancas burguesas e porque os intelectuais mais importantes ensinam nesses lugares. Muitas faculdades e universidades brancas de elite conservam sua grande potência em termos de ensino, aprendizagem e treinamento sobretudo graças aos recursos e tradições civis que promovem o tempo livre e a atmosfera necessária para uma atividade intelectual contínua e séria. Então, além de alguns intelectuais negros autodidatas sérios (que costumam ter um alcance impressionante, mas uma carência de base e profundidade), os intelectuais negros devem passar pela academia burguesa branca (ou por suas paródias negras).

A legitimidade e uma posição acadêmicas podem ser pontos de apoio na vida intelectual estadunidense, auxiliando na criação de infraestruturas negras para a atividade intelectual. Atualmente há uma presença negra pequena mas significativa em organizações acadêmicas burguesas brancas, que consegue produzir informativos e pequenos periódicos. O próximo passo é institucionalizar mais amplamente a presença negra intelectual, como a Sociedade dos Filósofos Negros de Nova York fez, publicando periódicos ancorados em uma disciplina (crucial para a carreira de futuros professores), mas relevantes para outras disciplinas. Devo observar que uma estrutura negra para a atividade intelectual desse tipo deveria atrair pessoas de todas as cores. Os críticos literários negros e os psicólogos negros estão bem na frente de outros intelectuais negros nesse quesito, com periódicos como *The Black American Literature Forum*, *The College Language Association* e *The Journal of Black Psychology*.

A legitimidade e o posicionamento acadêmico também podem resultar em uma participação significativa ou no controle negro de uma porção das infraestruturas de atividade intelectual brancas. Isso ainda não aconteceu em grande escala. É necessária uma maior representatividade negra nos conselhos editoriais de periódicos importantes para que a presença intelectual negra seja mais admitida. Trata-se de um processo muito lento e com menor visibilidade, mas, diante de hegemonia do modelo burguês, deve ser perseguido por quem se interessa por esse caminho.

Fundamentalmente, o modelo burguês é mais parte do problema do que a "solução" no que diz respeito aos intelectuais negros. Mas, como vivemos diariamente e quase integralmente no interior desse sistema, nós, que criticamos o modelo burguês, devemos tentar transformá-lo, em parte a partir de dentro da academia burguesa branca. Para os intelectuais negros – aliados com intelectuais progressistas não negros –, isso significa criar e ampliar as infraestruturas para a realização da atividade intelectual negra.

O modelo marxista: o intelectual negro revolucionário

Entre muitos intelectuais negros, há uma reação imediata diante das severas limitações do modelo burguês (e da sociedade capitalista) – nomeadamente: adotar o modelo marxista. Essa adoção satisfaz certas necessidades básicas da intelectualidade negra: a necessidade de relevância social, de engajamento político e envolvimento organizacional. O modelo marxista também permite a entrada na subcultura intelectual branca menos xenofóbica disponível para os intelectuais negros.

O modelo marxista privilegia a atividade dos intelectuais negros e promove seu papel profético. Como Harold Cruse* observou, esse privilégio é muito limitado e raramente destaca a dimensão teórica da atividade intelectual negra. Em suma, o privilégio marxista concedido aos intelectuais negros geralmente cheira a condescendência, confinando os papéis proféticos negros a porta-vozes e organizadores; apenas raramente os intelectuais negros podem operar como pensadores criativos e receber uma séria atenção crítica. Não por acaso, apesar do número relativamente grande de intelectuais negros atraídos pelo marxismo nos últimos sessenta anos, ainda estamos por produzir um grande teórico negro marxista. Apenas *Black Reconstruction* [Reconstrução negra] (1935), de W. E. B. Du Bois, *Caste, Class and Race* (1948), de Oliver Cox, e até certo ponto *The Crisis of the Negro Intellectual* (1967), de Harold Cruse, são bons candidatos para essa designação. E isso se dá não pela falta de talentos intelectuais negros no campo marxista, mas pela ausência do tipo de tradição e comunidade (incluindo uma troca crítica intensa) que permitiriam o florescimento desse talento.

Em grande contraste com o modelo burguês, o modelo marxista não cria uma defensiva intelectual negra nem

---

* Harold Wright Cruse (Virgínia, Estados Unidos, 1916 – Michigan, Estados Unidos, 2005), crítico social, acadêmico e professor. [N. do T.]

fornece um aparato analítico adequado para políticas públicas de curto prazo. O modelo marxista concede uma autossatisfação ao intelectual negro que pode inibir o crescimento; e também destaca restrições socioestruturais fornecendo poucas direções práticas diante das oportunidades conjunturais. Essa autossatisfação resulta em uma submissão dogmática e uma mobilidade ascendente no interior de formações partidárias sectárias ou pré-partidárias, ou acarreta uma posição marginal na academia burguesa equipada com uma retórica marxista intratável e por vezes com análises perspicazes totalmente divorciadas das dinâmicas, realidades concretas e possibilidades progressistas da comunidade negra. A preocupação com as restrições socioestruturais tende a produzir projeções absurdas e milenaristas ou pronunciamentos paralisantes e pessimistas. Essas projeções e pronunciamentos têm a ver tanto com a autoimagem dos intelectuais marxistas negros quanto com um prognóstico para a libertação negra.

Costuma-se dizer que "o marxismo é a falsa consciência da intelectualidade burguesa radicalizada". Para os intelectuais negros, o modelo marxista funciona de uma forma mais complexa do que essa formulação superficial presume. Por um lado, o modelo marxista é libertador para os intelectuais negros, pois promove uma consciência e atitudes críticas em direção aos paradigmas burgueses dominantes e aos programas de pesquisa. O marxismo fornece papéis atrativos para os intelectuais negros – geralmente papéis de liderança com grande visibilidade – e infunde novos significados e urgência em seu trabalho. Por outro lado, o modelo marxista é debilitante para os intelectuais negros porque as necessidades catárticas que satisfaz tendem a conter o desenvolvimento de uma consciência e de atitudes críticas.

O modelo marxista, apesar de seus defeitos, é mais parte da "solução" que parte do problema dos intelectuais negros. E isso porque o marxismo é o rio de fogo – o purgatório – dos nossos tempos pós-modernos. Os intelectuais negros devem atravessar esse rio, aceitá-lo, e respondê-lo criativamente para que a atividade intelectual negra possa alcançar um nível reconhecível de sofisticação e refinamento.

O modelo foucaultiano: o intelectual negro como um cético pós-moderno

Conforme a vida intelectual ocidental adentra mais profundamente uma crise, e à medida que os intelectuais negros se integram mais plenamente à vida intelectual – ou à "cultura do discurso crítico e cuidadoso" (como Alvin Gouldner* chamaria) –, um novo modelo se apresenta no horizonte. Esse modelo, baseado sobretudo na influente obra de Michel Foucault, rejeita categoricamente o modelo burguês e evita o modelo marxista, constituindo um dos desafios intelectuais mais animadores do nosso tempo: o projeto foucaultiano do nominalismo histórico. Essa investigação detalhada das complexas relações entre conhecimento e poder, discursos e políticas, cognição e controle social anima os intelectuais a repensarem e redefinirem sua autoimagem e sua função em nosso contexto contemporâneo.

O modelo e o projeto foucaultiano são atrativos para os intelectuais negros sobretudo por dialogarem com o dilema negro pós-moderno, definido pela xenofobia descomedida do humanismo burguês predominante na academia como

---

* Alvin Ward Gouldner (Nova York, Estados Unidos, 1920 – Madri, Espanha, 1980), sociólogo e ativista radical. [N. do T.]

um todo, a decrescente atratividade das versões marxistas ortodoxas reducionistas e científicas, e a necessidade de reconceituação diante da especificidade e complexidade da opressão afro-estadunidense. Os sentimentos profundamente antiburgueses de Foucault, suas convicções explicitamente pós-marxistas e suas profundas preocupações com aqueles indivíduos considerados como um "outro" radical pelos discursos e tradições dominantes são muito sedutores para os intelectuais negros cansados das panaceias antiquadas para a libertação negra.

A análise específica de Foucault da "economia política da verdade" – o estudo das formas discursivas dos meios institucionais pelos quais os "regimes de verdade" são constituídos pelas sociedades ao longo do tempo – resulta em uma nova concepção do intelectual. Essa concepção não mais depende da transmissão tranquila do "melhor daquilo que foi pensado e dito", como no modelo humanista burguês, nem das energias utópicas do modelo marxista. A situação pós-moderna requer um "intelectual específico" que evita os rótulos da cientificidade, da civilidade e da profecia, mergulhando na especificidade das matrizes políticas, econômicas e culturais nas quais os regimes de verdade são produzidos, distribuídos, circulados e consumidos. Aqui os intelectuais não devem mais se enganar acreditando – como o fazem os intelectuais humanistas e marxistas – que estão lutando "em benefício" da verdade; o problema é a luta pelo próprio *status* de verdade e os vastos mecanismos institucionais que justificam esse *status*. As palavras-chave como "ciência", "gosto", "tato", "ideologia", "progresso" e "libertação", preferidas pelo humanismo burguês e pelo marxismo, não mais se aplicam à autoimagem dos intelectuais pós-modernos. As novas palavras-chave são "regime de verdade", "poder/conhecimento" e "práticas discursivas".

A noção de Foucault do intelectual específico se baseia em sua desmistificação das retóricas marxista, conservadora e liberal que restauram, reposicionam e reconstroem as autoidentidades dos intelectuais, de forma que permaneçam cativos e sigam apoiando as formas institucionais e dominação e controle. Essas retóricas autorizam e legitimam, de várias formas, o *status* privilegiado dos intelectuais, o que não apenas reproduz divisões ideológicas entre o trabalho intelectual e manual, mas também reforça os mecanismos disciplinares de sujeição e subjugação. Essa autoautorização é bem exemplificada pelas reivindicações da parte dos intelectuais de que eles "salvaguardam" as realizações da cultura erudita ou "representam" os "interesses universais" de classes e grupos em particular. Na história intelectual afro-estadunidense, reivindicações similares como "o décimo talentoso", "profetas do deserto", "articuladores da estética negra", "criadores da renascença negra" e "vanguarda do movimento revolucionário" são muitas.

O modelo foucaultiano promove uma forma esquerdista de ceticismo pós-moderno; ou seja, esse modelo encoraja um intenso e incessante questionamento dos discursos carregados de poder, não a serviço da restauração, da reforma ou da revolução, mas da revolta. E o tipo de revolta encenada pelos intelectuais consiste em perturbar e desmantelar os "regimes de verdade" dominantes – e inclusive seus efeitos repressivos – das sociedades atuais. Esse modelo atende as preocupações críticas, céticas e históricas dos intelectuais negros progressistas e fornece uma desculpa sofisticada para um distanciamento social dos movimentos pela libertação negra insurgentes. Concebendo o trabalho intelectual como uma práxis política da oposição, esse modelo satisfaz a autoimagem esquerdista dos intelectuais negros e, fetichizando a consciência crítica, encerra a

283

atividade intelectual negra na confortável academia burguesa da sociedade estadunidense pós-moderna.

O modelo insurgente: o intelectual negro como um catalisador crítico e orgânico

A intelectualidade negra tem muito a aprender com cada um dos três modelos anteriores, mas não deve adotar nenhum deles de forma acrítica. E isso porque os modelos burguês, marxista e foucaultiano de fato se relacionam com a singularidade do dilema intelectual negro, mas não a abordam adequadamente. Essa singularidade permanece e seguirá inexplorada até que os intelectuais negros comecem a articular um "regime de verdade" ligado, mas não confinado, às práticas institucionais próprias da comunidade negra, permeadas por uma oralidade cinética e fisicalidade emocional, pelo ritmo sincopado, pela improvisação inconstante e pelos elementos religiosos, retóricos e antifonais da vida afro-estadunidense. Essa articulação depende, em parte, da elaboração de infraestruturas negras que valorizem o pensamento negro criativo e cultivado; e também envolve um conhecimento íntimo dos "regimes de verdade" euro-estadunidenses que devem ser desmistificados, desconstruídos e decompostos de forma a promover e enriquecer a vida intelectual negra futura. O novo "regime de verdade" a ser desbravado pelos pensadores negros não consiste em um discurso (ou conjunto de discursos) hermético, que salvaguarda a produção intelectual medíocre, nem a última moda de escrita negra, muitas vezes motivada pelo desejo de se exibir para o sistema intelectual burguês branco. Essa articulação é inseparável da emergência de novas formas culturais que prefiguram (e apontam para) uma civilização pós-(não anti)ocidental. No presente, essa fala pode parecer um sonho e mera fantasia. Então nos limitaremos ao primeiro passo: a insurgência negra e o papel do intelectual negro.

A grande prioridade da intelectualidade negra deveria ser a criação ou reativação de redes institucionais que promovam hábitos críticos de qualidade, sobretudo pelo propósito da insurgência negra. Uma inteligência sem consciência crítica institucionalizada é cega, e uma consciência crítica separada da insurgência coletiva é vazia. A principal tarefa dos intelectuais negros pós-modernos é estimular, promover e apoiar percepções e práticas alternativas, deslocando os discursos e poderes dominantes. Isso só pode ser feito por meio de um trabalho intelectual intenso e de uma práxis insurgente comprometida.

O modelo insurgente para a atividade intelectual se constrói sobre, mas ultrapassa, os primeiros três modelos. Do modelo burguês, recupera a ênfase na disposição humana e no esforço heroico. Mas o modelo insurgente se recusa a conceber essa disposição e esse esforço em termos individualistas e elitistas. Em vez do herói solitário, do exílio sitiado e do gênio isolado – o intelectual como uma estrela, celebridade ou produto –, esse modelo privilegia o trabalho intelectual coletivo que contribua para a luta e resistência comunitárias. Em outras palavras, o modelo insurgente destaca o voluntarismo e o heroísmo do modelo burguês, mas rejeita a ingenuidade deste último em relação à sociedade e à história. Do modelo marxista, o modelo insurgente recupera a ênfase nas restrições estruturais, na formação de classes e nos valores democráticos radicais. Mas o modelo insurgente não enxerga essas restrições, formações e valores em termos economistas e deterministas. Em vez de privilegiar *a priori* a classe trabalhadora industrial e a postulação metafísica de uma sociedade socialista relativamente harmoniosa, há uma abordagem generalizada de várias hierarquias sociais e uma mediação radical democrática (e libertária), não a eliminação, da heterogeneidade social. Em suma, o modelo insurgente incorpora engenhosamente as preocupações estruturais, democráticas e de classe do modelo marxista, mas reconhece a ingenuidade deste último em relação à cultura.

Por último, do modelo foucaultiano, o modelo insurgente recupera a preocupação com um ceticismo mundano, a constituição histórica de "regimes de verdade" e as operações multifacetadas do "poder-conhecimento". Mas o modelo insurgente não confina esse ceticismo, essa constituição da verdade e essa investigação genealógica detalhada a microrredes de poder. Em vez da onipresença do poder (que simplifica e achata conflitos sociais multidimensionais) e uma paralisante reação exagerada diante de utopismos do passado, há a possibilidade de uma resistência efetiva e de uma transformação social significativa. O modelo insurgente destaca com cuidado a profunda suspeita nietzschiana e as observações contestadoras do modelo foucaultiano, mas reconhece a ingenuidade deste último em relação aos conflitos, às lutas e à insurgência social – uma ingenuidade que se deve sobretudo à rejeição de qualquer forma de utopismo e qualquer postulação de um télos.

O trabalho da intelectualidade negra e o da coletividade negra insurgente devem estar enraizados na especificidade da vida e da história afro-estadunidense, mas também são inextricavelmente ligados aos elementos estadunidenses, europeus e africanos que os moldam. Esse trabalho e essa insurgência são explicitamente particularistas, mas não exclusivistas – portanto, são internacionais na mentalidade e na prática. Como seus precursores históricos – pregadores negros e artistas musicais negros (com todas as suas forças e fraquezas) –, os intelectuais negros devem saber que a criação de práticas "novas" e alternativas resulta dos esforços heroicos do trabalho intelectual coletivo e da resistência comunitária que moldam e são moldados por restrições estruturais do presente, dinâmicas de poder e modos de fusão cultural. As distintas formas culturais afro-estadunidenses como os sermões e a oratória negra, a música gospel, o blues e o jazz devem inspirar, mas não restringir, uma produção intelectual negra futura; ou seja, os processos que levaram à criação dessas formas devem fornecer conhecimentos valiosos, mas não devem servir de modelos a serem imitados. Desnecessário dizer que essas formas prosperam com uma incessante inovação crítica e insurgência concomitantes.

O futuro da intelectualidade negra

O dilema da intelectualidade negra não precisa ser sombrio e lúgubre. Apesar do racismo dominante na sociedade estadunidense e de um sentimento de anti-intelectualidade na comunidade negra, o espaço crítico e a atividade insurgente podem ser expandidos. Essa expansão ocorrerá mais rápido quando os intelectuais negros passarem a olhar mais francamente para si mesmos, para as forças sociais e históricas que os moldaram e para os recursos limitados mas significativos de sua comunidade de origem. É imperativo um "inventário pessoal" crítico – que este ensaio apresenta esquematicamente – que analise as posições sociais, as localizações de classe e socializações culturais dos intelectuais negros. Essas análises não devem ser motivadas por autopiedade ou satisfação própria. Esse "inventário pessoal" deve incorporar a noção de crítica e resistência aplicável à comunidade negra, à sociedade estadunidense e à civilização ocidental como um todo. James Baldwin observou que o intelectual negro é "uma espécie de filho bastardo do ocidente". O futuro da intelectualidade negra não depende de uma disposição reverente em direção ao genitor ocidental nem de uma busca nostálgica pelo genitor africano. Seu futuro reside em uma negação crítica, em uma preservação sábia e transformação insurgente dessa linhagem híbrida que proteja a terra e projete um mundo melhor.

9

INTELECTUAIS NEGRAS

BELL HOOKS

> *Muitas vezes eu me via em algum deserto solitário, sofrendo estranhas agonias [...] a solidão cósmica era a minha sombra. Nada nem ninguém ao meu redor de fato me tocava. Uma das bençãos deste mundo é que algumas pessoas vejam visões e sonhem sonhos.*
>
> **Zora Neale Hurston**
> ***Dust Tracks on the Road*** [Trilhas de poeira na estrada]

> *Como mulheres negras, nós temos a obrigação de nos projetar na revolução.*
>
> **Kay Lindsey**
> ***The Black Woman as a Woman*** [A mulher negra como mulher]

> *O enorme espaço que o trabalho ocupa na vida das mulheres negras hoje segue um padrão estabelecido já nos primeiros anos da escravidão. Quando escravizadas, o trabalho compulsório ofuscava todos os outros aspectos da existência das mulheres. Assim, parece que o ponto de partida para a exploração da vida das mulheres negras na escravidão seria uma estimativa de seu papel como trabalhadoras.*
>
> **Angela Davis**
> ***Mulheres, raça e classe***

Vivendo em uma sociedade fundamentalmente anti-intelectual, é difícil para nós, intelectuais compromissadas com a mudança social radical, afirmarmos de forma contínua que o nosso trabalho tem um impacto significativo. Nos círculos políticos progressistas, o trabalho intelectual é raramente reconhecido como uma forma de ativismo, e de fato expressões de ativismo concretas (como manifestações públicas ou viagens para países do Terceiro Mundo e outros atos de desafio e resistência) são considerados mais importantes para a luta revolucionária do que o trabalho intelectual. É essa desvalorização do trabalho intelectual que impede que os indivíduos de grupos marginalizados sintam que ele é importante, que se trata de uma vocação útil. No decorrer de nossa história africano-estadunidense, a intelectualidade negra emergiu de todas as classes e condições de vida. No entanto, a decisão de perseguir conscientemente um caminho intelectual sempre foi uma escolha excepcional e difícil. Para muitas de nós, esse caminho sempre pareceu mais um "chamado" do que uma escolha vocacional. Temos sido conduzidas, e até empurradas, na direção do trabalho intelectual por forças maiores que a nossa vontade individual.

Analisando os fatores que podem motivar as pessoas negras a se tornarem intelectuais, Cornel West afirma em seu ensaio "O dilema da intelectualidade negra":

> A escolha de se tornar um intelectual negro é um ato de autoimposição da marginalidade, garantindo um *status* periférico dentro e para a comunidade negra. A busca pela erudição é de fato um tema fundamental na história afro-estadunidense e um impulso básico na comunidade negra. Mas as pessoas negras e a maioria dos estadunidenses

costumam considerar a erudição como um meio de obter benefícios pecuniários mais substantivos do que os ganhos obtidos por escritores, artistas ou professores. São diversos os motivos que levam algumas pessoas negras a se tornarem intelectuais. Mas na maioria dos casos esses motivos podem encontrar uma raiz comum: uma experiência parecida com a conversão conduzida por um professor ou par influente que convenceu uma pessoa a dedicar sua vida às atividades de leitura, escrita e diálogo com os propósitos de prazer individual, validação pessoal e avanço político das pessoas negras (e, muitas vezes, de outros povos oprimidos).

Embora possam ser motivos comuns para as pessoas negras escolherem o trabalho intelectual, esses motivos podem coexistir com motivações mais difíceis de nomear, especialmente no espaço público. No meu caso, eu escolhi o trabalho intelectual em uma busca desesperada por um ponto de vista de oposição que pudesse me ajudar a sobreviver a uma infância dolorosa. Cresci em uma comunidade sulista segregada, pobre e trabalhadora onde a educação era valorizada sobretudo como um meio de mobilidade social e a "vida intelectual" era sempre relacionada à profissão docente. Com o serviço externo de "professora", ajudando na ascensão da raça, era possível ganhar uma aceitação individual no interior da comunidade negra, mas não quando se vivia uma vida intelectual "interior" e particular. Era mais do que evidente para mim que havia uma diferença socialmente apreendida entre ser bem-sucedida academicamente e me tornar uma intelectual. E enquanto o papel de professora concedia *status* e respeito, ser "inteligente demais", ser intelectual demais, era arriscar ser vista como esquisita, estranha e até louca.

Aprendendo desde cedo que boas notas eram recompensadas enquanto o pensamento independente era visto com suspeita, eu sabia que era importante ser "esperta", mas não "esperta demais". Quando uma pessoa era esperta demais, isso era sinônimo de intelectualidade e era motivo de preocupação, especialmente se você fosse do gênero feminino. Para uma criança esperta de uma comunidade negra pobre, fazer muitas perguntas, falar sobre ideias que diferiam da visão de mundo dominante na comunidade, dizer coisas que as pessoas adultas relegavam ao campo do indizível era arriscar-se à punição e até ao abuso. Ainda são necessários estudos psicanalíticos extensivos que discutam o destino de crianças negras dotadas criadas em lares onde o brilho de sua mente não era valorizado, mas fazia delas crianças "esquisitas" que eram perseguidas e punidas.

Na adolescência, passei por um processo de conversão que me conduziu para a vida intelectual. Constantemente perseguida e punida na nossa família, minhas tentativas de entender meu destino me conduziram na direção do pensamento crítico analítico. Olhar para a minha infância a distância, observando minha experiência com uma desvinculação desinteressada, foi uma estratégia de sobrevivência para mim. Para usar o termo da psicanalista Alice Miller*, eu me tornei minha própria "testemunha informada", capaz de analisar as forças que agiam sobre mim, e por meio desse entendimento eu conseguia manter uma noção separada do meu eu. Ferida, por vezes perseguida e abusada, eu encontrava um refúgio na vida intelectual, um santuário onde podia experimentar uma noção de agência e assim construir minha própria identidade subjetiva. Esse

---

* Alice Miller (Łódź, Polônia, 1923 – Saint-Rémy-de-Provence, França, 2010), psicóloga. [N. do T.]

reconhecimento de que a mente envolvida no pensamento crítico poderia ser usada a serviço da sobrevivência, de que a mente podia ser uma força curativa em minha luta contra minhas angústias infantis, permitiu que eu me tornasse um eu autônomo em um lar disfuncional e me fez valorizar o trabalho intelectual. E eu não valorizei esse trabalho por *status* ou reconhecimento, mas porque o trabalho intelectual me ofereceu recursos para melhorar minha sobrevivência e meu prazer de viver.

Sem nunca pensar no trabalho intelectual como algo separado das políticas do cotidiano, conscientemente escolhi me tornar uma intelectual porque foi esse trabalho que me permitiu dar sentido à minha realidade e ao mundo ao meu redor, que me permitiu confrontar e compreender o concreto. Essa experiência forneceu as bases para o meu entendimento de que a vida intelectual não precisa fazer uma pessoa se afastar da comunidade, mas pode permitir que essa pessoa participe mais plenamente da vida familiar e em comunidade. Isso logo confirmou o que as lideranças negras do século XIX sabiam muito bem – que o trabalho intelectual é uma parte necessária da luta pela libertação, central aos esforços de todas as pessoas oprimidas e/ou exploradas que, de objetos, se tornariam sujeitos, que descolonizariam e libertariam suas mentes.

Quando os acadêmicos negros escrevem sobre a vida intelectual negra, eles geralmente se concentram apenas na vida e na obra de homens negros. Ao contrário do extenso trabalho de Harold Cruse, *The Crisis of the Negro Intellectual*, que não dá nenhuma atenção ao trabalho das intelectuais negras, o ensaio de Cornel West, "O dilema da intelectualidade negra", foi escrito em um momento histórico quando havia um foco feminista no gênero que deveria ter levado qualquer acadêmico a considerar o impacto dos papéis de gênero e do sexismo. Ainda assim, West não se concentra especificamente na vida intelectual das mulheres negras. Ele não reconhece o impacto do gênero nem discute a forma como as noções sexistas de masculino/feminino são fatores que informam e moldam nossa noção de quem o intelectual negro é ou pode ser, bem como sua relação com um mundo das ideias além das produções individuais. Apesar das evidências históricas de que as mulheres negras sempre desempenharam um grande papel como professoras, pensadoras críticas e teóricas culturais na vida negra, particularmente nas comunidades negras segregadas, há poucos escritos que tratam das intelectuais negras. Em sua maioria, quando pensam nas "grandes mentes", as pessoas negras costumam conjurar imagens masculinas.

Quando eu peço para as minhas alunas e alunos listarem nomes da intelectualidade negra, sem especificar o gênero, invariavelmente são citados homens negros: Du Bois, Delaney, Garvey, Malcolm X, e até os mais contemporâneos, como Cornel West e Henry Louis Gates* são mencionados. Se peço que levem o gênero em consideração, minhas alunas e alunos listam esses homens negros e hesitam, buscando nomes de mulheres negras. Depois de uma boa pausa, começam a dizer os nomes de escritoras negras contemporâneas, geralmente Alice Walker ou Toni Morrison. De vez em quando o nome de Angela Davis aparece na lista. Minhas alunas e alunos não conhecem o trabalho das intelectuais negras do século XIX. Pensadoras críticas negras que seriam equivalentes perfeitas de Du Bois e Delaney não são conhecidas. Os nomes de Anna Julia Cooper, Mary Church Terrell

---

* Henry Louis Gates Jr. (Virgínia Ocidental, Estados Unidos, 1950), crítico, acadêmico e escritor. [N. do T.]

e até Ida B. Wells*, um nome mais falado, não estão na ponta da língua de todo mundo. Em sua introdução à edição da Schomburg do texto de Anna Julia Cooper, *A Voice From The South* (1892), Helen Washington** enfatiza a importância do trabalho intelectual das mulheres negras e a realidade de que esse trabalho ainda não recebeu seu merecido reconhecimento. Washington afirma: "Sem mulheres como Fannie Barrier Williams, Ida B. Wells, Fanny Jackson Coppin, Victoria Earle Matthews, Frances Harper***, Mary Church Terrell e Anna Julia Cooper, saberíamos muito pouco sobre as condições de vida das mulheres negras do século XIX, e ainda assim a tradição intelectual negra, até muito recentemente, quase as ignorou e desvalorizou seu trabalho como uma obra claramente subordinada àquelas produzidas pelos homens negros".

Não surpreende que estudantes não consigam nomear intelectuais negras do século XIX, mas é chocante que não conheçam o trabalho de pensadoras negras con-

---

* Mary Church Terrell (Tennessee, Estados Unidos, 1863 – Maryland, Estados Unidos, 1954), ativista pelos direitos civis, jornalista e professora; Ida Bell Wells-Barnet (Mississippi, Estados Unidos, 1862 – Illinois, Estados Unidos, 1931), socióloga, jornalista e ativista pelos direitos civis. [N. do T.]

** Mary Helen Washington (Ohio, Estados Unidos, 1941), crítica literária, ensaísta e professora. [N. do T.]

*** Frances Barrier Williams (Nova York, Estados Unidos, 1855-1944), educadora e ativista pelos direitos das mulheres; Fanny Jackson Coppin (Washington, D.C., Estados Unidos, 1837 – Pensilvânia, Estados Unidos, 1913), educadora e missionária; Victoria Earle Matthews (Geórgia, Estados Unidos, 1861 – Nova York, Estados Unidos, 1907), escritora, jornalista e ativista; Frances Ellen Watkins Harper (Maryland, Estados Unidos, 1825 – Pensilvânia, Estados Unidos, 1911), abolicionista, professora e poeta. [N. do T.]

temporâneas como Hortense Spillers, Hazel Carby*, Beverly Guy-Sheftall e Patricia Williams, para nomear algumas. A subordinação sexista na vida negra intelectual segue obscurecendo e desvalorizando o trabalho de intelectuais negras. Por isso é tão difícil nos nomear. Estudantes que invocam Walker e Morrison raramente leram suas obras de não ficção, e geralmente não fazem ideia do escopo e alcance do pensamento delas. Intelectuais negras que não são "escritoras famosas" (e nem todas as escritoras são intelectuais) permanecem quase invisíveis nesta sociedade. Essa invisibilidade é tanto um resultado do racismo, do sexismo e da exploração de classe institucionalizados quanto uma reflexão da realidade de que muitas mulheres negras não escolhem o trabalho intelectual como vocação.

Trabalhar na academia com alunas negras que expressam uma enorme reticência sobre o valor e a importância do trabalho intelectual tem me motivado a analisar criticamente a relação das mulheres negras com o trabalho intelectual e a questionar: quantas mulheres negras se veriam como intelectuais? Como ganhamos a vida? Estamos todas na academia? Onde estão nossos ensaios sobre produção intelectual etc.? Eu conheço muitas alunas negras incertas sobre o trabalho intelectual. Fico aterrorizada com a profundidade do anti-intelectualismo com o qual são atacadas e o qual internalizam. Muitas expressam um desprezo pelo trabalho intelectual porque não enxergam uma conexão desse trabalho com a "vida real" ou com o reino da experiência concreta. Outras, que se interessam em perseguir o

---

* Hortense Spillers (Tennessee, Estados Unidos, 1942), pensadora feminista e crítica literária; Hazel Vivian Carby (Okehampton, Reino Unido, 1948), professora de estudos afro-estadunidenses. [N. do T.]

trabalho intelectual, são assaltadas por dúvidas porque não sentem que há modelos ou mentoras negras, ou sentem que as intelectuais negras que conhecem não são recompensadas nem reconhecidas pelo seu trabalho.

Intelectuais negras que trabalham em faculdades e universidades enfrentam um mundo que aparentemente recebe bem a nossa presença, mas com frequência a nossa intelectualidade é vista com "suspeita". As pessoas podem ficar confortáveis com a presença de acadêmicas negras e podem até desejar sua presença, mas são menos receptivas com mulheres negras que se apresentam como intelectuais compromissadas que precisam de apoio institucional, tempo e espaço para perseguir essa dimensão de sua realidade. Patricia Williams, professora de direito, em sua nova coletânea de ensaios, *The Alchemy of Race and Rights* [A alquimia da raça e dos direitos], escreve com eloquência sobre o envolvimento de alunas e professoras negras com o pensamento crítico, um trabalho intelectual que ameaça o *status quo*, dificultando o acesso ao apoio e incentivos necessários. O racismo e o sexismo combinados garantem que seremos consideradas intrusas por colegas com perspectivas limitadas. Williams deixa claro que "um *status* forasteiro é um tipo de ferida não curada". Então, algumas de nós escolhem negar nossas habilidades intelectuais para não enfrentar essa realidade. Outras podem escolher a academia, mas evitam a categoria "intelectual". Em sua recente coletânea de ensaios, *The Significance of Theory*, Terry Eagleton inclui o ensaio "Criticism, Ideology and Fiction" [Crítica, ideologia e ficção], onde esclarece a diferença entre as pessoas da academia (que podem ou não ser intelectuais) e as pessoas intelectuais. Considerando o entendimento ocidental da figura intelectual, me parece que essa figura é caracterizada por duas questões diferentes, pelo menos.

Uma pessoa intelectual não é simplesmente alguém que negocia ideias. Tenho muitas e muitos colegas que negociam ideias e que eu relutaria muito em chamar de intelectuais. Uma figura intelectual é alguém que negocia ideais transgredindo fronteiras discursivas, porque ele ou ela sente a necessidade de fazer isso. Segundo, uma figura intelectual é aquela pessoa que negocia ideias em sua relevância vital dentro de uma cultura política mais ampla. A distinção de Eagleton se baseia na suposição de uma qualidade de abertura crítica que permite a transgressão. Claramente ele considera essencial que a figura intelectual pense criticamente, explorando o reino das ideias, transgredindo os limites e indo além, perseguindo suas ideias em qualquer direção que possam tomar.

É a concepção ocidental sexista/racista de quem ou o que seria uma figura intelectual que descarta a possibilidade de as mulheres negras serem consideradas representantes da vocação intelectual. De fato, dentro do patriarcado supremacista capitalista, toda a cultura trabalha para negar às mulheres negras a oportunidade de perseguir uma vida intelectual, tornando o universo intelectual um lugar "fora dos limites". Como aconteceu com nossas ancestrais do século XIX, apenas através de uma resistência ativa é que podemos reivindicar nosso direito de afirmar uma presença intelectual. O sexismo e o racismo, operando em conjunto, perpetuam uma iconografia da representação negra feminina que imprime na consciência cultural coletiva a ideia de que o principal propósito das mulheres negras neste planeta é servir outras pessoas. Desde a escravidão até os dias atuais, o corpo negro feminino tem sido visto pelos olhos ocidentais como um símbolo primordial de uma presença feminina "natural", orgânica, mais próxima da natureza, animalesca, primitiva. Explorando a confluência entre a mulher e a natureza em *The Death of Nature* [A morte da natureza], Carolyn Merchant* escreve:

> A imagem da natureza que se destacou no primeiro período moderno foi aquela de um reino indisciplinado e caótico a ser contido e controlado [...] a natureza selvagem e incontrolável foi associada com o feminino. As imagens da natureza e da mulher tinham dois lados. A ninfa virgem oferecia paz e serenidade, a mãe terra oferecia nutrição e fertilidade, mas a natureza também trazia pragas, fome e tempestades. De modo similar, a mulher era virgem e bruxa, o amante cortês do Renascimento colocava essa mulher em um pedestal; o inquisidor a queimava na fogueira. A bruxa, símbolo da violência da natureza, provocava tempestades, causava doenças, destruía as plantações, destruía gerações e matava as crianças. A mulher indisciplinada, como a natureza caótica, tinha de ser controlada.

Entre os grupos de mulheres que foram assassinadas como bruxas na sociedade estadunidense colonial, as mulheres negras têm sido historicamente percebidas como portadoras de uma natureza feminina "perigosa" que deve ser controlada. Mais do qualquer outro grupo de mulheres nesta sociedade, as mulheres negras têm sido percebidas como "um corpo sem mente". O uso do corpo negro feminino na escravidão como incubador para a reprodução de outras pessoas escravizadas era uma exemplificação prática da noção de que a "mulher indisciplinada" devia ser

---

* Carolyn Merchant (Nova York, Estados Unidos, 1936), filósofa feminista e da ciência. [N. do T.]

controlada. Para justificar a exploração e o estupro das mulheres negras pelos homens brancos durante a escravidão, a cultura branca precisou produzir uma iconografia dos corpos negros femininos que insistiu em representá-los como corpos altamente sexualizados, a perfeita incorporação de um erotismo primitivo e incontrolável. Essas representações imprimiram na consciência de todas as pessoas a noção de que as mulheres negras eram só um corpo sem mente. Sua circulação cultural continua a alimentar a forma como as mulheres negras são percebidas. Considerados como um "signo sexual", os corpos negros femininos são postos em uma categoria que, culturalmente falando, se afasta totalmente da vida intelectual. As mulheres negras sempre residiram na base das hierarquias estadunidenses de sexo/raça/classe. Nesta cultura, a condição humilde é reservada para aquelas pessoas consideradas inaptas à mobilidade social por serem percebidas, em termos sexistas, racistas e classistas, como deficientes, inadequadas, inferiores.

Representações generalizadas das mulheres negras na mídia de massa contemporânea continuam a nos sexualizar, a nos identificar como aberrações fora de controle. E o grande sucesso de uma obra tão polêmica quanto *The Blackman's Guide to Understanding The Blackwoman*, de Shahrazad Ali, que insiste que as mulheres negras são intelectualmente inferiores aos homens negros, que possuem cérebros menores etc., indica até que ponto as pessoas negras internalizam pensamentos sexistas/racistas sobre a identidade negra feminina. Como aqueles tratados renascentistas misóginos, o livro de Ali associa as mulheres negras com a natureza, com a sexualidade, afirmando aquela tese de que devemos ser "controladas".

Contrapondo-se às representações das mulheres negras como selvagens sexuais, promíscuas e/ou prostitutas, há o estereótipo da "mãe preta". Mais uma vez essa imagem inscreve a presença negra feminina significada pelo corpo, nesse caso a construção da mulher como mãe, como um "seio" que nutre e sustenta a vida de outras pessoas. De forma significativa, a "mãe preta" proverbial cuida de todas as necessidades das outras pessoas, em particular das pessoas mais poderosas. Seu trabalho é caracterizado por uma servidão altruísta. Embora a maioria dos lares nos Estados Unidos não tenha a presença de trabalhadoras domésticas ou babás negras, suposições racistas de que as mulheres negras possuem, de alguma forma, uma capacidade "inata" de cuidar de outras pessoas continuam a permear o pensamento cultural sobre os papéis das mulheres negras. Consequentemente, as mulheres negras em todos os âmbitos da vida, desde profissionais corporativas e professoras universitárias até as mulheres negras trabalhadoras, queixam-se de que colegas de trabalho, chefes etc. esperam que elas assumam papéis múltiplos de cuidadoras, atuando como conselheiras, babás, terapeutas, mentoras espirituais; ou seja, esperam que elas sejam aquele "seio" que nutre – que sejam a mãe preta. Embora essas mulheres negras não sejam mais forçadas pelas práticas laborais racistas a "servir" apenas em trabalhos considerados subalternos, ainda se espera que elas limpem a bagunça de todo mundo. E não é só o mundo branco que lança essas expectativas sobre as mulheres negras; essas expectativas também são impostas por homens negros e crianças que também acreditam que as mulheres negras devem servi-los. Suposições sexistas sobre os papéis das mulheres negras alimentam as expectativas das comunidades negras em relação às mulheres negras. Muitas pessoas negras compartilham das suposições sustentadas por vários grupos sociais de que as mulheres negras são "inerentemente" destinadas a servir as outras pessoas de forma altruísta. Esse pensamento costuma ser reafirmado nas comunidades negras com o ensinamento religioso que enfatiza o serviço altruísta como a mais alta expressão da caridade cristã. Coletivamente, muitas mulheres negras internalizam a ideia de que elas deveriam servir, que deveriam estar sempre disponíveis para atender a necessidade de uma outra pessoa, querendo ou não.

    A insistência cultural de que as mulheres tenham que "servir" independentemente de nosso trabalho ou *status* profissional, além da aceitação passiva de tais papéis por parte das mulheres negras, talvez sejam os principais fatores que impedem que as mulheres negras escolham a vida intelectual. O trabalho intelectual, mesmo quando considerado socialmente relevante, não é visto como um "trabalho altruísta". De fato, um dos estereótipos culturais mais comuns afirma a figura intelectual como uma pessoa geralmente autocentrada, preocupada apenas com as próprias ideias. Mesmo nas áreas culturais onde é mais respeitado, o trabalho cultural costuma ser visto como um trabalho que surge de um autocompromisso e de um autoenvolvimento. Embora intelectuais negros como Du Bois tenham relacionado a vida intelectual a várias formas de ativismo político, eles se concentraram em perseguir suas próprias ideias. Conversando com mulheres negras, acadêmicas e não acadêmicas, sobre nossa relação com o mundo das ideias, com a busca por conhecimento e com a produção de conhecimento, um dos temas mais comuns que surgiram foi o medo de parecer egoísta, de não fazer um trabalho que se mostrasse direcionado para além do eu, destinado a "servir" as outras pessoas. Muitas mulheres negras, incluindo eu mesma, descreveram experiências de infância em que nosso desejo de ler, contemplar e falar sobre uma ampla variedade de ideias era desencorajado; essas atividades eram consideradas frívolas ou como atividades cujo compromisso mais intenso poderia nos transformar em pessoas egoístas, frias, distanciadas dos sentimentos e afastadas da comunidade. Na minha infância, se eu não priorizasse as tarefas domésticas acima do prazer de ler e pensar, as pessoas adultas ameaçavam me punir, queimando meus livros ou me proibindo de ler. Embora isso nunca tenha acontecido, ficou gravada em minha consciência a noção de que não era apenas "errado" eu preferir ficar sozinha lendo, pensando e escrevendo, mas era de alguma forma perigoso para o meu bem-estar e um gesto de insensibilidade diante do bem-estar das outras pessoas. Na vida adulta, eu passei anos acreditando (e, portanto, pondo em ação) que, para mim, era importante concluir todas as outras tarefas, por mais insignificantes, antes de fazer meu trabalho intelectual. É claro, quando começava a fazer esse trabalho, eu estava cansada, exausta, sem energia. Essa socialização sexista precoce que ensina as mulheres negras, e de fato a maioria das mulheres, que o trabalho intelectual deve ser sempre secundário ao trabalho doméstico, ao cuidado das crianças ou a uma série de outras atividades relacionadas ao cuidado, torna difícil para as mulheres priorizarem o trabalho intelectual mesmo quando nossas circunstâncias sociais oferecem recompensas por essa atividade.

Muitas entre as pensadoras negras que trabalham na academia e com quem conversei sentiam que seu desejo de dedicar tempo e energia ao trabalho intelectual não era suprido porque elas se viam sempre tentando conciliar demandas múltiplas. Queixando-se com toda a razão de uma falta de tempo para perseguir o trabalho intelectual livremente e de forma plena, elas também expressaram um medo de que uma busca muito apaixonada por seus objetivos intelectuais pudesse afastá-las de suas relações. Mas essas mulheres não parecem dispostas a questionar os motivos de sua relutância, ou total incapacidade, de reivindicar o trabalho intelectual como uma atividade digna de atenção primária. Concentrando-me particularmente nas mulheres negras que haviam completado sua graduação, mas pararam no momento da escrita da dissertação, entendi que essas mulheres são as mais atoladas em sentimentos contraditórios sobre o valor do trabalho acadêmico e/ou intelectual, e que esses sentimentos bloquearam psicologicamente sua capacidade de concluir esse requisito final. Eu me dei conta de que a escrita da dissertação é o momento em que confrontamos mais diretamente o que significa se comprometer com o pensamento e a escrita solitários. Para a maioria das pessoas na academia, é essa experiência da graduação que melhor exemplifica o caráter individualista do trabalho e do pensamento acadêmicos.

As pessoas escrevem sozinhas, geralmente passando muito tempo em isolamento. Muitas vezes é difícil manter um sentimento de compromisso com a comunidade. As mulheres negras que foram socializadas para desvalorizar ou sentir culpa por um tempo vivido longe das outras pessoas podem não ser capazes de reivindicar ou criar um espaço para a escrita solitária. Isso se aplica especialmente às mulheres negras que são mães. Mães solteiras devem lidar com obstáculos materiais concretos que impedem que elas se concentrem intensamente no pensamento e na escrita, ainda que seja seu desejo. Ainda assim, há indivíduos que não possuem impedimentos relacionais ou materiais e que são tão relutantes quanto suas contrapartes menos privilegiadas em reivindicar o trabalho intelectual como sua vocação principal. Muitas vezes o medo do "isolamento" da comunidade ou a noção de que a vida não é bem vivida se não for experimentada em comunidade foi identificado como uma barreira que impede as mulheres negras de escolherem o trabalho intelectual de peito aberto. Para ultrapassarmos essas barreiras, as mulheres negras que conseguem se dedicar a sua vocação intelectual sem perder a conexão com a comunidade devem registar essa jornada e esse processo.

Em "O dilema da intelectualidade negra", Cornel West aborda os conflitos que surgem quando a intelectualidade negra é confrontada com um "modelo burguês de atividade intelectual" que nos põe na defensiva:

> [...] há sempre a necessidade de afirmar e defender a humanidade das pessoas negras, inclusive sua habilidade e capacidade de pensar logicamente, de forma coerente e escrever com lucidez. O peso desse inescapável fardo que os estudantes negros carregam na academia branca tem determinado com frequência o conteúdo e o caráter da atividade negra intelectual.

Esses conflitos parecem se agravar no caso das mulheres negras que também devem lutar contra os estereótipos racistas/sexistas que levam continuamente as outras pessoas (e até nos mesmas) a questionarem se somos ou não competentes, se somos capazes de atingir uma excelência intelectual. Para as mulheres negras acadêmicas e/ou intelectuais, o estilo da escrita pode evocar questões de aliança política. Optar por um estilo que possa ser aceito e reconhecido pela academia pode nos afastar ainda mais de um público leitor negro mais amplo. Aqui também enfrentamos questões de isolamento e envolvimento com a comunidade. Optar por uma escrita acadêmica tradicional pode levar ao isolamento. E ainda assim seguir um estilo acadêmico aceito não é garantia que nosso trabalho será respeitado.

Com frequência pensadores e pensadoras negras receiam que nosso trabalho não será levado a sério por um público mais amplo, que será considerado deficiente de alguma forma. Esses medos habitam a produção intelectual. Quando comecei a escrever ensaios com reflexões confessionais, ficava insegura, incerta de que esses ensaios poderiam se comunicar com um público além de mim mesma e das minhas amizades. Quando publiquei minha primeira coletânea de ensaios, *Erguer a voz*, fiquei surpresa com as muitas cartas que recebi de mulheres negras sobre o ensaio em que me concentro nas dificuldades que enfrentei como universitária. Foram inúmeras as histórias de perseguição por docentes, pares e colegas. Relatos de mulheres negras que foram interrogadas por pessoas que insistiram em atestar que elas eram capazes de finalizar um trabalho, de pensar logicamente, de escrever de forma coerente eram a norma. Essas formas de assédio costumam prejudicar a capacidade das mulheres negras de expressarem suas competências e habilidades intelectuais. E havia histórias – contadas pelas cartas – de depressão e desespero. No geral, essas cartas confirmaram que a escolha de perseguir uma carreira acadêmica e/ou intelectual de uma forma socialmente legitimada continua a ser uma tarefa árdua para as mulheres negras. Embora sem dúvida haja mais acadêmicas hoje do que sempre houve, elas costumam ser anti-intelectuais (um posicionamento que costuma ser consequência da dor que elas enfrentaram como alunas ou professoras que foram consideradas com suspeita e desprezo por seus pares). Em seu cotidiano, elas podem insistir que o trabalho que aborda mais diretamente uma experiência concreta tem mais valor que aquelas formas de trabalho intelectual que não são produzidas para serem comercializadas para um público em massa. Diante da falta de afirmação e apoio públicos e contínuos para as mulheres negras que escolhem perseguir suas vocações intelectuais, quando se veem isoladas nesse trabalho, em espaços privados, não surpreende que elas possam se encontrar dominadas por dúvidas, não surpreende que esses espaços possam intensificar um medo de serem insuficientes, de que suas ideias possam não ser dignas de serem ouvidas. As mulheres negras devem re-visar noções do trabalho intelectual que nos permitam abraçar um interesse pela vida intelectual e o bem-estar da comunidade.

Em "O dilema da intelectualidade negra", West critica os modelos burgueses que concebem a vida intelectual apenas em termos individualistas ou elitistas, oferecendo o modelo "insurgente" como uma alternativa. Ele afirma: "Em vez do herói solitário, do exílio sitiado e do gênio isolado – o intelectual como uma estrela, celebridade ou produto –, esse modelo privilegia o trabalho intelectual coletivo que contribui para a luta e resistência comunitárias". Embora a ideia de insurgência forneça um contraponto útil para o modelo burguês na teoria, West não aborda a realidade concreta das circunstâncias e condições materiais necessárias para promover o trabalhar intelectual. De fato, sem privilegiar a noção de um gênio "isolado", nós podemos nomear honestamente a realidade de que o trabalho intelectual, em grande parte, é feito em isolamento, é alimentado pelo tempo que passamos em contemplação, devaneio é escrita ativa. Como as mulheres negras podem lidar com a escolha do isolamento sem aderir ao modelo burguês? Qualquer discussão sobre o trabalho intelectual que não enfatize as condições que possibilitam esse trabalho deturpa as circunstâncias concretas que permitem a produção intelectual. De fato, nós, mulheres negras que lutamos para fortalecer e aprofundar nosso compromisso com o trabalho intelectual, sabemos que devemos enfrentar a questão do "isolamento". Nosso medo e o receio de que o isolamento nos afaste da comunidade inibem uma dedicação plena ao trabalho intelectual. No patriarcado, os homens sempre tiveram a liberdade de se isolar da família e da comunidade, de realizar um trabalho autônomo e readentrar o mundo das relações quando quisessem, independentemente de sua classe. É a imagem da figura masculina buscando a solidão para realizar o trabalho intelectual que é comum na mídia de massa, e não a imagem da figura feminina. Esse mundo patriarcal que apoia e afirma a reentrada masculina na família e na comunidade costuma punir as mulheres por escolherem o trabalho autônomo. Estudos recentes (como *The Second Shift*, de Arlie Hochschild) que analisam a natureza de gênero das tarefas domésticas indicam que as mulheres trabalhadoras continuam a fazer a maior parte do trabalho doméstico. Então, antes de essa intelectual negra isolada poder readentrar a comunidade, provavelmente ela deverá primeiro assumir a responsabilidade por uma variedade de tarefas domésticas.

Claramente, as acadêmicas e intelectuais negras não conseguem reivindicar um tempo sozinhas para fazer seu trabalho. Discutindo a questão do isolamento com colegas de trabalho e alunas negras, não me surpreendi quando descobri que a maioria de nós não consegue ficar sozinha ou trabalhar sozinha. Isso pode se aplicar especialmente ao caso das mulheres negras pobres e da classe trabalhadora que possuem pouco espaço e muitas pessoas em casa, onde a solidão é uma impossibilidade. Eu fui criada em uma família grande, e só na faculdade foi que percebi que nunca havia estado sozinha um dia sequer na vida. Nós, mulheres negras criadas em lares sexistas, não tínhamos muitas oportunidades de passar um tempo sozinhas. Na verdade, geralmente era o oposto. Estávamos sempre na companhia de alguém (antigamente, é claro, isso acontecia com o fim de proteger a virtude feminina). Assim, era considerado "inadequado" para uma menina que precisava aprender a cuidar de uma criança e a ser uma dona de casa passar um tempo sozinha.

Pesquisas feministas sobre a parentalidade indicam que as mulheres são socializadas para desenvolver habilidades relacionais que melhorem nossa capacidade de cuidar de outras pessoas. Essa socialização era e ainda é explícita nos lares negros tradicionais. Muitas mulheres negras que foram criadas por mães trabalhadoras assumiram muito cedo a responsabilidade pelas tarefas domésticas e o cuidado com as outras pessoas. Tradicionalmente, esse tempo de reflexão solitária não é algo valorizado para as meninas negras. E ainda que os homens negros e da classe trabalhadora possam não ter sido criados em ambientes onde a solidão era valorizada, eles podiam habitar espaços sozinhos, dar um tempo na esquina, sentar no telhado e contemplar o universo consigo mesmos. Conversando com outras mulheres negras, descobri que geralmente temos tempo para pensar apenas quando concluímos as tarefas domésticas. Um tempo roubado. E por vezes temos que escolher entre ter esse espaço e viver os prazeres das relações, sair com amigas ou com a família. As intelectuais negras conhecem o valor do tempo em solidão. Muitas pensadoras negras que entrevistei relataram dificuldades de se sentar e escrever por longos períodos. Parte dessa dificuldade se dá porque as mulheres negras podem não se sentir confortáveis sozinhas em uma atividade solitária. Sem dúvida nem todo trabalho intelectual acontece no isolamento (algumas das nossas melhores ideias surgem em contextos de trocas), mas essa realidade coexiste com a realidade de que a contemplação solitária das ideias é um componente crucial do processo intelectual. Para sentirmos que temos o direito de passar um tempo sozinhas, as mulheres negras devem romper com as noções sexistas/racistas convencionais do papel da mulher.

Em um contexto social branco supremacista, capitalista e patriarcal como a nossa cultura, nenhuma mulher negra pode se tornar intelectual sem descolonizar sua mente. As mulheres negras podem ser acadêmicas bem-sucedidas sem passar por esse processo e, de fato, conservar uma mente colonizada pode permitir alguma distinção acadêmica, mas não promove o processo intelectual. O modelo insurgente defendido por Cornel West identifica o processo com o qual as mulheres negras devem se comprometer para se tornarem intelectuais e os posicionamentos críticos que devemos assumir para conservar e alimentar essa escolha. Para combater a baixa autoestima internalizada que é constantemente imposta às mulheres negras em uma cultura racista/sexista e anti-intelectual, aquelas entre nós que desejam se tornar intelectuais devem estar sempre vigilantes. Devemos criar estratégias para receber retornos críticos sobre o nosso valor que não nos levem a buscar a avaliação crítica e a afirmação das mesmas estruturas, instituições e indivíduos que não acreditam na nossa capacidade de aprendizado. Devemos ser capazes de afirmar o valor do nosso trabalho mesmo quando esse trabalho não é valorizado por estruturas socialmente legitimadas. Então, afirmando no isolamento que nosso trabalho pode ter um impacto significativo no coletivo, devemos tomar a iniciativa de chamar a atenção para o nosso trabalho de forma a reforçar e fortalecer uma noção de público.

Eu sou uma intelectual negra que escreve teoria feminista a partir de uma posição cuja agenda acadêmica central é compreender a natureza específica das políticas de gênero negras, e cuja tarefa política é desafiar o pensamento racista e sexista. E comecei esse trabalho em um contexto acadêmico, embora poucas pessoas na academia apoiassem meus esforços. Dialogando com pessoas negras da classe trabalhadora de áreas variadas, com pessoas das comunidades em que fui criada e/ou onde vivi, encontrei indivíduos que apoiavam e encorajavam o meu trabalho. Esse apoio foi crucial para o meu sucesso. Eu não poderia continuar trabalhando em isolamento – teria ficado depressiva. E embora hoje meu trabalho seja amplamente afirmado em ambientes acadêmicos, ainda sou grata sobretudo àqueles indivíduos de fora da academia que me encorajaram quando eu não encontrava esse apoio nos lugares socialmente legitimados. Nós, mulheres negras, não conseguimos florescer se não tivermos uma crença fundamental em nós mesmas, no valor de nosso trabalho, e uma afirmação do mundo ao nosso redor que possa nos sustentar e nutrir. Muitas vezes não podemos buscar o reconhecimento do nosso valor em lugares tradicionais; e temos a responsabilidade de buscar e até criar locais diferentes.

    A política do patriarcado torna a situação dos intelectuais negros diferente da situação das intelectuais negras. Embora enfrentem o racismo, eles não enfrentam preconceitos de gênero. E como já foi afirmado, uma vez que eles são vistos como membros legítimos de uma tradição intelectual estabelecida, seu trabalho é menos suspeito e muitas vezes mais recompensado do que o trabalho das mulheres negras. E sobretudo, as intelectuais negras precisam do apoio de seus pares masculinos. Muitas vezes o sexismo impede que os homens negros ofereçam esse apoio. E ao mesmo tempo a competitividade acadêmica trabalha contra a formação de comunidades intelectuais negras que possam unir várias instituições e disciplinas. Essas comunidades surgem a partir dos esforços de resistência de mulheres negras e homens negros que reconhecem que nós fortalecemos nossas posições quando nos apoiamos.

West insiste que a "grande prioridade da intelectualidade negra deveria ser a criação ou reativação de redes institucionais que promovam hábitos críticos de qualidade, sobretudo pelo propósito da insurgência negra". Levando essa proposta mais adiante, é crucial que esses esforços envolvam intelectuais negros que não tenham nenhuma afiliação institucional formal. Isso é crucial para as mulheres negras, já que muitas pensadoras negras excepcionais não trabalham em ambientes acadêmicos. Afirmando que a "principal tarefa dos intelectuais negros pós-modernos é estimular, promover e apoiar percepções e práticas alternativas, deslocando os discursos e poderes dominantes", West oferece um paradigma que enfatiza o fim do sexismo e da opressão sexista como uma precondição necessária para a insurgência intelectual negra. Pois apenas quando as mulheres negras e os homens negros trabalham juntos contra o condicionamento sexista que promove a ideia de que o trabalho intelectual é um domínio exclusivamente masculino, ou de que o trabalho deles é mais importante, é que podemos ciar comunidades e ambientes que promovem e apoiam plenamente nosso trabalho intelectual. E apenas o nosso questionamento vigilante dos preconceitos e práticas sexistas é que permitirá que os homens negros encorajem e valorizem o trabalho de seus pares femininos. Isso significaria que os intelectuais negros levariam o nosso trabalho a sério, que parariam de fazer promessas vazias sobre o fim do sexismo enquanto seguem ignorando ou se apropriando de nossas ideias. Quando os intelectuais negros se referem às intelectuais negras e usam o seu trabalho de forma construtiva em diversos ambientes (salas de aula, palestras etc.), ajudam a dar uma maior visibilidade para as mulheres negras, fortalecendo laços de solidariedade. Nós vemos isso nos trabalhos de intelectuais negros como Manning Marable, Derrick Bell e Kobena Mercer*, para nomear alguns. Ao mesmo tempo, pessoas não negras aliadas podem expressar sua solidariedade ao não apoiar nem tolerar a apropriação do trabalho acadêmico das mulheres negras por parte de seus pares masculinos.

Como várias comunidades negras lidam com questões de gênero, e como o trabalho das acadêmicas feministas é lido e/ou discutido mais amplamente nesses ambientes, as intelectuais negras não apenas terão um maior reconhecimento e visibilidade; as acadêmicas negras mais jovens também serão mais encorajadas a escolher um caminho intelectual. Apesar das muitas dificuldades que surgem quando as mulheres negras escolhem o trabalho intelectual, as possibilidades de recompensas significativas servem de motivação e apoio. Essas recompensas nem sempre podem vir de forma convencional, podendo partir de comunidades que não têm nenhum contato com instituições acadêmicas. Cartas de homens negros presos que usam esse tempo para desenvolver uma consciência crítica têm sido uma fonte de inspiração para o meu trabalho. Quando um camarada negro me escreve da prisão para dizer "Seu trabalho me tocou de formas que me fizeram querer ser mais completo", isso afirma que o trabalho intelectual pode nos conectar com um mundo fora da academia e

---

* Derrick Albert Bell Jr. (Pensilvânia, Estados Unidos, 1930 – Nova York, Estados Unidos, 2011), advogado, jurista e ativista pelos direitos civis; Kobena Mercer (Londres, Reino Unido, 1960), acadêmico da história da arte. [N. do T.]

pode aprofundar e enriquecer nossa noção de comunidade. Essa é a mensagem que eu mais quero compartilhar com as jovens negras que receiam que o trabalho intelectual possa nos afastar do mundo "real". Na verdade, quando fazemos um trabalho intelectual insurgente que dialoga com um público diverso, com massas de pessoas de diferentes classes, raças e formações educacionais, passamos a fazer parte de comunidades de resistência, de alianças não convencionais. O trabalho intelectual nos afasta das comunidades negras quando não relacionamos nem compartilhamos nossas preocupações de formas variadas. Esse compartilhamento tem de ir além da palavra escrita, já que muitas pessoas negras mal sabem escrever ou são analfabetas. Nós podemos compartilhar nosso trabalho nas igrejas e nos lares, de modo formal ou informal. Reconhecendo que essa recompensa, entendimento e reconhecimento são, podem ser e serão dados a nós a partir de lugares não convencionais e valorizando essas fontes de apoio, as intelectuais negras destacam um sistema contra-hegemônico de legitimação e valoração que, em conjunto com o trabalho que realizamos nas instituições ou como uma alternativa a isso, podem legitimar e apoiar nosso trabalho.

A afirmação que recebo de indivíduos e lugares que estão nas margens me fortalece e me inspira. Eu chamo a atenção para isso não por interesse próprio, mas para fornecer um contratestemunho que se opõe à insistência comum de que não pode haver trocas, contatos, influências significativas entre a intelectualidade e as pessoas comuns que podem não ter uma formação educacional. West finaliza seu ensaio "O dilema da intelectualidade negra" de forma inspiradora:

O dilema da intelectualidade negra não precisa ser sombrio e lúgubre. Apesar do racismo dominante na sociedade estadunidense e de um sentimento de anti-intelectualidade na comunidade negra, o espaço crítico e a atividade insurgente podem ser expandidos. Essa expansão ocorrerá mais rápido quando os intelectuais negros passarem a olhar mais francamente para si mesmos, para as forças sociais e históricas que os moldaram e para os recursos limitados mas significativos de sua comunidade de origem.

As críticas insistentes ao sexismo expandem esse espaço e possibilitam que as contribuições das mulheres negras sejam valorizadas. Até lá, o racismo e o sexismo continuarão a influenciar a forma como o trabalho das mulheres africano-estadunidenses é considerado.

Minha consciência sobre os dilemas particulares enfrentados pelas intelectuais negras se aprofundou quando comecei a lecionar em tempo integral na Universidade Yale. Naquela época, eu era uma entre duas mulheres africano-estadunidenses em Yale. Durante meu tempo lá, a outra professora negra, mais velha, a historiadora da arte Sylvia Boone*, foi efetivada. Sempre que eu chamava a atenção para a relativa falta de acadêmicas negras naquela instituição, mencionando o impacto do sexismo e do racismo, ouvia dos meus colegas brancos: "As mulheres negras não estão aqui porque Yale é racista. Elas não estão aqui porque não são boas o suficiente". Esses comentários me levaram a concentrar minhas críticas na forma como as representações

---

* Sylvia Ardyn Boone (Nova York, Estados Unidos, 1942 – Connecticut, Estados Unidos, 1993), historiadora de arte afro-estadunidense. [N. do T.]

sexistas e racistas das intelectuais negras definem o modo como somos percebidas, estabelecendo estruturas que legitimam a desvalorização do nosso trabalho.

Até o meu tempo em Yale, eu realmente não pensava que era importante ou necessário me declarar abertamente uma "intelectual" e encorajar outras mulheres negras a fazer o mesmo, a tornar sua presença reconhecida, a compartilhar nossos pensamentos sobre os processos intelectuais. Anualmente, eu vejo muitas jovens acadêmicas brilhantes virando as costas para o trabalho intelectual por se sentirem tão diminuídas nas instituições, por sentirem que suas vozes não são valorizadas na sociedade mais ampla. Minha preocupação com o futuro de alunas negras de cuja intelectualidade, ideias e escrita nós tanto precisamos me motivou a fazer o "inventário pessoal crítico" que West defende e a discutir publicamente minha experiência pessoal, apresentando um testemunho pessoal que possa encorajar e inspirar. Nesse processo de autoavaliação crítica, percebi como vinha sendo socializada a não falar sobre o compromisso com a vida intelectual, mas considerá-la como uma escolha particular, quase "secreta". Quando não falo sobre essa escolha, também não compartilho com as estudantes negras as alegrias e os prazeres do trabalho intelectual. Se eu e outras mulheres negras, em particular aquelas que trabalham na academia, só falarmos sobre as dificuldades, acabamos pintando um quadro sombrio que pode fazer com que as estudantes considerem o trabalho intelectual como algo incapacitante e que apenas nos desvaloriza. Muitas vezes, em diálogo com meus alunos e alunas, em particular com alunas negras, elas me pedem para discutir aspectos da minha jornada pessoal. Essa investigação e curiosidade apaixonadas costumam desafiar minha noção de privacidade (como seja), mas estão enraizadas em um profundo desejo de entender o processo que leva as mulheres negras a escolherem a vida intelectual, onde e como encontramos uma satisfação pessoal. Seu anseio de que as intelectuais negras tracem sua jornada costuma demandar uma abertura, uma revelação honesta e franca que pode não ser demandada de colegas negros ou mulheres não negras. Ainda assim as intelectuais negras comprometidas com práticas insurgentes devem reconhecer o chamado de falar abertamente sobre a nossa vida intelectual, sobre o nosso trabalho, como uma forma de ativismo.

Muitas vezes o trabalho intelectual envolve confrontar duras realidades. Esse trabalho pode nos lembrar de que a dominação e a opressão continuam a moldar a vida de todo mundo, em especial a vida das pessoas negras e racializadas. É um trabalho que não apenas nos aproxima do sofrimento, mas também nos faz sofrer. Atravessar essa dor para trabalhar com ideias que possam servir de catalisadoras para a transformação da nossa consciência, da nossa vida e da vida de outras pessoas é um processo extasiante e prazeroso. Quando surge de uma preocupação com mudanças sociais e políticas radicais, quando se direciona para as necessidades das pessoas, o trabalho intelectual promove nosso sentimento de solidariedade e comunidade. E se torna um trabalho fundamentalmente enriquecedor.

Bibliografia selecionada

BAKER, Houston A. *Afro-American Poetics: A Revision of Harlem and the Black Aesthetic*. Madison, WI: University of Wisconsin Press, 1988.

_____. *Blues, Ideology and Afro-American Literature: A Vernacular Theory*. Chicago: University of Chicago Press, 1984.

_____. *The Journey Back: Issues in Black Literature and Criticism*. Chicago: University of Chicago Press, 1980.

_____. *Modernism and the Harlem Renaissance*. Chicago: University of Chicago Press, 1987.

BAMBARA, Toni Cade. *Gorilla, My Love*. Nova York: Random House, 1972 [ed. bras.: *Gorila, meu amor*. Trad. Nina Rizzi. São Paulo: Darkside, 2022].

_____. *The Salt Eaters*. Nova York: Vintage Books, 1981 [1980].

_____. *The Seabirds Are Still Alive*. Nova York: Random House, 1977.

_____. *Tales and Stories for Black Folks*. Garden City. NY: Zenith Books, 1971.

BARAKA, Amina; BARAKA, Amiri. *Confirmation: An Anthology of African-American Women*. Nova York: Morrow, 1983.

BARAKA, Imamu Amiri. *Blues People; Negro Music in White America*. Nova York: W. Morrow, 1963.

_____. *Daggers and Javelins: Essays, 1974-1979*. Nova York: Morrow, 1984.

_____. *Dutchman and the Slave: Two Plays*. Nova York: W. Morrow, 1964.

BAUDRILLARD, Jean. *Revenge of the Crystal: Selected Writing on the Modern Object and Its Destiny, 1968-1983*. Londres/Concord, MA: Pluto Press/Power Institute of Fine Arts, University of Sydney, 1990.

BELL, Derrick A. *Race, Racism, and American Law*. Cambridge, MA: Harvard Law School, 1970.

_____. *And We Are Not Saved: The Elusive Quest for Racial Justice*. Nova York: Basic Books, 1987.

BOGGS, James. *Racism and the Class Struggle; Further Pages from a Black Worker's Notebook*. Nova York: Monthly Review Press, 1970.

_____. *Manifesto for a Black Revolutionary Party*. Filadélfia: Pacesetters, 1969.

BOGLE, Donald. *Blacks in American Films and Television: An Encyclopedia*. Nova York: Garland Publications, 1988.

_____. *Brown Sugar: Eighty Years of America's Black Female Superstars*. Nova York: Harmony Books, 1980.

_____. *Toms, Coons and Mulattoes, Mammies and Bucks; An Interpretive History of Blacks in American Films*. Nova York: Viking Press, 1973.

BONTEMPS, Arna Wendell (ed.). *American Negro Poetry*. Ed. rev. Nova York: Hill and Wang, 1974.

_____. *The Harlem Renaissance Remembered: Essays*. Nova York: Dodd/Mead, 1984/1972.

BOONE, Sylvia Ardyn. *Radiance from the Waters: Ideais of Feminine Beauty in Mende Art*. New Haven: Yale University Press, 1986.

BROOKS, Gwendolyn. *Annie Allen*. Nova York: Harper and Brothers, 1949.

_____. *Maud Martha*. Nova York: Harper, 1953 [ed. bras. *Maud Martha*. Trad. Floresta. São Paulo: Companhia das Letras, 2023].

_____. *A Street in Bronzeville*. Nova York: Harper, 1945.

_____. *The World of Gwendolyn Brooks*. Nova York: Harper and Row, 1971.

CABRAL, Amílcar. *Return to the Source: Selected Speeches*. Nova York: Monthly Review Press/Africa Information Service, 1973.

_____. *Unity and Struggle: Speeches and Writings*. Londres: Heinemann, 1980.

CARBY, Hazel. *Reconstructing Womanhood: The Emergence of the Afro-American Woman Novelist*. Nova York: Oxford University Press, 1987.

CESAIRE, Aime. *The Collected Poetry*. Berkeley: University of California Press, 1983.

CHARMICHAEL, Stokely; HAMILTON, Charles. *Black Power: The Politics of Liberation in America*. Nova York: Vintage Books, 1967.

_____. *Stokely Speaks; Black Power Back to Pan-Africanism*. Nova York: Random House, 1971.

CLARK, John Henrik (ed.). *Marcus Garvey and the Vision of Africa*. Nova York: Random House, 1983.

CLARK, Septima Poinsette; BLYTHE, LeGette. *Echo in My Soul*. Nova York: Dutton, 1962.

_____. *Ready from Within: Septima Clark and the Civil Rights Movement*. Navarro, California: Wild Trees Press, 1986.

COLLINS, Patricia Hill. *Black Feminist Thought: Knowledge, Consciousness, and the Politics of Empowerment*. Boston: Unwin Hyman, 1990 [ed. bras.: *Pensamento feminista negro: conhecimento, consciência e a política do empoderamento*. Trad. Jamile Pinheiro Dias. São Paulo: Boitempo, 2019].

CONE, James. *Speaking the Truth: Ecumenism, Liberation and Black Theology*. Grand Rapids, Michigan: W.B. Eerdmans Publishing Company, 1986.

_____. *God of the Oppressed*. Nova York: Seabury Press, 1975 [ed. bras.: *O Deus dos oprimidos*. Trad. Josué Xavier. São Paulo: Paulinas, 1985].

_____. *Martin and Malcolm in America: A Dream or a Nightmare?* Maryknoll, NY: Orbis Books, 1991.

CROUCH, Stanley. *Notes of a Hanging Judge: Essays and Reviews, 1979-1989*. Nova York: Oxford University Press, 1990.

CRUSE, Harold. *The Crisis of the Negro Intellectual*. Nova York: Morrow, 1967.

_____. *Rebellion or Revolution?* Nova York: Morrow, 1968.

DAVIS, Angela Yvonne. *Angela Davis – An Autobiography*. Nova York: Random House, 1974 [ed. bras.: *Uma autobiografia*. Trad. Heci R. Candiani. São Paulo: Boitempo, 2016].

_____. *Women, Culture, and Politics*. Nova York: Random House, 1989 [ed. bras.: *Mulheres, cultura e política*. Trad. Heci R. Candiani. São Paulo: Boitempo, 2019].

_____. *Women, Race, and Class*. Nova York: Random House, 1981 [ed. bras.: *Mulheres, raça e classe*. Trad. Heci R. Candiani. São Paulo: Boitempo, 2016].

DIOP, Cheikh Anta. *Precolonial Black Africa: A Comparative Study of the Political and Social Systems of Europe and Black Africa, from Antiquity to the Formation of Modern States*. Westport, Connecticut: Lawrence Hill, 1987.

_____. *The African Origin of Civilization: Myth or Reality*. Nova York: L. Hill, 1974.

_____. *The Cultural Unity of Black Africa: The Domains of Patriarchy, Matriarchy in Classica/Antiquity*. Londres: Kamak House, 1989.

DOUGLASS, Frederick. *Narrative of the Life of Frederick Douglass, an American Slave*. Nova York: Penguin Books, 1982 [ed. bras.: *Narrativa da vida de Frederick Douglass: e outros textos*. Trad. Odorico Leal. São Paulo: Companhia das Letras, 2021].

DRAKE, St. Clair. *Black Folks Here and There*. Los Angeles: University of California/Los Angeles Press, 1989.

DU BOIS, W. E. B. *The Gift of Black Folk; The Negroes in the Making of America*. Nova York: Johnson Reprint, 1968.

_____; WASHINGTON, Booker T. *The Negro in the South: His Economic Progress in Relation to His Moral and Religious Development*. Filadélfia: G.W. Jacobs, 1907.

FANON, Frantz. *Black Skin, White Masks*. Nova York: Monthly Review, 1967 [ed. bras.: *Pele negra, máscaras brancas*. Trad. Sebastião Nascimento, com colab. Raquel Camargo. São Paulo: Ubu, 2020].

_____. *Toward the African Revolution; Political Essays*. Nova York: Monthly Review Press, 1967 [ed. bras.: *Por uma revolução africana: textos políticos*. Trad. Carlos Alberto Medeiros. Rio de Janeiro: Zahar, 2021].

_____. *The Wretched of the Earth*. Nova York: Grove Press, 1965 [ed. bras. *Os condenados da terra*. Trad. Lígia F. Ferreira e Regina S. Campos. Rio de Janeiro: Zahar, 2022].

FAUSET, Jessie Redmon. *The Chinaberry Tree: A Novel of American Life*. Nova York: Frederick A. Stokes, 1931.

_____. *Plum Bum*. Boston: Beacon Press, 1990.

_____. *There is Confusion*. Boston: Northeastern University Press, 1989 [1924].

FRAZIER, Edward Franklin. *Black Bourgeoisie*. Nova York: Free Press, 1965.

_____. *The Negro Church in America*. Nova York: Schocken Books, 1964, [1963].

_____. *Race and Culture Contacts in the Modern World*. Nova York: Knopf, 1957.

GATES Jr., Henry Louis (ed.). *Black Literature and Literary Theory*. Nova York: Methuen, 1984.

_____ (ed.). *The Classic Slave Narratives*. Nova York: New American Library, 1987.

_____. *Figures in Black: Words, Signs and the "Racial" Self*. Nova York: Oxford University Press, 1987.

_____ (ed.). *The Schomburg Library of Nineteenth-Century Black Women Writers*. Nova York: Oxford University Press, 1988.

_____. *The Signifying Monkey: A Theory of Afro-American Literary Criticism*. Nova York: Oxford University Press, 1988.

_____. *Therefore I Am: African American Autobiography*. Nova York: Pantheon Books, 1990.

GAY, Peter. *The Dilemma of Democratic Socialism; Edward Bernstein's Challenge to Marx*. Nova York: Columbia University Press, 1952.

GILROY, Paul. *"There Ain't No Black in the Union Jack": The Cultural Politics of Race and Nation*. Londres: Hutchinson, 1987.

HARAWAY, Donna Jeanne. *Primate Visions: Gender, Race and Nature in the World of Modern Science*. Nova York: Routledge, 1989.

HARPER, Francis Ellen. *Iola Leroy, or Shadows Uplifted*. Boston: Beacon Press, 1987.

HIMES, Chester. *A Rage in Harlem*. Nova York: Vintage Books, 1989 [1957] [ed. bras.: *A maldição do dinheiro*. Trad. Edmundo Barreiros. Porto Alegre: L&PM, 2007].

_____. *The Real Cool Killers*. Chatham, NJ: Chatham Bookseller, 1973 [1959] [ed. bras.: *Um jeito tranquilo de matar*. Trad. Celina F. Cavalcante. Porto Alegre: L&PM, 2008].

_____. *The Third Generation: A Novel*. Nova York: Thunder's Mouth Press, 1989.

HOOKS, bell. *Ain't I a Woman*. Boston, MA: South End Press, 1981 [ed. bras.: *E eu não sou uma mulher?: mulheres negras e feminismo*. Trad. Bhuvi Libanio. Rio de Janeiro: Rosa dos Tempos, 2019].

_____. *Feminist Theory: From Margin to Center*. Boston, MA: South End Press, 1984 [ed. bras.: *Teoria feminista: da margem ao centro*. Trad. Rainer Patriota. São Paulo: Perspectiva, 2019].

_____. *Talking Back: Thinking Feminist, Thinking Black*. Boston, MA: South End Press, 1989 [ed. bras.: *Erguer a voz: pensar como feminista, pensar como negra*. Trad. Catia Maringolo. São Paulo: Elefante, 2019].

_____. *Yearning: Race, Gender, and Cultural Politics*. Boston, MA: South End Press, 1990 [ed. bras.: *Anseios: raça, gênero e políticas culturais*. Trad. Jamille Pinheiro. São Paulo: Elefante, 2019].

HURSTON, Zora Neale. *Dust Tracks on a Road; An Autobiography*. Filadélfia: Lippincott, 1971 [1942].

_____. *I Love Myself When I Am Laughing... and Then Again When I Am Looking Mean and Impressive: A Zora Neale Hurston Reader*. Old Westbury, Nova York: The Feminist Press, 1979.

_____. *Spunk The Selected Stories of Zora Neale Hurston*. Berkeley, CA: Turtle Island Foundation, 1985.

_____. *Tell My Horse: Voodoo and Life in Haiti and Jamaica*. Nova York: Perennial Library, 1990.

_____. *Their Eyes Were Watching God; A Novel*. Westport Connecticut: Greenwood Press, 1969 [1937] [ed. bras.: *Seus olhos viam Deus*. Trad. Marco Santarrita. Rio de Janeiro: Record, 2021].

JACKSON, George. *Soledad Brother: The Prison Letters of George Jackson*. Nova York: Coward-McCann, 1970.

JACOBS, Harriet Ann. *Incidents in the Life of a Slave Girl*. Nova York: Harcourt, Brace, Jovanovich, 1973 [ed. bras.: *Incidentes na vida de uma menina escrava*. Trad. Ana Ban. São Paulo: Todavia, 2019].

JAMES, C. L. R. *Beyond a Boundary*. Nova York: Pantheon Books, 1963.

_____. *The Black Jacobins; Toussaint L'Ouverture and the San Domingo Revolution*. Nova York: Vintage Books, 1963 [ed. bras.: *Os jacobinos negros: Toussaint L'Ouverture e a Revolução de São Domingos*. Trad. Afonso Teixeira Filho. São Paulo: Boitempo, 2000].

_____. *Notes on Dialectics: Hegel, Marx, Lenin*. Londres: Alison and Busby, 1980.

JEFFERS, Susan. *Feel the Fear and Do It Anyway*. San Diego: Harcourt Brace Jovanovich, 1987 [ed. bras.: *Tenha medo... e siga em frente*. Trad. Carmen Fischer. São Paulo: Cultrix, 2001].

JORDAN, June. *Civil Wars*. Boston: Beacon Press, 1981.

_____. *Living Room: New Poems*. Nova York: Thunder's Mouth Press, 1985.

_____. *Moving Towards Home: Political Essays*. Londres: Virago, 1989.

_____. *On Call: Political Essays*. Boston: South End Press, 1985.

KINCAID, Jamaica. *Annie John*. Nova York: Farrar, Straus, Giroux, 1985 [ed. bras.: *Annie John*. Trad. Carolina Cândido. Rio de Janeiro: Alfaguara, 2023].

_____. *Lucy*. Nova York: Farrar, Straus, Giroux, 1990.

_____. *A Small Place*. Nova York: Farrar, Straus, Giroux, 1988.

KING, Martin Luther, Jr. *The Measure of a Man*. Filadélfia: Christian Education Press, 1959.

_____. *The Trumpet of Conscience*. Nova York: Harper and Row, 1968.

_____. *Where Do We Go from Here: Chaos or Community?* Nova York: Harper and Row, 1967.

_____. *Why We Can't Wait*. Nova York: Harper and Row, 1964 [ed. bras.: *Por que não podemos esperar*. Trad. Sarah Pereira. São Paulo: Faro, 2020].

KING, Martin Luther, Sr. *Daddy King: An Autobiography*. Nova York: Morrow, 1980.

LARSEN, Nella. *Quicksand and Passing*, New Brunswick, NJ: Rutgers University Press, 1986.

LEE, Don L. *Black Pride, Poems*. Detroit: Broadside Press, 1968.

_____. *Directionscore: Selected and New Poems*. Detroit, Broadside Press, 1971.

_____. *Don't Cry; Scream*. Detroit: Broadside Press, 1969.

_____. *Dynamite Voices*. Detroit: Broadside Press, 1971.

_____. *From Plan to Planet: Life Studies.* Detroit: Broadside Press, 1973.

_____. *Think Black.* Detroit: Broadside Press, 1967.

_____. *We Walk the Way of The New Word.* Detroit: Broadside Press, 1970.

LORDE, Audre. *Between Ourselves.* Point Reyes, California: Eidolon Editions, 1976 [ed. bras.: *Entre nós mesmas: poemas reunidos*. Trad. Tatiana Nascimento e Valéria Lima. Rio de Janeiro: Bazar do Tempo, 2020].

_____. *The Black Unicorn: Poems.* Nova York: Norton, 1978 [ed. bras.: *A unicórnia preta*. Trad. Stephanie Borges. Belo Horizonte: Relicário, 2020].

_____. *A Burst of Light: Essays.* Ithaca, NY: Firebrand Books, 1988.

_____. *Cables to Rage.* Londres: P. Breman, 1970.

_____. *The Cancer Journals.* Argyle, NY: Spinsters Ink, 1980 [ed. bras.: *Os diários do câncer*. Trad. Tatiana Nascimento. Rio de Janeiro: Ginecosofia, 2024].

_____. *Chosen Poems, Old and New.* Nova York: Norton, 1982.

_____. *The First Cities.* Nova York: Poets Press, 1968.

_____. *From a Land Where Other People Live.* Detroit: Broadside Press, 1973.

_____. *Our Dead Behind Us: Poems.* Nova York: Norton, 1986.

_____. *Sister Outsider: Essays and Speeches.* Trumansburg, NY: Crossing Press, 1984 [ed. bras.: *Irmã outsider: ensaios e conferências*. Trad. Stephanie Borges. Belo Horizonte: Autêntica, 2019].

_____. *Zami, A New Spelling of My Name.* Watertown, MA: Persephone Press, 1982 [ed. bras.: *Zami: uma nova grafia do meu nome, uma biomitografia*. Trad. Lubi Prates. São Paulo: Elefante, 2021].

LUKÁCS, Georg. *History and Class Consciousness; Studies In Marxist Dialectics.* Cambridge, Massachusetts: MIT Press, 1971 [ed. bras.: *História e consciência de classe: estudos sobre a dialética marxista*. Trad. Rodnei Nascimento. São Paulo: WMF Martins Fontes, 2018].

MADHUBUTI, Haki R. *Black Men: Obsolete, Single, Dangerous?: The Afrikan American Family in Transition: Essays in Discovery, Solution, and Hope.* Chicago: Third World Press, 1990.

MARABLE, Manning. *Race, Reform, and Rebellion: The Second Reconstruction in Black America, 1945-1982*. Jackson: University Press of Mississippi, 1984.

_____. *How Capitalism Underdeveloped Black America*. Boston: South End Press, 1983.

_____. *Toward Independent Black Politics*. Dayton, Ohio: Black Research Associates, 1981.

MARSHALL, Paule. *Brown Girl, Brownstones*. Chatham, NJ: Chatham Bookseller, 1972 [1959].

_____. *The Chosen Place, The Timeless People*. Nova York: Harcourt, Brace and World, 1969.

_____. *Praisesong for the Widow*. Nova York: Putnam's, 1983.

MARX, Karl. *The Poverty of Philosophy*. Nova York: International Publishers, 1936 [ed. bras.: *Miséria da filosofia*. Trad. José Paulo Netto. São Paulo: Boitempo, 2017].

_____; ENGELS, Frederick. *Collected Works*. Nova York: International Publishers, 1975.

MEMMI, Albert. *The Colonizer and the Colonized*. Nova York: Orion Press, 1965.

MORRISON, Toni. *Beloved: A Novel*. Nova York: Knopf/Random House, 1987 [ed. bras.: *Amada*. Trad. José Rubens Siqueira. São Paulo: Companhia das Letras, 2007].

_____. *The Bluest Eye*. Nova York: Holt, Rinehart, and Winston, 1970 [ed. bras.: *O olho mais azul*. Trad. Manoel Paulo Ferreira. São Paulo: Companhia das Letras, 2019].

_____. *Song of Solomon*. Nova York: Knopf/Random House, 1977.

_____. *Sula*. Nova York: Knopf/Random House, 1973 [ed. bras.: *Sula*. Trad. Débora Landsberg. São Paulo: Companhia das Letras, 2021].

_____. *Tar Baby*. Nova York: Knopf/Random House, 1981.

MUDIMBE, V. Y. *Before the Birth of the Moon*. Nova York: Simon and Schuster, 1989.

NAYLOR, Gloria. *Linden Hills*. Nova York: Ticknor and Fields, 1985.

_____. *Mama Day*. Nova York: Ticknor and Fields, 1988.

_____. *The Women of Brewster Place*. Nova York: Viking Press, 1982 [ed. bras.: *As mulheres de Brewster Place: um romance em sete histórias*. Trad. Camila von Holdefer. São Paulo: Carambaia, 2023].

NICHOLS, Charles H. (ed.). *Arna Bontemps-Langston Hughes Letters, 1925-1967*. Nova York: Dodd, Mead, 1980.

PETRY, Ann Lane. *Miss Muriel and Other Stories*. Boston, 1971.

_____. *The Narrows*. Chatham, NJ: Chatham Bookseller, 1973.

_____. *The Street*. Nova York: Pyramid Books, 1975, c1946.

RABOTEAU, Albert J. *Slave Religion: "The Invisible Institution" in the Antebellum South*. Nova York: Oxford University Press, 1978.

RODNEY, Walter. *How Europe Underdeveloped Africa*. Ed. rev. Washington, D.C.: Howard University Press, 1981 [ed. bras.: *Como a Europa subdesenvolveu a África*. Trad. Heci R. Candiani. São Paulo: Boitempo, 2022].

ROGERS, J. A. *Sex and Race: Why White and Black Mix in Spite of Opposition*. Nova York: Helga A. Rogers, 1942-72.

SAID, Edward W. *After the Last Sky: Palestinian Lives*. Londres/Boston: Faber and Faber, 1986.

_____. *Beginnings: Intention and Method*. Nova York: Basic Books, 1975.

_____. *Covering Islam: How the Media and Experts Determine How We See the Rest of the World*. Nova York: Pantheon Books, 1981.

SHANGE, Ntozake. *Betsey Brown: A Novel*. Nova York: St. Martin's Press, 1985.

_____. *For Colored Girls Who Have Considered Suicide When the Rainbow is Enuf*. San Lorenzo, CA: Shameless Hussy Press, 1975.

_____. *Sassafras, Cypress, and Indigo: A Novel*. Nova York: St. Martin's Press, 1982.

SMITH, Barbara (ed.). *Homegirls: A Black Feminist Anthology*. Nova York: Kitchen Table – Women of Color Press, 1983.

SMITH, Valerie. *Self-Discovery and Authority in Afro-American Narrative*. Cambridge, MA: Harvard University Press, 1987.

SPELMAN, Elizabeth. *Inessential Woman: Problems of Exclusion in Feminist Thought*. Boston: Beacon Press, 1988.

SPIVAK, Gayatri Chakravorty. *In Other Worlds: Essays in Cultural Politics*. Nova York: Methuen, 1987.

_____. *The Post Colonial Critic: Interviews, Strategies, Dialogues*. Nova York: Routledge, 1990.

TAUSSIG, Michael T. *Shamanism, Colonialism, and the Wild Man: A Study in Terror and Healing*. Chicago: University of Chicago Press,

1986, c1987 [ed. bras.: *Xamanismo, colonialismo e o homem selvagem: um estudo sobre o terror e a cura*. Trad. Carlos Eugênio Marcondes de Moura. São Paulo: Paz e Terra, 1993].

THOMPSON, Robert Farris. *Flash of the Spirit: African and Afro-American Art and Philosophy*. Nova York: Random House, 1983.

WALKER, Alice. *The Color Purple*. Nova York: Washington Square Press, 1982 [ed. bras.: *A cor púrpura*. Trad. Betúlia Machado, Maria José Silveira e Peg Bodelson. Rio de Janeiro: José Olympio, 2024].

_____. *In Search of Our Mother's Gardens: Womanist Prose*. San Diego: Harcourt Brace Jovanovich, 1983 [ed. bras.: *Em busca dos jardins de nossas mães: prosa mulherista*. Trad. Stephanie Borges. Rio de Janeiro: Bazar do Tempo, 2021].

_____. *Living by the Word: Selected Writings, 1973-1987*. San Diego: Harcourt Brace Jovanovich, 1988.

_____. *The Temple of My Familiar*. San Diego: Harcourt Brace Jovanovich, 1989 [ed. bras.: *O templo dos meus familiares*. Trad. Nina Rizzi. Rio de Janeiro: José Olympio, 2024].

WALLACE, Michele. *Black Macho and the Myth of the Superwoman*. Nova York: Dial Press, 1979.

_____. *Invisibility Blues: From Pop to Theory*. Nova York: Verso, 1990.

WASHINGTON, James Melvin. *Frustrated Fellowship: The Black Baptist Quest for Social Power*. Georgia: Mercer University Press, 1986.

WEST, Cornel. *The American Evasion of Philosophy: A Genealogy of Pragmatism*. Madison, WI: University of Wisconsin Press, 1989.

_____. *The Ethical Dimensions of Marxist Thought*. Nova York: Monthly Review Press, 1991.

_____. *Prophesy Deliverance! An Afro-American Revolutionary Christianity*. Filadélfia: Westminster Press, 1982.

_____. *Prophetic Fragments*. Grand Rapids, MI: Eerdmans, 1988.

WHITE, Evelyn C. (ed.). *The Black Women's Health Book: Speaking for Ourselves*. Seattle, WA: Seal Press, 1990.

WILLIAMS, Patricia J. *The Alchemy of Race and Rights*. Cambridge, MA: Harvard University Press, 1991.

WILLIS, Susan. *Specifying: Black Women Writing the American Experience*. Madison, WI: University of Wisconsin Press, 1987.

WILSON, Harriet. *Our Nig, or Sketches in the Life of a Free Black, in a Two-story White House, Showing that Slavery's Shadows Fall Even There*. Nova York: Random House, 1983 [ed. bras.: *Nossa negrinha: ou esboços da vida de uma negra livre*. Trad. Cátia Bocaiuva Maringolo e Filipe Duarte. Belo Horizonte: Mazza, 2022].

WRIGHT, Richard. *American Hunger*. Nova York: Harper and Row, 1977.

_____. *Black Boy: A Record of Childhood and Youth*. Nova York: Harper and Row, 1945.

_____. *Black Power; A Record of Reactions in a Land of Pathos*. Nova York: Harper, 1954.

_____. *The Long Dream: A Novel*. Garden City: Doubleday and Company, 1958.

_____. *Native Son*. Nova York: Harper and Brothers, 1940 [ed. bras.: *Filho nativo*. Trad. Fernanda Silva e Sousa. São Paulo: Companhia das Letras, 2024].

X, Malcolm. *The Autobiography of Malcolm X*. Nova York: Grove Press, 1965.

_____. *Malcolm X on African American History*. Nova York: Pathfinder Press, 1970.

_____. *Malcolm X: The Last Speeches*. Nova York: Pathfinder Press, 1989.

_____. *The Speeches of Malcolm X at Harvard*. Nova York: Morrow, 1968.

Este livro foi composto na fonte Amalia Pro e impresso
pela gráfica Paym, em Lux Cream 60 g/m², para a
Editora WMF Martins Fontes, em fevereiro de 2025.